Wirtschafts- und Steuerrecht

Band 26

Carl Sieger

Zur Rechtsnatur des Carried Interest, der Systematik des § 18 Abs. 1 Nr. 4 EStG und dessen Geltungsgrund

Nomos

HLB

Onlineversion
Nomos eLibrary

Die Deutsche Nationalbibliothek verzeichnet diese Publikation in der Deutschen Nationalbibliografie; detaillierte bibliografische Daten sind im Internet über http://dnb.d-nb.de abrufbar.

Zugl.: Köln, Univ., Diss., 2022

ISBN 978-3-8487-7559-0 (Print)
ISBN 978-3-7489-3534-6 (ePDF)

1. Auflage 2022

Meinen Eltern

Vorwort

Die Juristische Fakultät der Universität zu Köln hat diese Arbeit im Wintersemester 2021/2022 als Dissertation angenommen. Rechtsprechung und Literatur sind bis Juli 2022 berücksichtigt.

Mein besonderer Dank gilt Frau Professor Dr. *Johanna Hey*, die das Thema der Arbeit angeregt und betreut hat. Der regelmäßige fachliche Austausch und die konstruktive Kritik haben zu dem Gelingen des Dissertationsprojektes erheblich beigetragen. Bei Herrn Professor Dr. *Stephan Eilers* bedanke ich mich für die zügige Erstellung des Zweitgutachtens. Seine spannenden Erfahrungsberichte aus der Beratungspraxis haben eine angeregte Diskussion im Rahmen der Disputation dieser Arbeit angeregt.

Ebenso herzlich bedanken möchte ich mich auch bei Herrn *Michael Wendt*, Vorsitzender Richter am Bundesfinanzhof a.D., sowie Herrn Professor Dr. *Christian Jahndorf*, Herrn Professor Dr. *Rolf Eckhoff* und Herrn Professor Dr. *Marc Desens* für die Aufnahme meiner Arbeit in ihre Schriftenreihe.

Weiter möchte ich mich auch bei meinen Kölner Freunden und Kollegen für jegliche Form der Unterstützung bedanken. Genannt seien Herr *Lukas Engels* für den intensiven fachlichen Austausch und Herr *Jonas Bertrams*, der mich bei der finalen Korrektur der Arbeit unterstützt hat.

Mein größter Dank gilt meiner Freundin *Mara*, die mich während der gesamten Zeit meines Dissertationsvorhabens unglaublich liebevoll unterstützt und mir die nötige Kraft für diese Arbeit gegeben hat, und meinen *Eltern* für ihre grenzenlose Fürsorge, ihre tatkräftige und liebevolle Unterstützung, ohne die das Studium und diese Arbeit nicht möglich gewesen wären. Ihnen ist diese Arbeit gewidmet.

Köln, August 2022 *Carl Sieger*

Inhaltsverzeichnis

Abkürzungsverzeichnis

a.A.	andere(r) Ansicht
AbgSt	Abgeltungssteuer
Abs.	Absatz
abw.	abweichend
AEUV	Vertrag über die Arbeitsweise der Europäischen Union
a.F.	alte Fassung
AG	Aktiengesellschaft
AG	Aktiengesellschaft *(Zeitschrift)*
AG & Co. KG	Aktiengesellschaft & Compagnie Kommanditgesellschaft
AIF	Alternativer Investment Fonds
AIFM	Alternativer Investment Fonds Manager
Alt.	Alternative
AO	Abgabenordnung
Anm.	Anmerkung
Aufl.	Auflage
Az.	Aktenzeichen
BB	Betriebsberater *(Zeitschrift)*
BeckOK	Beck-Online Kommentar
BeckRS	Beck-Rechtsprechung
BeckVerw	Datenbank der Verwaltungserlasse in Beck-Online
BFH	Bundesfinanzhof
BFH/NV	nicht in der Sammlung der Entscheidungen veröffentlichte Entscheidung des Bundesfinanzhofes
BFHE	Sammlung der Entscheidungen des Bundesfinanzhofes
BGB	Bürgerliches Gesetzbuch
BGBl	Bundesgesetzblatt
BGH	Bundesgerichtshof
BIP	Bruttoinlandsprodukt
BKR	Bank- und Kapitalmarktrecht *(Zeitschrift)*
BMF	Bundesministerium der Finanzen
BP	Betriebsprüfung

BR.-Drs.	Bundesratsdrucksache
bspw.	beispielsweise
BStBl.	Bundessteuerblatt
BT.-Drs.	Bundestagsdrucksache
BV	Betriebsvermögen
BVerfG	Bundesverfassungsgericht
BZSt	Bundeszentralamt für Steuern
bzw.	beziehungsweise
CDU	Christlich Demokratische Union Deutschlands
CSU	Christlich-Soziale Union in Bayern
CVC	Corporate Venture Capital
DB	Der Betrieb *(Zeitschrift)*
DBA	Doppelbesteuerungsabkommen
DStR	Deutsches Steuerrecht *(Zeitschrift)*
DStRE	Deutsches Steuerrecht - Entscheidungsdienst
DStZ	Deutsche Steuer-Zeitung *(Zeitschrift)*
d.h.	das heißt
EG-Vertrag	Vertrag zur Gründung der Europäischen Gemeinschaft
ErbStB	Erbschaft-Steuerberater *(Zeitschrift)*
ESt	Einkommensteuer
EStB	Ertragsteuer-Berater *(Zeitschrift)*
EStG	Einkommensteuergesetz
etc.	et cetera
f./ff.	folgende(r)/ fortfolgende
FA	Finanzamt
FA	Finanzausschuss
FG	Finanzgericht
FGO	Finanzgerichtsordnung
FinanzV	Finanzverwaltung
Fn.	Fußnote
FR	Finanzrundschau *(Zeitschrift)*
GbR	Gesellschaft bürgerlichen Rechts
gem.	gemäß
GewSt	Gewerbesteuer
GewStG	Gewerbesteuergesetz

ggf.	gegebenenfalls
ggü.	gegenüber
GmbH	Gesellschaft mit beschränkter Haftung
GmbH & Co. KG	Gesellschaft mit beschränkter Haftung & Compagnie Kommanditgesellschaft
GmbH-StB	GmbH-Steuerberater *(Zeitschrift)*
GmbHR	GmbH-Rundschau *(Zeitschrift)*
GP	General Partner
GrS	Großer Senat des Bundesfinanzhofes
GWR	Gesellschafts- und Wirtschaftsrecht *(Zeitschrift)*
HEV	Halbeinkünfteverfahren
HFR	Höchstrichterliche Finanzrechtsprechung *(Zeitschrift)*
HGB	Handelsgesetzbuch
Hrsg.	Herausgeber
Hs.	Halbsatz
i.d.R.	in der Regel
i.E.	im Ergebnis
insb.	insbesondere
InvG	Investmentgesetz
InvStG	Investmentsteuergesetz
InvStRefG	Gesetz zur Reform der Investmentbesteuerung
IPO	Initial Public Offering
i.R.d.	im Rahmen des
i.R.e.	im Rahmen eines
i.S.	im Sinne
i.S.d.	im Sinne des
IStR	Internationales Steuerrecht *(Zeitschrift)*
i.V.m.	in Verbindung mit
i.Ü.	im Übrigen
i.W.	im Wesentlichen
KAGB	Kapitalanlagegesetzbuch
KG	Kommanditgesellschaft
KMU	Kleine und mittlere Unternehmen
KÖSDI	Kölner Steuerdialog *(Zeitschrift)*
KredWG	Gesetz über das Kreditwesen
KSt	Körperschaftsteuer

KStG	Körperschaftsteuergesetz
KVG	Kapitalverwaltungsgesellschaft
LBO	Leveraged-Buy-Out
LFK	Leistungsfähigkeit
Lit.	Literatur
LP	Limited Partnership oder auch Limited Partner
M&A	Mergers and Acquisitions
MBI	Management-Buy-In
MBO	Management-Buy-Out
MoRaKG	Gesetz zur Modernisierung der Rahmenbedingungen für Kapitalbeteiligungen
m.V.a.	mit Verweis auf
m.w.N.	mit weiteren Nachweisen
n.F.	neue Fassung
NJW	Neue Juristische Wochenschrift *(Zeitschrift)*
Nr.	Nummer
OECD-MA	OECD-Musterabkommen zur Beseitigung der Doppelbesteuerung sowie der Steuerverkürzung und -umgehung auf dem Gebiet der Steuern vom Einkommen und vom Vermögen
OFD	Oberfinanzdirektion
OGAW	Organismen für gemeinsame Anlagen in Wertpapieren
OHG	Offene Handelsgesellschaft
PartGG	Partnerschaftsgesellschaftsgesetz
PE	Private Equity
PPM	Private Placement Memorandum
PV	Privatvermögen
RdF	Recht der Finanzinstrumente *(Zeitschrift)*
Rev.	Revision
Rn.	Randnummer
RNotZ	Rheinische Notar-Zeitschrift
Rspr.	Rechtsprechung
S.	Satz
s.	siehe
sog.	sogenannte
SPD	Sozialdemokratische Partei Deutschlands
Stbg	Steuerberatung *(Zeitschrift)*

StSenkG	Gesetz zur Senkung der Steuersätze und zur Reform der Unternehmensbesteuerung
StuW	Steuer und Wirtschaft *(Zeitschrift)*
StVereinfG	Gesetz zur weiteren Vereinfachung des Steuerrechts 2013
TEV	Teileinkünfteverfahren
Ubg	Unternehmensbesteuerung *(Zeitschrift)*
u.a.	unter anderem
v.	vom
VAG	Gesetz über die Beaufsichtigung der Versicherungsunternehmen
VC	Venture Capital
vgl.	vergleiche
VZ	Veranlagungszeitraum
WG	Wirtschaftsgut
z.B.	zum Beispiel
Zshg.	Zusammenhang

Einleitung

A. *Einführung*

Als Mittler zwischen Kapital suchenden Unternehmen und risikoaffinen Anlegern finden sich Private Equity (PE) und Venture Capital (VC) Fonds in einer komfortablen Situation wieder: Unternehmen jeder Größenordnung haben meist Bedarf an frischem Kapital, sei es, um erstmals auf dem Markt auf sich aufmerksam zu machen, sei es, um sich durch frisches Kapital zu refinanzieren oder um neue Investitionswege zu beschreiten.[1]

Ähnlich verhält es sich mit den Anlegern. Sie streben ständig nach neuen Anlageklassen, um die Rendite zu steigern. Dies gilt zum einen für private Anleger, zum anderen aber insbesondere für institutionelle Anleger[2], die gerade in Niedrigzinsphasen besonderen Anlagedruck verspüren, die Gelder ihrer Kunden überdurchschnittlich gewinnbringend anzulegen.

Beide Anliegen werden über PE/VC Investments bedient, für die PE/VC Manager (sog. Initiatoren) über ihre Management-Gesellschaften entsprechende Fonds aufsetzen. Über die Fonds sammeln sie von Investoren Kapital ein und bündeln es, um Unternehmensbeteiligungen zu erwerben, deren Ertragskraft zu stärken und sie nach Ablauf begrenzter Zeit wieder möglichst gewinnbringend zu veräußern (*Buy-to-Sell*). Die Motivation der Initiatoren ihrer täglichen Arbeit nachzugehen, d.h. ein renditestarkes Portfolio an Zielunternehmen zusammenzustellen und zu optimieren, lässt sich auf zwei Worte reduzieren: *Carried Interest.*[3]

Bei dem Carried Interest handelt es sich um eine besondere Erfolgsbeteiligung der Initiatoren an dem PE/VC Fonds. Kennzeichnend ist, dass die Initiatoren – anders als die übrigen Investoren – nicht nur in Höhe ihrer erbrachten Kapitaleinlage an den Gewinnen (und Verlusten) des PE/VC Fonds teilnehmen. Die Initiatoren erhalten im Erfolgsfall einen darüberhinausgehenden, kapitaldisproportionalen Anteil am Gewinn.[4]

---

1 Vgl. *Rodin/ Veith*, DB 2001, 883 (884); zur wirtschaftlichen Bedeutung vgl. auch *Töben/ Deitel*, IStR 2022, 145.

2 Z.B. Versicherungen, Stiftungen, Banken etc.

3 Der Carried Interest als „Motivationsinstrument“, *Figna/ Goldacker/ Mayta*, DB 2005, 966 (967).

4 Bzw. am Einnahmen-Überschuss, je nachdem, ob der Fonds Gewinn- oder Überschusseinkünfte erzielt.

Damit wird honoriert, dass die Initiatoren für den Erfolg und Misserfolg des Fonds ausschlaggebend sind; es wird erwartet, dass sie mithilfe ihres Know-how und Netzwerks deutlich herausragende Investitionsentscheidungen treffen.[5] Obwohl ökonomisch einleuchtend, birgt die steuerliche Behandlung des Carried Interest seit jeher nicht nur in Deutschland erhebliches Konfliktpotenzial.[6] Wenn auch die Intensität negativer politischer Bewertungen über die Jahre abgenommen hat und PE/VC Fonds in der Öffentlichkeit nicht länger als lästige „Heuschrecken“[7] verunglimpft werden, sondern einen bemerkenswerten Imagewandel vollzogen haben, so steht dennoch weiter die rechtspolitische Frage im Raum, wie der Carried Interest zu versteuern ist: als voll steuerpflichtige *Tätigkeitsvergütung* für die Beiträge, die die Initiatoren zugunsten des Fonds und der Investoren leisten, oder als begünstigter *Gewinnanteil*[8] an den Veräußerungsgewinnen von Kapitalgesellschaftsanteilen des Fonds, aus denen sich der Carried Interest im Wesentlichen speist.

Um die Jahrtausendwende waren sich Rechtsprechung, Literatur und Finanzverwaltung einig, den Carried Interest steuerlich als Gewinnanteil zu qualifizieren.[9] Der Umstand, dass der Carried Interest ab dem Veranlagungszeitraum 2002 bei vermögensverwaltenden Fonds in vielen Fällen gänzlich steuerfrei war, brachte für die Finanzverwaltung steuer- und fiskalpolitisch das berühmte „Fass zum Überlaufen“.[10]

---

5 *Desens/ Kathstede*, FR 2005, 863 (866).

6 Vgl. *Anzinger/ Jekerle*, IStR 2008, 821; zum aktuellen Gesetzesvorstoß der Demokraten in den USA, den Carried Interest nicht mehr als *long-term capital gain*, sondern als *ordinary income* voll zu versteuern, siehe: Chairman's News | Newsroom | The United States Senate Committee on Finance (zuletzt abrufbar am 26.06.2022).

7 Vgl. zur „Heuschrecken-Debatte“: Wieso werden Private Equity-Gesellschaften als Heuschrecken bezeichnet? | BVK e.V. (bvkap.de) (zuletzt abrufbar am 26.06.2022).

8 Im Folgenden wird in Bezug auf den Carried Interest aus Vereinfachungszwecken einheitlich von einem „Gewinnanteil“ gesprochen, obwohl bei vermögensverwaltenden Fonds, die keine *Gewinn*einkünfte erzielen (§ 2 Abs. 2 S. 1 Nr. 2 EStG), im Hinblick auf den Carried Interest auch der Begriff des „Ergebnisanteils“ oder „Überschussanteils“ verwendet wird.

9 Vgl. zum damaligen Stand der Debatte über die Besteuerung des Carried Interest: *Herzig/ Gocksch*, DB 2002, 600 (603); *Hohaus/ Inhester*, DB 2003, 1080 (1081); *Lorenz*, DStR 2001, 821 (823); *Rose*, FR 2002, 1; *Watrin*, BB 2002, 811 (812); *Watrin/ Gocksch*, DB 2002, 341 (344); a.A. hingegen *Lothmann*, BB 1986, 2100.

10 Die seinerzeit bestehende Steuerlücke ist mit der Unternehmenssteuerreform 2008 (Unternehmenssteuerreformgesetz v. 14.8.2007, BGBl. I 2007, 1912) geschlossen worden. Seitdem sind die Gewinne aus der Veräußerung von Kapital-

Dies geschah, weil die Initiatoren in der Regel trotz ihrer erhöhten Gewinnbeteiligung über vermögensverwaltende Fonds „durchgerechnet" weniger als ein Prozent an dem Kapital des Zielunternehmens hielten (§ 17 Abs. 1 EStG)[11] und die Haltedauer von einem Jahr beachteten (§ 23 Abs. 1 Nr. 2 EStG).[12] Im Ergebnis sah sich die Finanzverwaltung (BMF-Schreiben v. 16.12.2003, sog. „PE-Erlass") dazu veranlasst, den Carried Interest bei vermögensverwaltenden Fonds als vollsteuerpflichtige Tätigkeitsvergütung einzustufen.[13] Die sich an diesen Sinneswandel anknüpfende Diskussion über die steuerliche Einordnung des Carried Interest mündete in dem vom Gesetzgeber im Jahr 2004 neu geschaffenen § 18 Abs. 1 Nr. 4 EStG:[14]

> „Einkünfte aus selbstständiger Arbeit sind Einkünfte, die ein Beteiligter an einer vermögensverwaltenden Gesellschaft oder Gemeinschaft, deren Zweck im Erwerb, Halten und in der Veräußerung von Anteilen an Kapitalgesellschaften besteht, als Vergütung für Leistungen zur Förderung des Gesellschafts- oder Gemeinschaftszwecks erzielt, wenn der Anspruch auf die Vergütung unter der Voraussetzung eingeräumt worden ist, dass die Gesellschafter oder Gemeinschafter ihr Kapital vollständig zurückerhalten haben; § 15 Abs. 3 ist nicht anzuwenden."

Der Gesetzgeber hat den Carried Interest, der von den Initiatoren über eine „vermögensverwaltende Gesellschaft oder Gemeinschaft" bezogen wird, anknüpfend an die Finanzverwaltungsauffassung den Einkünften aus selbstständiger Arbeit zugeordnet und so dessen Besteuerung auch unterhalb der Wesentlichkeitsschwelle und außerhalb der Spekulationsfrist gesichert.[15] Gleichzeitig hat der Gesetzgeber den Carried Interest dem

---

gesellschaftsanteilen von natürlichen Personen, die ihre Beteiligung im Privatvermögen halten, auch unterhalb der relevanten Beteiligungsschwelle aus § 17 Abs. 1 EStG nach § 20 Abs. 2 Nr. 1 EStG der Steuerpflicht unterworfen.

11 Die „wesentliche" Beteiligungsschwelle wurde im Zuge des Steuerentlastungsgesetzes ab dem 1.1.2002 von 10% auf 1% abgesenkt (Gesetz v. 23.10.2000, BGBl. I, 1433). Daher ist die geänderte Finanzverwaltungsauffassung auch vor dem Hintergrund der Gesetzesänderung zu sehen.

12 *Töben/ Schrepp*, DStR 2019, 526 (527).

13 BMF-Schreiben v. 16.12.2003, IV A 6-S2240-153/03, FR 2004, 177-180.

14 Gesetz zur Förderung von Wagniskapital v. 30.7.2004, BGBl. I 2004, 2013.

15 Vgl. Fn. 10.

damals noch geltenden Halbeinkünfteverfahren[16] nach dem neuen § 3 Nr. 40a EStG unterworfen.[17]

Der Gesetzgeber wollte mit diesem Kompromiss zuvorderst Rechtssicherheit schaffen sowie der finanzökonomischen Bedeutung des Carried Interest Rechnung tragen.[18] Er sah die Notwendigkeit, das Rückgrat der deutschen Wirtschaft (Mittelstand) und zugleich die Zukunft der deutschen Wirtschaft (Start-ups) durch steuerlich günstige Rahmenbedingungen für die PE und VC Branche als Kapitalgeber zu stärken. Auf diesem Wege sollten renommierte Initiatoren – und mit ihnen das Kapital der Investoren – nach Deutschland gelockt und dort trotz des internationalen Wettbewerbs auf Dauer gehalten werden. Aus Sicht des Gesetzgebers galt es, eine steuerliche Regelung zu schaffen, die den Initiatoren größtmögliche persönliche und sachliche Nähe zu den aufzusetzenden Fonds und Zielunternehmen gewährt, so den Investitionserfolg absichert und zugleich steuerlich attraktiv ist.

B. *Problemstellung*

Trotz des gesetzgeberischen Eingriffs aus dem Jahr 2004 sind bei der Besteuerung des Carried Interest nach wie vor grundlegende Fragen nicht geklärt: Dies betrifft vor allem die Ursprungsfrage, ob der Carried Interest originär einen Gewinnanteil oder eine Tätigkeitsvergütung darstellt (Rechtsnatur des Carried Interest) und was dies für dessen Besteuerung bedeutet.

16 Das damalige Halbeinkünfteverfahren (HEV) wurde durch das Gesetz zur Modernisierung der Rahmenbedingungen für Kapitalbeteiligungen (MoRaKG) v. 12.8.2008 durch das Teileinkünfteverfahren (TEV) ersetzt (BGBl. I 2008, 1672). Nach § 52 Abs. 4 S. 14 EStG ist § 3 Nr. 40a EStG in der am 19.8.2008 geltenden Fassung erstmals auf Vergütungen i.S.d. § 18 Abs. 1 Nr. 4 EStG anzuwenden, wenn die „vermögensverwaltende Gesellschaft oder Gemeinschaft" nach dem 31.12.2008 gegründet worden ist.

17 Zum zeitlichen Anwendungsbereich des § 3 Nr. 40a EStG siehe *Levedag* in: BeckOK EStG, K/ K/ R, § 3 Nr. 40a Rn. 6ff.

18 BT-Drs. 15/3336 v. 16.6.2004, Beschlussempfehlung und Bericht des Finanzausschusses, S. 5, 6.

I. Vermögensverwaltende Fonds

Für vermögensverwaltende Fonds mag die Frage nach der Rechtsnatur des Carried Interest auf den ersten Blick verwundern.[19] Denn der Gesetzgeber hat mit § 18 Abs. 1 Nr. 4 EStG als Reaktion auf den PE-Erlass eine Norm geschaffen, die ihrem ausdrücklichen Wortlaut nach die Besteuerung des Carried Interest, der von den Initiatoren über eine „vermögensverwaltende Gesellschaft" bezogen wird, gesetzlich regelt. Die Norm eröffnet jedoch zweierlei Interpretationsmöglichkeiten:

(i) Der Gesetzgeber begreift den Carried Interest bei vermögensverwaltenden Fonds als Tätigkeitsvergütung. Dementsprechend habe der Gesetzgeber den Carried Interest für vermögensverwaltende Fonds bei den Einkünften aus selbstständiger Arbeit verortet; die Norm diene bei diesem Verständnis lediglich der Bestätigung der im „PE-Erlass"[20] niedergelegten Auffassung er Finanzverwaltung (deklaratorischer Regelungsgehalt der Norm), wobei zur Förderung von privatem Eigenkapital dennoch ausnahmsweise das begünstigende Halb- bzw. heutige Teileinkünfteverfahren[21] Anwendung finden solle.[22]

(ii) Der Gesetzgeber erkennt den Carried Interest (auch) bei vermögensverwaltenden Gesellschaften inhaltlich als steuerlichen Gewinnanteil an. Hieraus ergäbe sich die Anwendung des Teileinkünfteverfahrens.[23] Nur ausnahmsweise habe der Gesetzgeber für die Initiatoren vermögensverwaltender Fonds zur Schließung der damaligen Besteuerungslücke[24] angeordnet, dass der Carried Interest als kapitaldisproportionaler Gewinnanteil den Einkünften aus selbstständiger Arbeit nach § 18 EStG unterfalle (konstitutiver Regelungsgehalt der Norm).[25]

---

19 *Töben/ Schrepp*, DStR 2019, 526 (528).

20 BMF-Schreiben v. 16.12.2003, IV A 6-S2240-153/03, FR 2004, 177-180.

21 Vgl. Fn. 16.

22 *Anzinger/ Jekerle*, IStR 2008, 821 (826) („Subventionscharakter"); *Desens/ Kathstede*, FR 2005, 863 (868) („echte Steuervergünstigung"); *Geerling/ Ismer*, DStR 2005, 1596 (1597); *Steiner/ Wichert* in: Lademann, EStG, § 18 Rn. 786 („system- und gleichheitswidrig"); wohl auch *Hutter* in: Blümich, EStG, § 18 Rn. 198, 199.

23 *Weber-Grellet*, DStR 2018, 992 (994).

24 Vgl. Fn. 10.

25 *Baumgartner*, DStR 2021, 1858, 1862f.); *Behrens*, FR 2004, 1211 (1211); *Brandt* in: H/ H/ R, § 18 Rn. 277; *Figna/ Goldacker/ Mayta*, DB 2005, 966 (970); *Güroff* in: L/ B/ P, EStG, § 18 Rn. 369; *Korn* in: Korn, EStG, § 18 Rn. 103.2; *Levedag* in: BeckOK EStG, K/ K/ R, § 18 Rn. 511; *Mihm*, RdF 2020, 113 (117); *Töben/ Schrepp*, DStR

Das FG München[26] hat sich jüngst für letztere Auslegungsalternative, d.h. dafür ausgesprochen, dass der Carried Interest als kapitaldisproportionaler Gewinnanteil den Einkünften aus selbstständiger Arbeit nach § 18 Abs. 1 Nr. 4 EStG gesetzlich zugeordnet werde.[27] Eine höchstrichterliche Bestätigung des Urteils steht aber noch aus.

Die Fragen nach der Rechtsnatur des Carried Interest bei vermögensverwaltenden Fonds und dem Regelungsgehalt der Norm ziehen sich wie ein „roter Faden" durch das Verständnis aller Tatbestandsmerkmale und die weiter offenen Besteuerungsfragen rund um § 18 Abs. 1 Nr. 4 EStG: (i) angefangen bei der Frage, ob die Norm bereits tatbestandlich eine schuldrechtliche Vergütung voraussetze oder einen gesellschaftsrechtlich vereinbarten Gewinnanteil in eine Tätigkeitsvergütung umqualifiziere (und falls ja, auf welcher Stufe);[28] (ii) über die Frage, ob die Norm auch Initiatoren („Beteiligte") erfasse, die nicht als Gesellschafter des Fonds Gewinnanteile zugewiesen bekämen, sondern lediglich als Arbeitnehmer oder Dritte die Gesellschaft fördernde Leistungen „vergütet" bekämen;[29] (iii) bis hin zu der Ausgangsfrage, ob der Carried Interest außerhalb seines spezialgesetzlichen Anwendungsbereichs – wenn bspw. einzelne Tatbestandsmerkmale der Norm nicht erfüllt seien – als Gewinnanteil[30] oder Tätigkeitsvergütung[31] zu qualifizieren und entsprechend zu versteuern sei.

Zudem bedingt die fortdauernde Rechtsunsicherheit über die Rechtsnatur des Carried Interest und den Regelungsgehalt des § 18 Abs. 1 Nr. 4 EStG praktische Schwierigkeiten bei der Besteuerung des Carried Interest bei grenzüberschreitenden Sachverhalten. Dies gilt insbesondere auch vor dem Hintergrund etwaiger Qualifikationskonflikte bei grenzüberschreitenden Sachverhalten mit Abkommensschutz (DBA).

---

526 (530); *Watrin/ Struffert*, BB 2004, 1888 (188f.); *Weber-Grellet*, DStR 2018, 992 (993).

26 FG München, Urteil v. 17.11.2020, 12 K-2334/18 (Rev. eingelegt, Az. BFH: VIII R 3/21), DStRE 2021, 587; vgl. dazu nachstehend unter Zweites Kapitel B. V. 2.

27 *Baumgartner*, DStR 2021, 1858.

28 *Buge*, Ubg 2019, 432 (439); *Mihm*, RdF 2020, 113 (117).

29 *Behrens* FR 2004, 1211 (1213); *Veith* in: P/ R/ W, § 11 Rn. 131; a.A. *Brandt* in: H/ H/ R, EStG, § 18 Rn. 281, der eine Gesellschafterstellung des „Beteiligten" als erforderlich ansieht; *Wacker* in: Schmidt, EStG, § 18 Rn. 286.

30 *Brandt* in: H/ H/ R, EStG, § 18 Rn. 282; *Levedag* in: BeckOK EStG, K/ K/ R, § 18 Rn. 637.

31 *Anzinger/ Jekerle*, IStR 2008, Rn. 821 (826); *Geerling/ Ismer*, DStR 2005, 1596 (1597); *Wacker* in: Schmidt, EStG, § 18 Rn. 288.

II. Gewerbliche Fonds

Auch für Initiatoren, die den Carried Interest über gewerbliche Fonds beziehen, stellt sich nach wie vor die Frage nach der Rechtsnatur des Carried Interest. Auch diese Frage mag zunächst verwundern. Denn anders als bei vermögensverwaltenden Fonds bestand seinerzeit bei gewerblichen Fonds keine Besteuerungslücke für den Veräußerungsgewinne enthaltenden Carried Interest.[32] Aus diesem Grunde sprach sich die Finanzverwaltung in dem PE-Erlass auch nur bei vermögensverwaltenden Fonds für eine Umqualifikation des Carried Interest als Gewinnanteil in eine Tätigkeitsvergütung aus.[33] Dennoch beruft sich die Finanzverwaltung zum Teil heute noch bei gewerblichen Fonds zur Umqualifikation des Carried Interest als Gewinnanteil in eine Tätigkeitsvergütung auf den PE-Erlass.[34]

Der BFH hat dieser Verwaltungspraxis jüngst im Rahmen seiner ersten höchstrichterlichen Rechtsprechung zur Besteuerung des Carried Interest einen Riegel vorgeschoben.[35] Dabei hat sich der BFH zum einen für die Einordnung des Carried Interest bei gewerblichen Fonds als Gewinnanteil ausgesprochen. Zum anderen entschied der VIII. Senat, dass gewerbliche Fonds nicht in den Anwendungsbereich des § 18 Abs. 1 Nr. 4 EStG fielen.

III. Folgefragen aus den Urteilen des BFH vom 11.12.2018 und dem FG München vom 17.11.2020

Die der Auffassung der Finanzverwaltung widersprechenden Urteile des BFH und des FG München werfen die Frage nach der „wahren" Rechtsnatur des Carried Interest auf. Des Weiteren bleibt zu klären, warum der historische Gesetzgeber den Carried Interest – sollte die Auffassung des

32 Für die Steuerpflicht des Carried Interest kam es daher – anders als bei vermögensverwaltenden Personengesellschaften – nicht auf eine bestimmte Beteiligungshöhe (§ 17 Abs. 1 EStG) oder Mindesthaltedauer (§ 23 Abs. 1 Nr. 2 EStG) an. Der Veräußerungsgewinne von Kapitalgesellschaftsanteilen enthaltende Carried Interest war für die Initiatoren als Mitunternehmer als gewerblicher Gewinnanteil steuerpflichtig (§ 15 Abs. 1 S. 1 Nr. 2 S. 1 EStG).

33 BMF-Schreiben v. 16.12.2003, IV A 6-S2240-153/03, FR 2004, 177-180.

34 *Mihm*, RdF 2020, 113 (115).

35 BFH, Urteil v. 11.12.2018, VIII R 11/16, BFHE 263, 418, DStR 2019, 1136; vgl. dazu nachstehend unter Zweites Kapitel C. II.

BFH zutreffend sein[36] – allein bei *vermögensverwaltenden* PE/VC Fonds den Einkünften aus selbstständiger Arbeit (§ 18 EStG) zugeordnet hat. Dies kann mehrere Gründe haben:

(i) Es könnte dem Gesetzgeber allein darum gegangen sein, die vormalige Besteuerungslücke bei vermögensverwaltenden Fonds zu schließen. In dem Fall stellte sich vor dem Hintergrund der Einführung einer allgemeinen Abgeltungssteuer die Frage nach dem heutigen Geltungsgrund von § 18 Abs. 1 Nr. 4 EStG;[37]

(ii) Die originäre Rechtsnatur des Carried Interest könnte bei vermögensverwaltenden und gewerblichen Fonds doch unterschiedlich zu beurteilen sein, d.h. der Carried Interest, der von den Initiatoren über vermögensverwaltende Fonds bezogen wird, wäre dann als Tätigkeitsvergütung einzustufen. In diesem Fall wäre für den Carried Interest die Anwendung des „besonderen“ Teileinkünfteverfahrens[38] u.U. nicht gerechtfertigt;[39]

(iii) Der Umstand, dass nur der Carried Interest, der von den Initiatoren über vermögensverwaltende Fonds bezogen wird, den Einkünften aus selbstständiger Arbeit zugeordnet wird, könnte allgemeinen Erwägungen einer sachgerechten Besteuerung des Carried Interest Rechnung tragen, die in dieser Form nur für vermögensverwaltende Fonds gelten sollen.

C. Zielsetzung der Arbeit und Untersuchungsgegenstand

Zielsetzung der Arbeit ist es, in einem ersten Schritt die dogmatischen Grundlagen für die Besteuerung des Carried Interest bei vermögensverwaltenden und gewerblichen Fonds zu klären. Die Arbeit strebt daher an, eine eindeutige Aussage zu der originären Rechtsnatur des Carried Interest zu treffen, d.h. zu entscheiden, ob der Carried Interest – losgelöst von § 18 Abs. 1 Nr. 4 EStG – seiner Rechtsnatur nach als (steuerbegünstigter) kapitaldisproportionaler Gewinnanteil oder als (voll steuerpflichtige) Tätigkeitsvergütung zu qualifizieren ist.

---

36 BFH, Urteil v. 11.12.2018, VIII R 11/16, BFHE 263, 418, DStR 2019, 1136; vgl. dazu nachstehend unter Zweites Kapitel C. II.

37 *Levedag*, HFR 2019, 759 (766).

38 § 3 Nr. 40a EStG.

39 Vgl. Fn. 23.

Hieran anschließend widmet sich der Verfasser in einem zweiten Schritt für vermögensverwaltende Fonds der Frage nach der systematischen Stellung des Carried Interest innerhalb des § 18 EStG. Die Arbeit prüft dazu, ob der Gesetzgeber den Carried Interest i.R.d. § 18 Abs. 1 Nr. 4 EStG im Einklang mit seiner Rechtsnatur systematisch zutreffend angesiedelt hat. Verneinenden Falls geht die Arbeit der Frage nach, ob die Norm (zumindest) eine praktisch handhabbare Besteuerung des Carried Interest ermöglicht und zu einem sachgerechten Belastungsergebnis der Initiatoren und Investoren führt, das dem wirtschaftlichen Sachverhalt des Carried Interest in der Praxis entspricht, den heutigen Geltungsgrund für § 18 Abs. 1 Nr. 4 EStG bildet und bejahendenfalls, ob es daher ggf. einer tatbestandlichen Ausweitung des § 18 Abs. 1 Nr. 4 EStG auf gewerbliche Fonds bedarf.[40]

Ergänzend geht die Arbeit der Frage nach, ob die inländische Qualifikation des Carried Interest vermögensverwaltender Fonds in § 18 Abs. 1 Nr. 4 EStG als Einkünfte aus selbstständiger Arbeit für DBA-Zwecke auch bei grenzüberschreitenden Sachverhalten maßgeblich ist.

Die Arbeit geht zur Qualifikation des Carried Interest von der in der Praxis typischen inländischen Fondsstruktur aus: Dabei hat der Fonds die Rechtsform einer Personengesellschaft[41] (GmbH & Co. KG), an der sich die unterschiedlichen Investoren, natürliche und juristische Personen, unmittelbar als Kommanditisten beteiligen. Die Initiatoren selbst beteiligen sich an dem Fonds unmittelbar oder mittelbar über eine transparente Carry-KG. Die Management-Aufgaben werden in der Regel über unterschiedliche Zweckgesellschaften (Management-GmbH, Komplementär-GmbH) erbracht.[42] Bei der Untersuchung beschränkt sich die Arbeit auf die Besteuerung des Carried Interest, den die Initiatoren über Venture Capital Fonds (*VC Fonds*) beziehen.[43]

---

40 Siehe Reformüberlegungen.

41 Daneben wird auch untersucht, inwieweit auch Kapitalgesellschaften in den Anwendungsbereich des § 18 Abs. 1 Nr. 4 EStG fallen.

42 Besondere Fondsstrukturen, wie bspw. Dachfonds oder spezielle Master-Feeder-Fonds, sind nicht Gegenstand der vorliegenden Untersuchung. Gewerbesteuerliche Aspekte werden nur am Rande besprochen. Andere deutsche Einzelsteuergesetze, wie etwas das UStG oder das InvStG (das auf Fonds-Gesellschaften als Personengesellschaft keine Anwendung findet, vgl. § 1 Abs. 3 Nr. 2 InvStG) bleiben ebenfalls – zumindest weit überwiegend – außer Betracht.

43 Zur Abgrenzung zu Private Equity Fonds wird auf die Erläuterungen im Ersten Kapitel unter A. verwiesen.

D. Vorgehen

Zu Beginn werden die für das bessere Verständnis der späteren steuerlichen Einordnung des Carried Interest notwendigen ökonomischen Grundlagen und die typische rechtliche Struktur eines VC Fonds skizziert.

Das Erste Kapitel stellt die typische inländische Fondsstruktur dar, die wesentliche Diskussionsgrundlage für die weitere Arbeit ist. Dazu gehören die vertragliche Ausgestaltung des Carried Interest sowie die Erläuterungen der übrigen *Fund Economics*, wie der dem Management für die Verwaltung des Fonds zustehenden Gebühren (*Management-Fee*).[44]

Das Zweite Kapitel ist dem ersten Schwerpunkt dieser Arbeit gewidmet. Es untersucht die Frage nach der Rechtsnatur und damit der Grundlage der steuerlichen Qualifikation des Carried Interest bei vermögensverwaltenden und gewerblichen Fonds. Ausgangspunkt ist die Rechtsentwicklung zur Besteuerung des Carried Interest. Anschließend werden andere, dem Carried Interest ähnelnde heterogene „Vergütungsformen" wie erfolgsabhängige Tätigkeitsvergütungen zum Carried Interest in Bezug gesetzt, um so dessen steuerliche Rechtsnatur systemkongruent analysieren und festzustellen zu können. Besonderes Augenmerk gilt dabei der jüngsten Rechtsprechung des BFH und des FG München zu dieser Thematik.[45]

Weiterer Schwerpunkt ist die Systematik des § 18 Abs. 1 Nr. 4 EStG (Drittes Kapitel). Aufbauend auf dem Zweiten Kapitel geht es der Frage nach, ob der Gesetzgeber den Carried Interest bei vermögensverwaltenden Fonds seiner Rechtsnatur nach systematisch „richtig" bei den Einkünften aus selbstständiger Arbeit verortet hat, oder – falls nicht – ob sich die angesichts seiner Rechtsnatur möglicherweise unsystematische Stellung des Carried Interest dennoch mit Blick auf einen höherrangigen Regelungszweck sachlich rechtfertigen lässt.

Das Vierte Kapitel beinhaltet die Prüfung, wie der Carried Interest in grenzüberschreitenden Sachverhalten mit und ohne DBA-Schutz zu qualifizieren ist. Im Schlussteil (Fünftes Kapitel) wird dargelegt, ob § 18 Abs. 1 Nr. 4 EStG aus Sicht des Verfassers einer etwaigen Reformierung bedarf. Die Ergebnisse der Arbeit werden zum Schluss zusammengefasst.

---

44 Diese Ausführungen gelten gleichermaßen für vermögensverwaltende und gewerbliche Fonds.

45 BFH, Urteil v. 11.12.2018, VIII R 11/16, BFHE 263, 418, DStR 2019, 1136; FG München, Urteil v. 17.11.2020 – 12 K 2334/18 (Rev. eingelegt, Az. BFH: VIII R 3/21), DStRE 2021, 587.

Erstes Kapitel: Grundlagen für die steuerliche Einordnung des Carried Interest

PE lässt sich in den größeren Kontext der Eigenkapitalfinanzierung von Unternehmen und damit den Bereich des sog. *Corporate Finance* einordnen. Zur Einführung werden die ökonomischen und rechtlichen Eckpfeiler aus Unternehmens-, Anleger- und insbesondere aus Initiatorensicht bestimmt. Dies ist für eine sachgerechte steuerliche Einordnung des Carried Interest unabdingbar.

A. *Private Equity und Venture Capital*

Private Equity (PE) bezeichnet allgemein privates, d.h. außerbörsliches Beteiligungskapital. Wie der englische Begriff *Equity* verrät, handelt es sich um Eigenkapital, das am Erfolg und Misserfolg des Unternehmens teilnimmt.[46]

Aus Unternehmenssicht ergänzt es als alternatives Finanzierungsinstrument die klassische Eigenkapitalfinanzierung über den Gang an den öffentlichen Kapitalmarkt[47] („Börse") und damit das sog. *Public Equity*. PE stellt für Unternehmen eine immer wichtigere Finanzierungsquelle dar. Dies gilt insbesondere für reifere kleine und mittelständische Unternehmen (KMU). Diese nehmen PE in der Regel in Anspruch, um sich durch frisches Eigenkapital zu refinanzieren, neue geschäftliche Aktivitäten zu finanzieren oder vorübergehende finanzielle Engpässe zu überwinden.[48] Die alternative Finanzierung über den Kapitalmarkt ist aus Unternehmenssicht oft nicht vielversprechend. Zum einen ist der Börsengang mit hohem Kostenaufwand und gesteigerten Publizitätspflichten verbunden. Zum anderen scheuen Investoren vielfach das Risiko, das mit der Geldanlage in

---

46 Die Kapitalgeber haften somit vollumfänglich mit ihrem zur Verfügung gestellten Eigenkapital, *Jesch/ Striegel/ Boxberger*, § 1 Rn. 22.

47 Sog. *Initial Public Offering* (IPO).

48 Daneben können weitere Motive eine Rolle spielen, z.B. die Finanzierungsquellen breiter zu streuen, den Fortbestand des Unternehmens bei Nachfolgeproblemen zu sichern, die Übernahme eines Wettbewerbers zu finanzieren, etc.; zu weiteren Motiven siehe *Rodin/ Veith*, DB 2001, 883 (884).

kleinere, eher unbekannte Unternehmen einhergeht. Beides gilt im besonderen Maße für *Start-Ups*. Für diese kommt erschwerend hinzu, dass auch die Aufnahme von Fremdkapital zur weiteren Finanzierung oft nur schwer realisierbar ist. Start-Ups verfügen in der Regel mangels ausreichender Sicherungsmittel und einer noch unzureichenden oder unsicheren Ertragslage nicht über die nötige Kreditwürdigkeit und müssen daher nachteilige Darlehenskonditionen in Kauf nehmen. Insofern spricht man bei Start-Ups von Risiko- oder Wagniskapital (*Venture Capital*, VC).

Aus Anlegersicht kann die Beteiligung an solchen Unternehmen (trotz des totalen Ausfallrisikos) äußerst attraktiv sein. Dies gilt für KMU, bei denen die Aussicht besteht, das womöglich nur kurzzeitig „aus der Bahn geworfene" Unternehmen durch punktuelle oder umfassende Strukturmaßnahmen wieder in die Erfolgsspur zurückzuführen. Bei Start-Ups steht dagegen das enorme Wachstumspotential und das damit verbundene Interesse an unternehmerischer Teilhabe im Vordergrund.

Diese grundlegende Interessenlage machen sich PE/VC-Gesellschaften zunutze, indem sie in einem Gebiet, in dem die für die PE/VC Fonds handelnden Initiatoren über überdurchschnittliches Know-how und das notwendige Netzwerk verfügen, den Zielunternehmen gegen die Gewährung von Anteilen[49] Eigenkapital zur Verfügung stellen, das sie zuvor bei privaten oder institutionellen Investoren eingeworben haben.

Dies geschieht regelmäßig über die Errichtung eigens zu diesem Zweck gegründeter Beteiligungsgesellschaften (*PE* oder *VC Fonds*). Diese haben gegenüber einer Direktbeteiligung des PE Investors den Vorteil, eine Vielzahl von Investoren unter einem „Dach", d.h. in einem gemeinsamen Investitionsvehikel, sammeln zu können und das Investitionsrisiko dadurch zu minimieren, dass eine Mehrzahl von Beteiligungen erworben werden (Risikodiversifizierung). Die so erworbenen Beteiligungen werden durchschnittlich drei bis fünf Jahre durch den PE/VC Fonds gehalten, bevor sie nach Wertsteigerung sukzessive an Dritte, häufig auch über einen Börsengang (*Going public, Exit*), veräußert werden;[50] die Beteiligungen sind daher konzeptionell von Beginn an auf Zeit ausgelegt.

---

49 Meist i.R. einer Kapitalerhöhung.

50 Um einen möglichst hohen Verkaufserlös zu erzielen, wird häufig ein Bieterverfahren durchgeführt. Bisweilen wird auch parallel zu Verhandlungen mit strategischen Kaufinteressenten ein Börsengang vorbereitet, um auch diese Option auszuloten (sog. „*Dual Track*").

B. *Wirtschaftlicher Rahmen*

I. Anlagemerkmale

PE Investments sind ihrer Natur nach mit einer gewissen Mindestlaufzeit verbunden, sodass diese Investments durch Illiquidität gekennzeichnet sind. Daher handelt es sich bei den Investitionsvehikeln um sog. geschlossene Fonds,[51] bei denen die Investoren als Gesellschafter ihre Anteile nicht vor Ablauf einer bestimmten Laufzeit, die in der Regel auf zehn bis zwölf Jahre festgesetzt ist, wieder veräußern dürfen.[52]

Die anschließende Liquidation des Fonds ist zeitlich nicht begrenzt. Da die Initiatoren in dieser Phase aber keine Management-Fee mehr erhalten, wird von allen Beteiligten eine zügige Abwicklung angestrebt.[53]

Weiteres Charakteristikum von PE/VC Fonds ist ihre Eigenschaft als sog. *Blindpools*. Dieser Terminus bringt zum Ausdruck, dass die Investoren bei Zeichnung keine konkrete Kenntnis darüber besitzen, in welche Zielunternehmen genau investiert wird.[54] Die Investoren erhalten mit dem gesetzlich nicht vorgeschriebenen, aber marktüblichen Beteiligungsprospekt (sog. *Private Placement Memorandum, PPM*) lediglich eine Übersicht über die grundsätzliche Investitionsstrategie des Fonds, das Management-Team, das Marktsegment und das Abschneiden möglicher Vorgängerfonds (*Track Records*).[55]

II. Investitionsstrategie

Am Anfang jedes Beteiligungserwerbs steht die PE/VC-Gesellschaft[56] mit ihrer Investitionsstrategie. Sie muss sich zunächst eine Reihe von grundlegenden Fragen stellen. Zu entscheiden ist u.a., in welche Branche (Energie, Gesundheit, Industrie, Pharma etc.) und in welche Märkte (Deutschland, USA, Asien etc.) die PE/VC-Gesellschaft investieren möchte, über

---

51 *Watrin/ Gocksch*, DB 2002, 341 (342).

52 Meist ist die Laufzeit in der Praxis auf zehn Jahre begrenzt, kann aber unter bestimmten Voraussetzungen auf zwölf Jahre verlängert werden. Längere Laufzeiten sind unüblich.

53 *Schwarz van Berk/ Euhus* in: P/ R/ W, § 3 Rn. 11.

54 *Jesch/ Striegel/ Boxberger*, § 3 Rn. 11.

55 *Schwarz van Berk/ Euhus* in: P/ R/ W, § 3 Rn. 5.

56 Auch „Management-Gesellschaft“ oder – im aufsichtsrechtlichen Sinne – „Kapitalverwaltungsgesellschaft“ (§ 1 Abs. 16 und § 17 KAGB).

welches notwendige Mindestvolumen der Fonds im Hinblick auf die Größe der Zielunternehmen und der Anzahl der angestrebten Beteiligungen verfügen muss und welche Art von Investoren der Fonds ansprechen möchte.

Die Investitionsstrategie hängt davon ab, auf welchem Gebiet die Initiatoren bzw. die Management-Gesellschaft über das größte Know-how und das breiteste Netzwerk verfügt. Die Management-Gesellschaft muss persönlich dazu im Stande sein, die potenziellen Zielunternehmen im Rahmen einer Vorerwerbsprüfung (*Due-Diligence*) bewerten zu können; zudem muss sie die nötige fachliche Qualifikation mitbringen, um die Management-Qualitäten des vorgefundenen Führungspersonals beurteilen zu können, um entweder dem bestehenden Management das Vertrauen auszusprechen oder dieses ggf. durch eigene Manager zu ersetzen (sog. *Buy-and-Build*). Hinzutreten müssen dezidierte Kenntnisse der Produkte und Märkte der potenziellen Zielunternehmen und die Fähigkeit, deren Marktverhältnisse und deren Optimierungspotenzial zutreffend einschätzen zu können.

1. Leveraged-Buy-Out

Die von den PE Fonds verfolgten Finanzierungs- und Investitionsstrategien lassen sich im Wesentlichen zweiteilen: Es stehen sich der sog. *Leveraged-Buy-Out* (LBO) und der Beteiligungserwerb durch VC gegenüber.[57]

Für den LBO ist die im Begriff *Leverage*[58] zum Ausdruck kommende Finanzierung des Unternehmenskaufes durch einen häufig hohen Anteil an Fremdkapital kennzeichnend. Dieser soll dazu beitragen, eine möglichst hohe Eigenkapitalrendite zu erzielen, d.h. mittels Fremdkapitals die größtmögliche Hebelwirkung für das eingesetzte Eigenkapital zu bewirken („Leverage-Effekt"). Voraussetzung ist, dass die Gesamtkapitalrendite, also die Rendite, die ein Unternehmen unter Berücksichtigung des eingesetzten Eigen- und Fremdkapitals erzielt, höher ist als die Zinslast aus dem eingesammelten Fremdkapital.

---

57 Private Equity bildet den Oberbegriff für LBO und VC. Nichtsdestotrotz wird üblicherweise – und so auch nachfolgend für Zwecke dieser Arbeit – der Terminus LBO synonym für Private Equity verwendet; i.Ü. kommen auch sog. *Private-Debt-Fonds* und sog. *Mezzanine-Fonds* in Betracht.

58 Zu Deutsch: Hebel.

LBO zielt auf reifere Unternehmen ab, die sich bereits auf dem Markt etabliert haben und einen stabilen Zahlungsstrom (*Cashflow*) aufweisen, mit dem die Zinsen aus der Fremdkapitalfinanzierung bedient werden können. LBO sind typischerweise auf Mehrheitsbeteiligungen gerichtet. Hierdurch erhalten die PE Investoren die Möglichkeit, aktiv auf das Management des Zielunternehmens Einfluss zu nehmen sowie dieses unter Umständen zu ersetzen.

2. Venture Capital

VC Fonds spezialisieren sich auf Start-Ups, häufig im Bereich des Technologie-Sektors.[59] Im Gegensatz zum LBO erwerben VC Fonds i.d.R. Minderheitsbeteiligungen.[60] Diese erfolgt mit Blick auf das hohe Abschreibungsrisiko i.R. mehrerer Finanzierungsrunden.[61] Auf diese Weise kann aus Investorensicht der Erwerb weiterer Anteile durch Kapitalerhöhungen davon abhängig gemacht werden, ob bestimmte wirtschaftliche Zwischenziele erreicht werden, sog. *Milestones*.

Es wird nach Beteiligungsphase begrifflich zwischen *Seed* (Konzept- und/ oder Produktentwicklung), *Start-Up* (Markteintritt), *Expansion* (Produktions-/ Vertriebsausbau) und *Later Stage* (Marktausbau) unterschieden.[62] Je nach Beteiligungsphase divergieren der Umfang der den Investoren eingeräumten Kontroll- und Mitspracherechte.[63]

III. Anlegerfeld

Die für die PE Branche bedeutendsten VC Investoren sind die unabhängigen VC-Gesellschaften als solche. Unter ihren „Dächern“ finden sich überwiegend finanzstarke institutionelle Investoren zusammen. Dies sind in der Regel Finanzinvestoren, deren hauptsächliches Investitionsziel darin besteht, aus ihrem Investment eine möglichst hohe Rendite zu erzielen.

---

59 Wie eingangs dargelegt beschränkt sich die Arbeit nachfolgend auf VC Strukturen.

60 *Bünning*, FR 2002, 982 (983).

61 *Schwarz van Berk/ Euhus* in: P/ R/ W, § 1 Rn. 8.

62 *Weitnauer*, Teil A Rn. 28.

63 *Weitnauer*, Teil A Rn. 4.

Private Investoren beteiligen sich aufgrund der hohen Mindestinvestitionssummen weitaus weniger.[64]

Den Finanzinvestoren stehen die sog. strategischen Investoren gegenüber. Diese sind vor allem im Bereich des *Corporate Venture Capital* (CVC) anzutreffen. Hierbei handelt es sich um Großunternehmen, aber auch mittelständische Unternehmen, die versuchen, über die Beteiligung an Start-Ups Zugang zu innovativen Geschäftsmodellen und Technologien zu erhalten.[65] Im Bereich des VC agieren zudem eine Vielzahl von weiteren Investoren, darunter z.B. *Business Angels, Family Offices* oder *Incubators.* Business Angels sind meist vermögende Privatpersonen, die junge Unternehmen in der Frühphase nicht nur finanziell unterstützen. Sie stellen den Start-Ups persönliches Know-how sowie ihr Netzwerk zur Verfügung. Ähnlich verhält es sich mit den Incubators („Brutkästen"). Dies sind in der Regel größere Unternehmen, die die Start-Ups durch die Zurverfügungstellung weitreichender Infrastruktur in ihrer Unternehmensentwicklung aktiv unterstützen.

Die institutionellen Anleger bilden innerhalb der VC Fonds als sog. „Ankerinvestoren" die mit Abstand größte Anlegergruppe.[66] Viele institutionelle Anleger unterliegen Anlagebeschränkungen. Diese erschweren die Investition in VC Fonds nicht unerheblich. So müssen sich Stiftungen bspw. innerhalb der Vorgaben des Gemeinnützigkeitsrechts bewegen („Gebot der sicheren Vermögensanlage", „Gebot der Selbstlosigkeit");[67] auch Versicherungen[68] und Pensionswerke unterliegen strengen Regularien in Bezug auf die Kapitalausstattung und Mittelverwendung („Gebot der unternehmerischen Vorsicht")[69], ebenso Banken[70].

IV. Lebenszyklus eines Fonds

Der Lebenszyklus eines VC Fonds lässt sich in fünf Abschnitte gliedern: (i) die Gründung des VC Fonds, (ii) die Platzierung des Fonds, d.h. das

64 Dies erfolgt meist durch sog. *Family Offices.*

65 *Weitnauer,* Teil A Rn. 24.

66 Banken, Stiftungen, Versicherungen, Versorgungswerke und Pensionskassen.

67 *Gollan* in: P/ R/ W, § 33 Rn. 5.

68 Vgl. die Bestimmungen des Gesetzes über die Beaufsichtigung der Versicherungsunternehmen (VAG).

69 *Jesch/ Striegel/ Boxberger,* § 2 Rn. 25.

70 Banken müssen insbesondere hohe Eigenkapitalanforderungen erfüllen (*Steinmüller* in: P/ R/ W, § 32 Rn. 2).

Einsammeln der für die Beteiligungserwerbe notwendigen Investorengelder (*Fundraising*), (iii) die Investitionsphase, die den eigentlichen Erwerb der Beteiligungen an den Zielunternehmen umfasst, (iv) die Desinvestitionsphase als die sich anschließende Veräußerungsperiode sowie (v) die Liquidationsphase, d.h. die Auflösung des Fonds.[71]

C. Steuerliche Strukturierung eines VC Fonds

I. Schaubild[72]

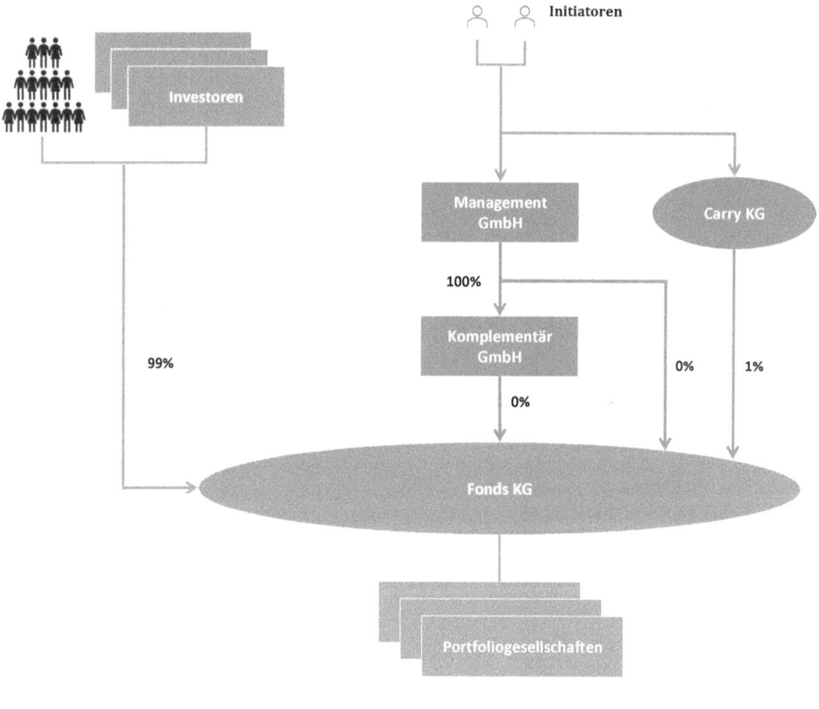

71 *Schwarz van Berk/ Euhus* in: P/ R/ W, § 3 Rn. 4ff.

72 Hierbei handelt es sich um einen rein inländischen Sachverhalt. Bisweilen wird die Management-GmbH von den Initiatoren auch als Schwestergesellschaft der Komplementär GmbH gehalten (vgl. Fn. 90). Die Management-GmbH ist – ohne Kapitalanteil – geschäftsführende Kommanditistin des VC Fonds.

II. Allgemeine Grundsätze

1. Transparenz

Für die Wahl einer GmbH & Co. KG als Fonds-Gesellschaft sprechen vor allem steuerliche Gestaltungsziele.[73] Als Personengesellschaft erfüllt die GmbH & Co. KG das Merkmal der steuerlichen Transparenz.[74] Dies hat den Vorteil, dass die Ergebnisanteile des Fonds den Investoren als natürlichen oder juristischen Personen als Einkommensteuer- oder Körperschaftsteuersubjekten unmittelbar zugerechnet werden, sodass für Steuerzwecke deren direkte Beteiligung an den Zielunternehmen fingiert wird.[75] Mit der Ausgestaltung als Personengesellschaft wird so die bei Kapitalgesellschaften auf Gesellschafts- sowie Anteilseigner-Ebene stattfindende Doppelbesteuerung vermieden.

2. Keine Anwendung des InvStG

Für Personengesellschaften gilt das Investmentsteuergesetz 2018[76] (InvStG) nicht.[77] Das InvStG ergänzt punktuell spezialgesetzlich die Einzelsteuergesetze nach dem EStG, KStG und GewStG.[78] Nach der Neufassung des InvStG werden bestimmte als Investmentvermögen qualifizierende Fonds – anders als zuvor – nicht mehr als steuerlich transparent behandelt. Stattdessen gilt nunmehr grundsätzlich das für inländische Kapitalgesellschaften geltende Trennungsprinzip.[79]

---

73 Allgemein zur steuerlichen Zielsetzung auf Ebene der Investoren/Initiatoren: *Eilers/Paschke* in: Eilers/Koffka/Mackensen, Kap. IV Rn. 89 ff.

74 *Buge*, Ubg 2019, 432 (432).

75 *Weitnauer*, Teil B Rn. 83.

76 Gesetz zur Reform der Investmentbesteuerung (InvStRefG) v. 19.7.2016. Dieses trat mit Wirkung v. 1.1.2018 an die Stelle des bisherigen InvStG v. 15.12.2003.

77 § 1 Abs. 3 Nr. 2 InvStG 2018. Dieser Ausschluss beruhe auf der Erkenntnis, dass die Personengesellschaft nicht die Selbstständigkeit einer „anonymen“ Kapitalgesellschaft aufweise, sondern vielmehr nur die Interessen ihrer Gesellschafter bündele (*Weber-Grellet*, DStR 2018, 992 (992).

78 *Bujotzek/ Blischke* in: P/ R/ W, § 25 Rn. 158.

79 *Bujotzek/ Blischke* in: P/ R/ W, § 25 Rn. 211.

3. Vermögensverwaltung vs. Gewerbebetrieb

Die Management-Gesellschaft kann die Fonds-KG sowohl vermögensverwaltend als auch gewerblich aufsetzen.[80] Gegen eine gewerbliche Strukturierung spricht zwar die auf Fonds-Ebene anfallende Gewerbesteuer.[81] Die Gewerblichkeit ermöglicht der Management-Gesellschaft aber auch einen größeren Spielraum bei der Umsetzung ihrer Anlagestrategie. So hängt die (originäre) Gewerblichkeit davon ab, ob der Fonds eine Tätigkeit ausübt, die ihn nach dem BMF-Schreiben vom 16.12.2003 („PE-Erlass") als vermögensverwaltend oder gewerblich qualifiziert.[82]

In dem PE-Erlass hat das BMF erstmalig auf PE Fonds zugeschnittene Kriterien für die Abgrenzung zwischen privater Vermögensverwaltung und einem Gewerbebetrieb entwickelt.[83] Darunter sollen im Rahmen einer Gesamtschau z.B. der Grad an Einflussnahme auf das Management des Zielunternehmens, die durchschnittliche Haltedauer der Beteiligungen sowie der Umfang der Fremdfinanzierung des Unternehmenskaufes über die Gewerblichkeit des PE Fonds entscheiden.[84]

III. Inländische Fonds-Struktur

1. Fonds-KG

Dreh- und Angelpunkt der Fondsstruktur ist der VC Fonds in der Rechtsform einer GmbH & Co. KG („Fonds-KG"). Als Investitionsvehikel betei-

---

80 Vgl. § 15 Abs. 2 und 3 EStG.

81 § 5 Abs. 1 S. 3 GewStG.

82 BMF-Schreiben v. 16.12.2003, IV A 6-S2240-153/03, FR 2004, 177-180.

83 Vgl. zu den einzelnen Abgrenzungskriterien nach dem PE-Erlass: *Anzinger/ Voelskow,* FR 2009, 1089; *Bärenz/ Veith,* BB 2004, 251; *Bauer/ Gemmeke,* DStR 2004, 579; *Elser/ Dürrschmidt,* FR 2010, 817; *Wegenroth/ Maier,* EStB 2004, 252; *Weitnauer,* BKR 2004, 89; *Wiese/ Klass,* FR 2004, 324. Im Übrigen hat der BFH mit Urteil v. 24.8.2011 (I R 46/10, BFHE 234, 339, BStBl. II 2014, 764, FR 2012, 39) einige der Abgrenzungskriterien des BMF in Frage gestellt, siehe hierzu: *Egner/ Kohl,* Ubg 2012, 516; *Rodin/ Veith/ Bärenz,* DB 2004, 103-111; *Schnittker/ Steinbiß,* FR 2016, 1069; *Süß/ Mayer,* DStR 2011, 2276; zum Diskussionsstand vor Erlass des BMF-Schreibens siehe *Rodin/ Veith,* DB 2001, 883; *Schefczyk/ Person,* BB 2002, 805; *Stoschek/ Protzen,* FR 2001, 816; *Wiese,* GmbHR 2002, 293; zum aktuellen Stand instruktiv: *Ritter,* Die Abgrenzung der privaten Vermögensverwaltung von der Gewerblichkeit bei PE Fonds, Wiesbaden 2019.

84 BMF-Schreiben v. 16.12.2003, IV A 6-S2240-153/03, FR 2004, 177-180 (Rn. 6ff.).

ligt sich die Fonds-KG unmittelbar (oder über zwischengeschaltete Akquisitionsvehikel mittelbar) an den Zielunternehmen.[85] An der Fonds-KG selbst beteiligen sich unmittelbar die verschiedenen privaten und institutionellen Investoren, darüber hinaus mittelbar auch die Initiatoren über die Management- und Komplementär-GmbH sowie über die Carry-KG.

2. Komplementär-GmbH

Die GmbH nimmt bei der Fonds-KG als GmbH & Co. KG bereits definitionsgemäß die Rolle der Komplementärin ein.[86] Weitere persönlich haftende Gesellschafter treten nicht hinzu. Anders als bei einer typischen GmbH & Co. KG kommt der GmbH als Komplementärin nur die Funktion zu, die unbeschränkte persönliche Haftung für die Fonds-KG zu übernehmen.[87] Weder ist sie zur Geschäftsführung befugt,[88] noch verfügt sie über sonstige Substanz oder nimmt etwaige Funktionen wahr. Eine vermögensmäßige Beteiligung an der GmbH & Co. KG besteht nicht.[89]

3. Management-GmbH

An der Komplementär-GmbH beteiligt sich zu 100% die Management-Gesellschaft („Management-GmbH“), die von den Initiatoren gehalten wird.[90] Die Management-GmbH tritt als geschäftsführende Kommanditistin (i.d.R. ohne Einlage) in die Fonds-KG ein. Durch die Einräumung der Geschäftsführung behalten die Initiatoren über ihre Beteiligung an der Management-GmbH „das Ruder in der Hand“, ohne dass die Management-GmbH als Kommanditistin den Gesellschaftsgläubigern gegenüber

---

85 Die Zwischenschaltung einer Kapitalgesellschaft als Akquisitionsgesellschaft kann z.B. bewirken, dass der Beteiligungserwerb durch Fremdkapital stattfindet, ohne dass die Fonds-KG nach den Kriterien des PE-Erlasses als vermögensverwaltend qualifiziert; siehe Fn. 82, 83. Die Zwischenschaltung von Akquisitionsgesellschaften ist aber eher bei PE Fonds üblich und nur selten bei – den hier behandelten – VC Fonds.

86 § 161 Abs. 1 HGB.

87 *Euhus* in: P/ R/ W, § 20 Rn. 9.

88 Siehe hierzu nachfolgend unter 3.

89 *Euhus* in: P/ R/ W, § 20 Rn. 9.

90 Alternativ kann es sich in der Praxis bei der Management-GmbH auch um eine Schwestergesellschaft der Komplementär-GmbH handeln (*Euhus* in: P/ R/ W, § 20 Rn. 9).

betragsmäßig über die gesellschaftsvertraglich vereinbarte und geleistete Einlage (Haftsumme) hinaus haftet.[91]

Die Vertretungsbefugnis der Fonds-KG verbleibt zwar grundsätzlich bei der Komplementär-GmbH. Der Management-GmbH kann aber entweder i.R. des Fonds-Vertrags oder eines ergänzenden Geschäftsbesorgungsvertrags eine rechtsgeschäftliche Vertretungsmacht eingeräumt werden.[92]

4. Carry-KG

Die Initiatoren beteiligen sich zudem als Kommanditisten, meist über eine sog. Carry-Gesellschaft in der Rechtsform einer GmbH & Co. KG („Carry-KG"), an der Fonds-KG.[93] Anders als die Komplementär- und Management-GmbH beteiligt sich die Carry-KG auch vermögensmäßig an der Fonds-KG. Die Beteiligungshöhe bewegt sich hier in einer Größenordnung von einem bis zwei Prozent. Die Vermögensbeteiligung der Initiatoren stellt für die Investoren sicher, dass die Initiatoren ein nachhaltiges Eigeninteresse an dem Erfolg des Fonds haben (*Skin in the Game*).[94]

Die Carry-KG dient den Initiatoren in erster Linie als „Bündelungsgesellschaft" zur Regelung ihrer internen gesellschaftsrechtlichen Interessen. Damit tritt die Carry KG nach außen nicht als eigenständige Rechtspersönlichkeit auf. Vielmehr treffen die Initiatoren die wesentlichen, für den Bezug des Carried Interest berechtigenden Strategie- und Anlageentscheidungen selbst.[95] Während der Management-GmbH dabei die Aufgabe zu Teil wird, die laufenden Geschäftsführungs- und Verwaltungsaufgaben wahrzunehmen, sind die Initiatoren für die „eigentlichen" strategischen Investitionsentscheidungen zuständig, die durch die Management-GmbH lediglich „technisch" umgesetzt werden.[96] Der Carry KG kommt dabei mit

91 Das Gesetz unterscheidet zwischen der im Innenverhältnis geschuldeten Pflichteinlage und der das Außenverhältnis betreffenden Haftsumme, die die Haftung des Kommanditisten betragsmäßig nach oben hin beschränkt. In beiden Fällen spricht das Gesetz lediglich von Einlagen (vgl. *Mock* in: Röhricht/ Graf von Westphalen/ Haas, HGB, § 171 Rn. 15, 17). Indem die Management-GmbH als Kommanditistin die Geschäftsführung übernimmt, wird zudem steuerlich die gewerbliche Prägung der Fonds-KG nach § 15 Abs. 3 Nr. 2 S. 1 EStG verhindert, *Euhus* in: P/ R/ W, § 20 Rn. 6.

92 *Euhus* in: P/ R/ W, § 20 Rn. 7.

93 Mitunter kann es sich auch um eine GbR handeln (*Buge*, Ubg 2019, 432 (433).

94 *Mardini* in: P/ R/ W, § 11 Rn. 4.

95 *Elser/ Dürrschmidt*, FR 2010, 1075 (1075).

96 *Herzig/ Gocksch*, DB 2002, 600 (602).

Ausnahme der Festlegung der internen Erfolgsbeteiligung, die u.a. auch sog. Vesting-Regelungen für den Fall des Ausscheidens eines Initiators beinhaltet, keine praktische Bedeutung zu.

5. Investoren

Die Investoren (natürliche und juristische Personen, Personengesellschaften) halten als Kommanditisten eine unmittelbare und kapitalmäßige Beteiligung in Höhe der verbleibenden 98 bis 99 Prozent an der Fonds-KG. Eine Geschäftsführungsbefugnis erhalten die Investoren nicht.[97]

D. Vergütung und Erfolgsbeteiligung des Managements

I. Interessenlage

Als sog. *Fund Economics* bilden die vertraglichen Vereinbarungen zwischen Investoren und Initiatoren über die Vergütung der Management-GmbH (*Management-Fee*) und die Erfolgsbeteiligung der Carry-KG (*Carried Interest*) die Krux jedes Fondsvertrages.[98]

Hier gilt es für beide Seiten, ein möglichst sachgerechtes Vergütungs- und Erfolgsbeteiligungssystem zu installieren, das aus Sicht der Investoren für die Manager den richtigen Anreiz schafft, hohe Gewinne für den Fonds zu erzielen (Chancenbeteiligung) ohne dabei das jeweilige Investitionsrisiko unangemessen zu vernachlässigen (Risikobeteiligung).[99] Dies bedingt, dass den Initiatoren nicht nur ein kapitaldisproportionaler Gewinnanteil gewährt wird, sondern dass sie zusätzlich die Verpflichtung übernehmen, sich in einem für sie signifikanten Umfang auch kapitalmäßig zu engagieren (*Alignment of Interest*).[100]

---

97 *Rodin/ Veith*, DB 2001, 883 (884).

98 Zwar sind die Initiatoren wie gesehen sowohl Gesellschafter der Management-GmbH als auch der Carry-KG. Der Personenkreis, der u.U. zum Bezug des Carried Interest berechtigt ist, ist aber in der Praxis nicht deckungsgleich. Dies ist einer der Gründe dafür, eine eigene Carry-Gesellschaft aufzusetzen, um die Ansprüche auf den Carried Interest unter den Berechtigten flexibel zu gestalten, siehe *Euhus* in: P/ R/ W, § 20 Rn. 10.

99 *Mardini* in: P/ R/ W, § 11 Rn. 2, 3.

100 *Mardini* in: P/ R/ W, § 11 Rn. 4.

Daneben muss in dem Fonds-Vertrag auch eine leistungs- und erfolgsunabhängige Vergütungs- und Kostendeckungskomponente zugunsten der Management-GmbH Berücksichtigung finden. Der Management-GmbH entstehen nicht nur allgemeiner Verwaltungsaufwand, sondern auch einmalige sowie laufende Kosten, die mit der Errichtung und der Verwaltung des Fonds einhergehen.[101] Der Schlüssel zur Vereinbarkeit der unterschiedlichen Parteieninteressen liegt darin, den Verwaltungs- und Kostenaufwand des Managements hinreichend zu würdigen und auf verschiedene Schultern zu verteilen, ohne das durch die Erfolgsbeteiligung geschaffene Anreizsystem zu konterkarieren.

II. Management-Fee

Die an die Management-GmbH zu zahlende Management-Fee deckt für das Fonds-Management zwei Aspekte ab: Als die erfolgs- und leistungsunabhängige Vergütung im engeren Sinne gilt sie zum einen die allgemeinen Verwaltungstätigkeiten des Managements ab. Hierzu gehören die ureigenen Aufgaben des Managements in Form der Portfolioverwaltung und des Risikomanagements.[102] Zum anderen sieht die Management-Fee die Erstattung aller Kosten der eigentlichen Portfolioverwaltung einschließlich der internen Fixkosten des Managements, wie bspw. Mitarbeitergehälter, Miete, Kosten für die Informationstechnik (IT) etc. vor.[103]

Die Höhe der Management-Fee setzt sich aus einem Prozentsatz und einer dazugehörigen Bezugsgröße zusammen.[104] Der Prozentsatz, der sich in der Regel zwischen 1,5 und 2% bewegt, wird in der anfänglichen Investitionsphase auf das gezeichnete Kapital (*Committed Capital*), später aber lediglich noch auf das (reduzierte) gebundene Kapital (*Invested Capital*) bezogen angewendet.[105]

Um die Management-Fee aus Sicht der Investoren nicht ausufern zu lassen, vereinbaren die Parteien zudem ein festes Budget samt detaillier-

---

101 *Mardini* in: P/ R/ W, § 11 Rn. 5; dort auch im Folgenden.

102 Insbesondere die strategische Planung und Umsetzung der Invest- und Desinvestmententscheidungen, vgl. *Boxberger* in: Weitnauer/ Boxberger/ Anders, KAGB, Rn. 19.

103 *Mardini* in: P/ R/ W, § 11 Rn. 5.

104 *Mardini* in: P/ R/ W, § 11 Rn. 9.

105 *Boxberger* in: Weitnauer/ Boxberger/ Anders, KAGB, Rn. 19. Man spricht von einem sog. *Step-down*. Damit wird dem tendenziell sinkenden Arbeitsaufwand des Managements im Laufe des Lebenszyklus eines Fonds Rechnung getragen.

ter Fest- und Offenlegung der einzelnen Kosten. Die Management-Fee speist sich wirtschaftlich aus dem Fondsvermögen (Kapitalbeiträge, Erlöse). Sie wird auf Grundlage eines zwischen der Fonds-KG und der Management-GmbH geschlossenen Management-Vertrags quartalsweise vorab gezahlt.[106]

III. Carried Interest

1. Wesensmerkmale

Der Begriff des Carried Interest ist über alle Rechtsgebiete hinweg ökonomischer Natur[107] und steht für die kapital*dis*proportionale Gewinnbeteiligung des Managements an einem Fonds.

Carried Interest lässt sich damit anhand zweier Wesensmerkmale charakterisieren: Zum einen setzt die Berechtigung zum Carried Interest ein positives Fonds-Ergebnis voraus und ist demnach – anders als die Management-Fee – erfolgsabhängig ausgestaltet. Zum anderen berechtigt der Carried Interest den Initiator zu einem erhöhten Gewinnanteil, dessen Höhe über den rein vermögensmäßigen Anteil am Kapital des Fonds hinausgeht (Disproportionalität). Der Carried Interest beläuft sich auf etwa 20% und bezieht sich auf den Nettoüberschuss der Fonds-KG, d.h. auf das Ergebnis nach Abzug aller von der Fonds-KG getragenen Kosten unter Einbeziehung der Management-Fee.[108]

Die Carried-Interesst-Abrede modifiziert damit die allgemeine Ergebnisverteilung, die sich aus den Kapitalanteilen aller Gesellschafter der Fonds-KG zwischen Investoren und Initiatoren grundsätzlich ergäbe.[109] Wirtschaftlich speist sich der Carried Interest aus Veräußerungsgewinnen sowie ergänzend aus Dividenden und Zinsen der Zielunternehmen an die Fonds-KG.[110]

106 *Mardini* in: P/ R/ W, § 11 Rn. 7.
107 *Mardini* in: P/ R/ W, § 11 Rn. 28.
108 *Mardini* in: P/ R/ W, § 11 Rn. 29.
109 Diese entspräche dem zweiprozentigen Kapitalanteil, den die Initiatoren in der Regel über die Carry-KG an der Fonds-KG halten.
110 Wobei die laufenden Gewinnanteile eine untergeordnete Rolle einnehmen. Im Vordergrund stehen die Veräußerungsgewinne aus dem langfristigen Wertzuwachs der Beteiligungen, *Hohaus/ Inhester*, DB 2003, 1080 (1080).

2. Immaterieller Gesellschafterbeitrag

Mit der (relativ) erhöhten Gewinnbeteiligung erkennen die Investoren die besondere wirtschaftliche Bedeutung der Gesellschafterbeiträge der Initiatoren an. Diese Gesellschafterbeiträge beschränken sich anders als die der Investoren nicht auf die Zurverfügungstellung von Kapital. Vielmehr erbringen die Initiatoren über die Carry-KG weitere, im Wesentlichen *immaterielle* Beiträge, die für den Erfolg des Fonds unerlässlich sind.

Die Initiatoren sind nämlich allein für sämtliche strategische, insbesondere Investitions- und Desinvestitionsentscheidungen verantwortlich. Das bedeutet, die Initiatoren entscheiden z.B. darüber, welche Zielbeteiligungen im Einzelfall erworben, wie diese unternehmerisch geführt und später – im Idealfall – gewinnbringend wieder veräußert werden.[111] Hierfür stellen die Initiatoren ihr besonderes Know-how und Netzwerk und sonstige, für das erfolgreiche Anlegen des Kapitals erforderliche immaterielle Beiträge bereit.[112] Gleichzeitig nehmen die Initiatoren nur insoweit eine aktive Rolle ein, als sie insbesondere im Vorfeld eines Beteiligungserwerbs tätig werden, ihre Marktkenntnisse zum potenziellen Erwerb attraktiver Zielunternehmen einbringen und später geeignete Exit-Möglichkeiten ausloten. Das bedeutet, dass die Initiatoren – anders als im Bereich des Private Equity – in der Regel nicht auf die Zielunternehmen selbst einwirken und dort weder an der Unternehmensleitung mitwirken noch den Zielunternehmen aktiv beratend zur Seite stehen.

3. Distribution Waterfall

Die Fonds-Erlöse werden – mit Ausnahme der nicht kapitalmäßig beteiligten Management-GmbH – den einzelnen Kommanditisten der Fonds-KG, d.h. Investoren und Initiatoren, auf Grundlage eines sog. Wasserfall-Modells (*Distribution Waterfall*) zugeteilt.[113] Der Distribution Waterfall bestimmt darüber, welche Gesellschaftergruppe in welcher Reihenfolge unter Zugrundelegung der allgemeinen „80/20-Regelung“ auf die Ausschüttungen des Fonds zugreifen dürfen soll.

---

111 Vgl. auch *Elser/ Dürrschmidt*, FR 2010, 1075.
112 Vgl. *Desens/ Kathstede*, FR 2005, 863 (8863f.).
113 *Buge*, Ubg 2019, 432 (433).

Die Ergebnisverteilung findet danach im Rahmen einer „fließenden" Liquiditätsrechnung statt.[114] Nach dieser sollen (vorbehaltlich etwaiger Reinvestitionen) grundsätzlich alle anfallenden Erlöse unmittelbar an die Kommanditisten ausgeschüttet werden.

Das erste Zugriffsrecht kommt dabei den Investoren und insoweit auch den Initiatoren zugute, wie diese in Höhe ihrer Kapitaleinlage an der Fonds-KG beteiligt sind. Beide Gruppen erhalten so lange 100% der Fonds-Erlöse, bis sie ihr eingezahltes Kapital zurückerhalten haben.[115]

Im Anschluss erhalten allein die Investoren zusätzlich eine vereinbarte Mindest-Rendite auf ihr Investment (*Hurdle Rate*).[116] Erst danach bekommen die Initiatoren 100% der darüberhinausgehenden Erlöse zugewiesen, bis diese im vereinbarten Verhältnis der „80/20-Regelung" zur Summe derjenigen Beträge stehen, die den Investoren zuvor aus Kapitalrückzahlung samt Mindest-Rendite zugeflossen sind (*Catch Up*).[117] In einem letzten Schritt werden alle weiteren Erlöse zwischen den Investoren und Initiatoren im Verhältnis 80/20 gleichmäßig aufgeteilt.[118]

4. Deal-by-Deal vs. Whole-of-Fund

Der Distribution Waterfall lässt in der Praxis zweierlei Ausgestaltungsalternativen zu: die Anwendung des Distribution Waterfalls auf jedes einzelne Investment, mit der Folge, dass die Ergebnisverwendungsreihenfolge für die Parteien nach jeder Beteiligungsveräußerung von vorne beginnt (*Deal-by-Deal-Method*).[119] Alternativ kommt die Ergebnisverwendungsreihenfol-

114 D.h. losgelöst vom handelsrechtlichen Jahresüberschuss, vgl. *Töben/ Schrepp*, DStR 2019, 526 (529).

115 Es ist also zu beachten, dass auch die Initiatoren insoweit an dem ersten Zugriffsrecht teilhaben, als sie selbst in Höhe ihrer kapitalmäßigen Beteiligung „reguläre" Gesellschafter sind, *Mardini* in: P/ R/ W, § 11 Rn. 35.

116 Diese beträgt üblicherweise 6 bis 8% p.a. und umfasst auch den Zinseszins, *Mardini* in: P/ R/ W, § 11 Rn. 38.

117 *Mardini* in: P/ R/ W, § 11 Rn. 40.

118 *Mihm*, RdF 2020, 113 (114).

119 Es ist zu beachten, dass sich die vorrangige Kapitalrückzahlung an die Investoren anhand ihrer anteiligen Kapitaleinsätze (nebst Hurdle Rate) bemisst, die prozentual auf das betreffende Investment fallen.

ge erst nach Ende der Gesamtlaufzeit des Fonds zum Tragen (*Whole-of-Fund-Method*).[120]

Die zwei Modelle unterscheiden sich in der Höhe des zu zahlenden Carried Interest im Ergebnis nicht.[121] Aus Investorensicht besteht dennoch eine Präferenz, die vornehmlich in Europa praktizierte Whole-of-Fund-Abrede zu vereinbaren.[122] Auf diese Weise wird für sie das Risiko minimiert, dass erfolgreiche frühe Exits Carried-Interest-Auszahlungen bewirken, die ex post betrachtet zu keinem Carried Interest für die Initiatoren hätten führen dürfen.[123]

Die Initiatoren bevorzugen dagegen naturgemäß einen möglichst frühen Zugriff auf den Carried Interest über die (traditionell US-amerikanische) Deal-by-Deal-Abrede.[124] Da beide Modelle im Einzelfall zu überhöhten Carry-Zahlungen führen können, werden in der Praxis Rückzahlungsklauseln vereinbart (*Claw-back*).[125] Zu deren Absicherung werden entweder Sperrkonten eingerichtet, auf die die Carried-Interest-Zahlungen transferiert werden (*Escrow Accounts*), oder persönliche Garantien (*Personal Guarantees*) durch die Initiatoren abgegeben.[126]

---

120 Zu diesem Zeitpunkt haben folglich bereits alle eventuellen Gewinne und Verluste aus dem Verkauf der Unternehmensbeteiligungen Berücksichtigung gefunden.

121 *Mardini* in: P/ R/ W, § 11 Rn. 45.

122 *Mardini* in: P/ R/ W, § 11 Rn. 42.

123 *Mardini* in: P/ R/ W, § 11 Rn. 43.

124 *Mardini* in: P/ R/ W, § 11 Rn. 44.

125 *Anzinger/ Jekerle*, IStR 2008, 821 (823).

126 Weltweit hat sich mittlerweile zugunsten der Investoren die Whole-of-Fund-Methode durchgesetzt. Dies hat auch dazu geführt, dass die Sicherungsmittel für „überzahlte" Carried Interest (Bsp.: *Personal Guarantees* oder die Einrichtung von Sperrkonten) eine geringere Bedeutung einnehmen (*Mardini* in: P/ R/ W, § 11 Rn. 54).

Zweites Kapitel: Die Rechtsnatur des Carried Interest

Das Zweite Kapitel untersucht losgelöst von der „Spezialnorm" des § 18 Abs. 1 Nr. 4 EStG die Rechtsnatur des Carried Interest bei vermögensverwaltenden und anschließend gewerblichen Fonds nach den allgemeinen steuerlichen Grundsätzen, d.h. es geht der Frage nach dessen originärer einkommensteuerlichen Einkünftequalifikation nach.[127]

A. *Historische Entwicklung zur Besteuerung des Carried Interest*

Die andauernde Diskussion über die Rechtsnatur ist ohne Kenntnis der historischen Entwicklung nur schwer verständlich.

I. Rechtslage nach dem körperschaftsteuerlichen Systemwechsel

Um die Jahrtausendwende bereitete die steuerliche Beurteilung des Carried Interest keine besonderen Schwierigkeiten. Es entsprach der (nahezu) einhelligen Meinung den Carried Interest entsprechend der ihm jeweils zugrunde liegenden Erträge zu besteuern.[128] Bei diesen Erträgen handelt es sich typischerweise um Zinsen aus der Zurverfügungstellung von Fremdkapital, Dividenden und vor allem um Gewinne aus der Veräußerung von Anteilen an Kapitalgesellschaften.

Im Ausgangspunkt ergaben sich daher für die Besteuerung der kapitalproportionalen und gleichermaßen der kapitaldisproportionalen Gewinnanteile keine Unterschiede. Für die Besteuerung des betreffenden Initiators war insbesondere maßgeblich, ob sich der Initiator über einen vermögensverwaltenden oder gewerblichen Fonds an den Zielunternehmen beteiligte und dementsprechend Gewinn- oder Überschusseinkünfte erzielte.[129]

---

127 Siehe hierzu Einleitung unter C. „Zielsetzung".

128 *Herzig/ Gocksch*, DB 2002, 600 (603); *Lorenz*, DStR 2001, 821 (823); *Rose*, FR 2002, 1; *Watrin*, BB 2002, 811; *Watrin/ Gocksch*, DB 2002, 341 (344); a.A. hingegen *Lothmann*, BB 1986, 2100.

129 S. hierzu nachfolgend unter 1. und 2.

1. Vermögensverwaltende Fonds

a) Beteiligung im Privatvermögen

Im Falle der Beteiligung an einem Zielunternehmen über einen vermögensverwaltenden Fonds hing die Besteuerung des Carried Interest für den Initiator maßgeblich von der Höhe seiner durchgerechneten Beteiligung an dem Zielunternehmen ab – dies jedenfalls dann, wenn der Initiator seine Beteiligung im Privatvermögen hielt.[130]

Bewegte sich die durchgerechnete Beteiligungshöhe des Initiators an dem Zielunternehmen innerhalb der letzten fünf Jahre unterhalb der sog. Wesentlichkeitsschwelle von einem Prozent, so war der Carried Interest steuerfrei, soweit er sich aus Veräußerungsgewinnanteilen an den Zielunternehmen zusammensetzte.[131] Voraussetzung war, dass der Initiator die Haltefrist von einem Jahr beachtete.[132]

Hielt der Initiator dagegen eine durchgerechnete Kapitalbeteiligung von mindestens einem Prozent an dem Zielunternehmen, so kam es zu einer gesetzlichen Zuordnung des Carried Interest als privatem Veräußerungsgewinnanteil zum betrieblichen Bereich.[133] Dementsprechend unterfiel der Veräußerungsgewinne enthaltende Carried Interest des Initiators dem damals noch geltenden Halbeinkünfteverfahren.[134]

Speiste sich der Carried Interest im Übrigen aus Dividenden und Zinsen, so waren diese für den Initiator steuerpflichtig,[135] wobei lediglich auf Dividenden das Halbeinkünfteverfahren anwendbar war.[136]

b) Beteiligung im Betriebsvermögen

Sofern der Initiator seine Beteiligung an dem vermögensverwaltenden Fonds im Betriebsvermögen hielt, kam es für den Initiator zu einer Um-

---

130 *Töben/ Schrepp*, DStR 2019, 526 (527).

131 *Stoschek/ Protzen*, FR 2001, 816 (819); vgl. zudem § 17 Abs. 1 EStG.

132 Vgl. § 23 Abs. 1 Nr. 2 EStG.

133 Es handelt sich bei § 17 EStG um eine heute noch geltende gesetzliche Fiktion (vgl. auch § 20 Abs. 8 S. 1 EStG).

134 § 3 Nr. 40 lit. a), d) EStG a.F. i.V.m. § 3c Abs. 2 EStG a.F.

135 § 20 Abs. 1 Nr. 1 und 7 EStG a.F.

136 Hier spielte die Beteiligungshöhe keine Rolle.

qualifikation des Carried Interest von Kapitaleinkünften in gewerbliche Einkünfte.[137]

Eine solche Konstellation galt es in der Praxis zu vermeiden, um den Carried Interest – soweit dieser sich aus Veräußerungsgewinnanteilen speiste – steuerfrei vereinnahmen zu können.[138] Bei einer solchen Umqualifikation bot dem Initiator für Veräußerungsgewinnanteile auch eine Beteiligung unterhalb der 1%-Schwelle keinen steuerlichen „Schutz". In diesen Szenarien unterfielen die anteiligen Veräußerungsgewinne und Dividenden dem Halbeinkünfteverfahren.[139] Etwaige (anteilige) Zinseinkünfte waren für den Initiator als gewerbliche Gewinnanteile voll zu versteuern.

2. Gewerbliche Fonds

Die Initiatoren gewerblicher Fonds bezogen den Carried Interest als gewerbliche Gewinnanteile,[140] wenn sie – was bei Initiatoren die Regel ist – als Mitunternehmer anzusehen waren, d.h. Mitunternehmerrisiko trugen und Mitunternehmerinitiative entfalteten.[141] Dabei fand ebenfalls nur auf die dem Carried Interest zugrunde liegenden Veräußerungsgewinne und Dividenden das Halbeinkünfteverfahren Anwendung.[142]

Eine Unterscheidung zwischen kapitalproportionalen oder kapitaldisproportionalen Gewinnanteilen fand auch hier nicht statt. Die – zumeist weniger ins Gewicht fallenden – Zinserträge waren wiederum voll steuerpflichtig.

---

137 Gem. § 20 Abs. 3 EStG a.F. (Abs. 8 n.F.) i.V.m. § 15 Abs. 2 EStG; vgl. zur sog. „Zebragesellschaft" BFH, Beschluss v. 3.7.1995, GrS 1/93, BFHE 178, 86, BStBl. II 1995, 617, DStR 1995, 1339 mit Anm. *Weber-Grellet.*

138 Vgl. *Prinz/ Ommerborn,* FR 2001, 977 (990). Dies gilt umso mehr, als der Initiator mit seinen gewerblichen Einkünften zusätzlich der GewSt unterlegen hätte.

139 Siehe Fn. 134.

140 § 15 Abs. 1 S. 1 Nr. 2 S. 1, Abs. 2 S. 1 EStG.

141 In diesem Fall war der Fonds selbst GewSt-Schuldner (§ 5 Abs. 1 S. 3 GewStG). Zudem unterlag der Initiator wie heute trotz gewerbesteuerlicher Vorbelastung mit seinen gewerblichen Einkünften grundsätzlich, d.h. vorbehaltlich einer Anrechnung auf die persönliche Einkommensteuer, nochmals der GewSt.

142 § 3 Nr. 40 lit. a), d) EStG a.F. i.V.m. § 3c Abs. 2 EStG a.F.

II. PE-Erlass

Mit dem PE-Erlass vom 16.12.2003[143] hat sich das BMF erstmalig umfassend zur Besteuerung von VC Fonds geäußert. Damit trug das BMF dem allgemeinen Wunsch nach einem einheitlichen Konzept zur Besteuerung von PE und VC in Deutschland Rechnung.[144]

Soweit der PE-Erlass allgemeine Abgrenzungskriterien für die Vermögensverwaltung von dem Gewerbebetrieb eines PE Fonds skizzierte,[145] erhielt der PE-Erlass überwiegend Zustimmung.[146] Dagegen äußerte sich das BMF – unter starker Kritik[147] – auch zur Besteuerung des Carried Interest. Anlass hierfür war die angesprochene seinerzeitige Besteuerungslücke für kapitaldisproportionale Veräußerungsgewinne vermögensverwaltender Fonds außerhalb der §§ 17, 20 und 23 EStG.

In dem PE-Erlass negiert das BMF den Carried Interest als steuerlich anzuerkennenden Gewinnanteil:[148] Der Carried Interest sei als kapitaldisproportionaler Gewinnanteil von den sonstigen kapitalproportionalen Gewinnanteilen zu entkoppeln. Dies folge aus der Bruchteilsbetrachtung (§ 39 Abs. 2 Nr. 2 AO), nach der gesellschaftsrechtlich vereinbarte Gewinnverteilungen nur dann steuerlich anzuerkennen seien, wenn sie sich nach der Höhe der jeweiligen Kapitalbeteiligung des einzelnen Gesellschafters richteten, die diesem entsprechend dem Bruchteil seiner Beteiligung an der Gesamthand zuzurechnen seien.

Das BMF unterscheidet in dem PE-Erlass somit danach, ob die Initiatoren Gewinnanteile in der Höhe beziehen, in der sie auch mit ihrem Kapital an dem Fonds beteiligt sind. Sei dies der Fall, gingen Erfolgs- und Kapitalbeteiligung des Initiators also „Hand in Hand“, so gälten die bis da-

143 BMF-Schreiben v. 16.12.2003, IV A 6-S2240-153/03, FR 2004, 177-180.

144 Vgl. Stellungnahme zum Entwurf des PE-Erlasses: *Watrin/ Gocksch*, DB 2002, 341 (342f.).

145 Vgl. Fn. 82.

146 Vgl. *Bauer/ Gemmeke*, DStR 2004, 579; *Bärenz/ Veith*, BB 2004, 251 (256) („Das BMF-Schreiben schafft zu vielen Fragen eine erfreuliche Klarheit.“); *Weber-Rey/ Behrens*, AG 2004 R 3336 (Abgrenzungskriterien „zu begrüßen“). Die breite Zustimmung ist insbesondere vor dem Hintergrund zu sehen, dass das BMF ursprünglich versuchte, die generelle Gewerblichkeit von PE Fonds durchzusetzen. Nach starker Kritik entschied sich das BMF für die in dem PE-Erlass skizzierten Abgrenzungskriterien (*Watrin/ Wittkowski/ Pott*, DB 2007, 1939 m.w.N.)

147 *Weitnauer*, BKR 2004, 89 (91) („Bedauerliche und nicht gerechtfertigte Diskriminierung der Initiatoren“); *Wiese/ Klass*, FR 2004, 324 (334) („Dogmatisch nicht überzeugend.“)

148 BMF-Schreiben v. 16.12.2003, IV A 6-S2240-153/03, FR 2004, 177-180 (Rn. 24).

hin allgemein anerkannten steuerlichen Grundsätze, nach denen sich die Besteuerung des Carried Interest nach der jeweiligen „Quelle“ der ihm zugrunde liegenden Beteiligungserträge richte:[149] d.h. Veräußerungsgewinne seien beim Initiator als Veräußerungsgewinne, Dividenden als Dividenden und Zinsen als Zinsen zu besteuern.

Bezögen die Initiatoren darüber hinaus gehende Gewinnanteile, so stelle der Carried Interest keinen Gewinnanteil, sondern ein „verdecktes Entgelt“ dar (§ 18 Abs. 1 Nr. 3 EStG); dieses sei als „voll steuerpflichtiges Entgelt für die Dienstleistungen, die die mittelbar oder unmittelbar an der Fonds-Gesellschaft beteiligten Initiatoren zu Gunsten der Mitgesellschafter erbringen“, zu versteuern.[150]

Der erhöhte Gewinnanteil der Initiatoren stamme zwar aus Dividenden und Veräußerungserlösen der Fonds-Gesellschaft. Dieser Anteil stünde aber den Investoren nach Maßgabe ihres eingelegten Kapitals zu, wobei die Investoren den Initiatoren ihren Teil des Gewinns überließen. Mithin werde das Entgelt „nicht durch Zahlung eines Betrages, sondern durch Verzicht auf einen Anteil der den übrigen Gesellschaftern zustehenden Gewinnanteile erbracht“. Im Ergebnis handele es sich um einen „abgekürzten Zahlungsweg“.

III. Einführung des § 18 Abs. 1 Nr. 4 EStG

Der Gesetzgeber reagierte im Jahr 2004 mit der Neueinfügung der Nr. 4 in § 18 Abs. 1 EStG[151] auf den Streitstand[152] („Gewinnanteil“ oder „Tätigkeitsvergütung“) über die einkommensteuerliche Qualifikation des Carried Interest rund um den PE-Erlass und schuf für die Besteuerung des Carried Interest eine spezielle gesetzliche Grundlage.[153] Auf diese Weise sollte für die PE-Branche „schnellstmöglich Rechtssicherheit und Planungssicherheit“ geschaffen werden.[154]

---

149 Vgl. Zweites Kapitel unter A. I.

150 BMF-Schreiben v. 16.12.2003, IV A 6-S2240-153/03, FR 2004, 177-180 (Rn. 24, 25).

151 Sowie § 3 Nr. 40a EStG.

152 Für die Anerkennung des Carried Interest als steuerlichen Gewinnanteil u.a. *Herzig/ Gocksch*, DB 2002, 600 (603); *Hohaus/ Inhester*, DB 2003, 1080 (1081); *Lorenz*, DStR 2001, 821 (823); *Rose*, FR 2002, 1; *Watrin*, BB 2002, 811 (812); *Watrin/ Gocksch*, DB 2002, 341 (344); a.A. *Lothmann*, BB 1986, 2100.

153 Siehe zur ausführlicheren Gesetzeshistorie Drittes Kapitel unter B. I.

154 BT.-Drs. 15/3336 v. 16.6.2004, 6.

Einerseits beabsichtigte der Gesetzgeber, die bestehende Besteuerungslücke bei vermögensverwaltenden Fonds unterhalb der 1%-Beteiligungsschwelle und außerhalb der Spekulationsfrist zu schließen. Andererseits sollte die Bereitstellung von VC zur Förderung von Innovation und Mittelstand in Deutschland nicht gefährdet werden. Diese sich inhaltlich widersprechenden Ziele versuchte der Gesetzgeber dadurch in Einklang zu bringen, dass er den Carried Interest i.R.d. § 18 EStG als eigenständige Nummer 4 bei den Einkünften aus selbstständiger Tätigkeit verortete und diesen durch einen neuen § 3 Nr. 40a EStG dem Halbeinkünfteverfahren unterstellte. Den am Gesetzgebungsverfahren Beteiligten war dabei bewusst, dass der gewählte Ansatz steuersystematisch angreifbar war.[155]

IV. Unternehmenssteuerreform 2008

Der Gesetzgeber hat die Besteuerungslücke des Carried Interest bei vermögensverwaltenden Fonds unabhängig von der neu geschaffenen gesetzlichen Grundlage (§ 18 Abs. 1 Nr. 4 EStG) durch die Einführung einer allgemeinen Abgeltungssteuer für private Veräußerungsgewinne im Zuge der Unternehmenssteuerreform 2008 geschlossen.[156] Danach müssten die Initiatoren den Carried Interest bei einer im Privatvermögen gehaltenen Beteiligung an einem vermögensverwaltenden Fonds (soweit dem Carried Interest Gewinnanteile aus der Veräußerung von Kapitalgesellschaftsanteilen zugrunde liegen) unabhängig von einer Mindestbeteiligung[157] oder Haltedauer[158] nach herrschender Meinung in der Literatur[159] heute auch dann versteuern, wenn § 18 Abs. 1 Nr. 4 EStG nicht eingeführt worden wäre.

Diese Maßnahme erfolgte im Rahmen des Versuches, die Bundesrepublik Deutschland im europäischen Wettbewerb konkurrenzfähig aufzustellen und zugleich das deutsche Steueraufkommen zu sichern.[160] Dabei wurden einerseits die Senkung des Körperschaftssteuersatzes von 25% auf 15% und die Reduzierung der Gewerbesteuermesszahl von maximal 5%

155 BT.-Drs. 15/3336 v. 16.6.2004, 6.
156 Vgl. Fn. 10.
157 § 17 Abs. 1 EStG.
158 § 23 Abs. 1 Nr. 2 EStG.
159 Vgl. Zweites Kapitel unter A. I; etwas anderes würde gelten, wenn man indes die Rechtsauffassung der Finanzverwaltung aus dem PE-Erlass zugrunde legte (vgl. Zweites Kapitel unter A. II).
160 BT.-Drs. 16/4841 v. 27.3.2007, 29.

auf einheitlich 3,5% Prozent beschlossen.[161] Andererseits wurde zur Gegenfinanzierung die Besteuerung der Einkünfte aus Kapitalvermögen reformiert: Bei den betrieblichen Einkünften aus Kapitalvermögen[162] wurde das Halbeinkünfteverfahren durch das Teileinkünfteverfahren ersetzt.[163] Für Beteiligungen im Privatvermögen oberhalb der 1%-Schwelle galt nun ebenfalls das an die Stelle des Halbeinkünfteverfahrens tretende Teileinkünfteverfahren.

Unterhalb der 1%-Beteiligungsgrenze findet seitdem die angesprochene, neu eingeführte Abgeltungssteuer für private Veräußerungsgewinne im Rahmen der Kapitaleinkünfte Anwendung.[164]

V. Steuervereinfachungsgesetz 2013

Der zuvor unter III. skizzierten Zielsetzung, verbesserte Rahmenbedingungen für Beteiligungskapitalfinanzierungen zu schaffen, hat sich die Bundesregierung i.R. einer Stellungnahme zum Entwurf eines Gesetzes zur weiteren Vereinfachung des Steuerrechts 2013 (StVereinfG 2013) noch einmal ausdrücklich verpflichtet.[165]

Der diesbezügliche Gesetzesentwurf sah u.a. vor, das durch § 3 Nr. 40a EStG angeordnete Teileinkünfteverfahren abzuschaffen, da der Carried Interest als Tätigkeitsvergütung durch die Anwendung des Teileinkünfteverfahrens gegenüber anderen Vergütungen (z.B. Geschäftsführervergütungen) bevorzugt behandelt werde.[166] Die Bundesregierung lehnte den eingebrachten Gesetzentwurf zur Streichung des § 3 Nr. 40a EStG hingegen mit folgender Begründung ab:[167]

---

161 Hierdurch hat sich die Gesamtsteuerbelastung auf Körperschaftsebene (bei einem GewSt-Hebesatz von 400%) von 38,65% auf 29,83% verringert; vgl. BT.-Drs. 16/4841 v. 27.3.2007, 31.

162 Gewinne aus der Veräußerung von Kapitalgesellschaftsanteilen und Dividenden.

163 BT.-Drs. 16/4841 v. 27.3.2007, 46. Veräußerungsgewinne und Dividenden wurden nicht mehr hälftig, sondern nur noch zu 40% steuerbefreit; zudem wurde der Betriebsausgabenabzug anstelle der ursprünglichen 50% entsprechend zu nunmehr 60% zugelassen.

164 Die AbgSt beträgt 25%, vgl. § 20 Abs. 2 Nr. 1 i.V.m. § 32d Abs. 1 S. 1 EStG; vgl. auch BT.-Drs. 16/4841 v. 27.3.2007, 10.

165 BT.-Drs. 17/12197 v. 30.1.2013.

166 *Weber-Grellet*, DStR 2018, 992 (993).

167 BT.-Drs. 17/12197, v. 30.1.2013, 20.

> „Die steuerliche Begünstigung der Vergütungen von Initiatoren vermögensverwaltender Beteiligungskapitalfonds ist eine – zugegeben *systemfremde*[168] – begünstigende Ausnahmeregelung für einen kleinen Kreis von Steuerpflichtigen. Sie trägt jedoch erheblich dazu bei, gerade bei jungen Unternehmen, die auf Wagniskapital angewiesen sind, die Deckung ihres Finanzbedarfs zu erleichtern. Die Verbesserung der Rahmenbedingungen für Beteiligungskapitalfinanzierungen ist ein wichtiges Anliegen der Bundesregierung. Die Aufhebung dieser wirtschaftlich weiterhin sinnvollen und international üblichen Begünstigung des „Carried Interest" wäre hiermit nicht vereinbar. Sie würde zu Abwanderungen der Initiatoren von Beteiligungskapitalfonds in andere Länder führen. Gerade im Bereich von Frühphasenfinanzierungen ist die räumliche Nähe der Initiatoren zu den Portfoliogesellschaften jedoch zwingend für den Erfolg der Investments erforderlich. Die Gründe für die Einführung der Steuerbegünstigung des „Carried Interest" bestehen damit unverändert fort. Da nur eine geringe Zahl von Steuerpflichtigen von dieser Regelung betroffen ist, würde die Aufhebung der Steuerbegünstigung auch nicht zu einer deutlichen Vereinfachung des Steuerrechts führen."

Die Streichung des § 3 Nr. 40a EStG blieb damit ein Entwurf.

B. Die Rechtsnatur des Carried Interest bei vermögensverwaltenden Fonds

Die historische Entwicklung hat gezeigt, dass sich die gewandelte Rechtsauffassung der Finanzverwaltung[169] zur Besteuerung des Carried Interest auf die veränderte Bewertung der Rechtsnatur des Carried Interest stützt.[170] Die Feststellung der Rechtsnatur des Carried Interest ist daher entscheidend für die Anschlussfrage, ob § 18 Abs. 1 Nr. 4 EStG für den Carried Interest eine Rechtsgrundlage bildet, die sowohl seiner Rechtsnatur gerecht wird als auch zu einer im Ergebnis sachgerechten Besteuerung des Carried Interest führt.[171]

Untersuchungsgenstand ist die Rechtsnatur des Carried Interest, den die Initiatoren vermögensverwaltender Fonds über eine ebenfalls vermögensverwaltende Carry-KG für ihre – über die reine Kapitalbeteiligung hinaus-

---

168 Hervorhebung durch den Verfasser; vgl. BT.-Drs. 15/3336, 6.

169 BMF-Schreiben v. 16.12.2003, IV A 6-S2240-153/03, FR 2004, 177.

170 Einordnung als „Tätigkeitsvergütung" anstelle von Kapitaleinkünften.

171 Siehe Einleitung unter C. und E.

gehenden – besonderen Beiträge, insbesondere die Zurverfügungstellung ihres Know-how und Netzwerks, beziehen.

I. Grundsätze der Einkünftequalifikation

Zur steuerlichen Einordnung des Carried Interest werden zunächst die allgemeinen Grundsätze der Einkünftequalifikation bei Personengesellschaften in der gebotenen Kürze dargestellt und anschließend zur Bestimmung der Rechtsnatur des Carried Interest auf VC Fonds übertragen.

1. Natürliche Person als Steuerschuldner

Nach dem EStG unterliegt nur die natürliche Person[172] – nicht die Personengesellschaft – der Einkommensteuer.[173] Daher ist es grundsätzlich die natürliche Person, an die als Steuerschuldner der jeweilige Tatbestand der Einkünfteerzielung zu knüpfen ist.[174] Die Personengesellschaft selbst ist steuerlich transparent.[175] Der von ihr erzielte Gewinn bzw. Überschuss wird unmittelbar den einzelnen Gesellschaftern zugerechnet („*Transparenzprinzip*").[176] Die Zurechnung an die Gesellschafter erfolgt unabhängig davon, ob die Personengesellschaft Gewinne thesauriert oder ausschüttet. In mehrstöckigen Beteiligungsstrukturen führt diese steuerliche Betrachtung dazu, dass Ergebnisanteile entlang der Beteiligungskette so lange „nach oben" durchgereicht werden, bis sie einer natürlichen oder juristischen Person zugeordnet werden können.[177]

---

172 § 1 Abs. 1 S. 1 EStG.

173 BFH, Beschluss v. 25.6.1984, GrS 4/82, BFHE 141, 405, BStBl. II 1984, 751, NJW 1985, 93.

174 „Der Einkommensteuer unterliegen Einkünfte (...), die der Steuerpflichtige während seiner unbeschränkten Einkommensteuerpflicht *erzielt*" (§ 2 Abs. 1 S. 1 EStG) (Anm.: Hervorhebung durch den Verfasser).

175 *Hey* in Tipke/ Lang, Kap. 11 Rn. 1.

176 Die Rspr. ging früher vor dem Hintergrund der mangelnden zivilrechtlichen Rechtsfähigkeit der Personengesellschaft so weit, die Personengesellschaft für steuerliche Zwecke als nicht existent zu betrachten; vgl. zur sog. „Bilanzbündeltheorie" *Haas*, DStR 1997, 1706.

177 *Schenke* in: BeckOK EStG, K/ K/ R, § 15 Rn. 2092.

2. Personengesellschaft als partielles Steuerrechtssubjekt

a) Einheit der Gesellschaft

Die Personengesellschaft nimmt für Besteuerungszwecke dennoch eine wichtige Rolle ein. Entsprechend der zivilrechtlichen Wertung besitzt sie auch im Steuerrecht partielle Rechtsfähigkeit.[178] Die partielle Rechtsfähigkeit trägt dem Gedanken Rechnung, dass die Personengesellschaft zivilrechtlich als Ganze am Rechtsverkehr teilnimmt, Rechte erwirbt und Verbindlichkeiten eingeht.[179]

Auch steuerlich erfüllen die Gesellschafter den Einkünftetatbestand in ihrer gesamthänderischen Verbundenheit,[180] sofern sie nicht als einzelne Gesellschafter, sondern über eine Gesellschaft gesellschaftsrechtlich organisiert am wirtschaftlichen Erwerbsleben teilnehmen.[181] In diesem Fall wird „die entgeltwürdige Erwerbshandlung, die die Einkommensteuerpflicht (des einzelnen Gesellschafters[182]) begründet, in der gesellschaftlichen Verbundenheit verwirklicht".[183] Aus diesem Rechtsverständnis heraus ist die Personengesellschaft sowohl für die Einkünfteerzielung als auch die Einkünftequalifikation und die Einkünfteermittlung als Steuerrechtssubjekt anzusehen.[184]

Dazu bildet der Beschluss des Großen Senats vom 3.7.1995[185] den vorläufigen Abschluss der Entwicklung zu der höchstrichterlichen Rechtsprechung, die die partielle Steuerrechtsfähigkeit der Personengesellschaft anerkennt:[186]

178 BFH, Beschluss v. 25.6.1984, GrS 4/82, BFHE 141, 405, BStBl. II 1984, 751, NJW 1985, 93.

179 Vgl. z.B. §§ 141 Abs. 1, 161 Abs. 2 HGB.

180 BFH, Beschluss v. 25.6.1984, GrS 4/82, BFHE 141, 405, BStBl. II 1984, 751, NJW 1985, 93; s. zuletzt auch BFH, Urteil v. 28.06.2006, XI R 31/05, BFHE 214, 302, BStBl. II 2007, 378, DStR 2006, 1934.

181 *G. Kirchhof* in: BeckOK EStG, K/ K/ R, § 2 Rn. 166.

182 Hinzufügung durch den Verfasser.

183 Vgl. vorstehende Fn.

184 BFH, Beschluss v. 25.6.1984, GrS 4/82, BFHE 141, 405, BStBl. II 1984, 751, NJW 1985, 93; Beschluss v. 2.9.1985, IV B 51/85, BFHE 144, 432, BStBl. II 1986, 10, DStR 1986, 51; Beschluss v. 3.7.1995, GrS 1/93, BFHE 178, 86, BStBl. II 1995, 617, DStR 1995, 1339.

185 BFH, Beschluss v. 3.7.1995, GrS 1/93, BStBl. II 1995, 617, DStR 1995, 1339.

186 *Bodden*, FR 2002, 559 (559).

> Die Personengesellschaft ist „insoweit Steuerrechtssubjekt, als sie in der Einheit der Gesellschaft Merkmale eines Besteuerungstatbestandes verwirklicht (...). Das Ergebnis dieser Tätigkeit wird den Gesellschaftern als Anteil am Gewinn oder Überschuss zugerechnet (...)“[187] Hieraus folgt, dass „auf einer Vorstufe der Einkünfteermittlung zu prüfen (ist), welche Gewinne oder Überschüsse die Personengesellschaft/ Gemeinschaft erzielt hat und welcher Einkunftsart die gemeinsame Betätigung zuzuordnen ist. In einem weiteren Schritt ist der von der Gesellschaft/ Gemeinschaft erwirtschaftete Gewinn/ Überschuss auf die Gesellschafter zu verteilen. Dieser Gewinnanteil (Überschussanteil) bildet den Ausgangspunkt für die Ermittlung der Einkünfte des Gesellschafters aus seiner Beteiligung.“

b) Vielheit der Gesellschafter

Im Rahmen der Einkünfteerzielung und -qualifikation können aber immer dort Zuordnungsschwierigkeiten entstehen, wo eine Beurteilung auf Gesellschaftsebene („*Einheit der Gesellschaft*“) nicht sachgerecht erscheint. In diesen Fällen ist bei einer Gesamtbetrachtung den steuerrelevanten Verhältnissen des einzelnen Gesellschafters der Vorzug zu geben, „wenn anderenfalls eine sachlich zutreffende Besteuerung des Gesellschafters nicht möglich wäre“ („*Vielheit der Gesellschafter*“).[188]

So gelangt der Große Senat für die ihm vorgelegte Rechtsfrage, inwieweit Grundstücksveräußerungen auf Ebene der vermögensverwaltenden Gesellschaft zusammen mit den Grundstücksveräußerungen des einzelnen Gesellschafters dessen Gewerblichkeit begründen können,[189] zu folgendem Ergebnis:

> „Der Große Senat folgt dem vorlegenden Senat darin, dass – ungeachtet einer steuerrechtlich vorrangigen Beurteilung auf der Ebene der Gesellschaft/ Gemeinschaft – alle „willensbestimmten eigenen Aktivitäten“ des Beteiligten am Grundstücksmarkt in dessen Person nach

187 BFH, Beschluss v. 3.7.1995, GrS 1/93, BFHE 178, 86, BStBl. II 1995, 617, DStR 1995, 1339 (s. unter Entscheidungsgründe C. IV. 2. b) aa)). Der GrS stellt dort ausdrücklich fest, dass „die vorstehenden Rechtsausführungen grundsätzlich auch für Bruchteilsgemeinschaften (gelten).“

188 BFH, Beschluss v. 3.7.1995, GrS 1/93, BFHE 178, 86, BStBl. II 1995, 617, DStR 1995, 1339 (1341).

189 Sog. „Zebra-Gesellschaft“.

Maßgabe des jeweils einschlägigen Steuertatbestandes (...) zusammenfassend zu beurteilen sind.
In die hiernach gebotene Gesamtbeurteilung sind zum einen diejenigen Aktivitäten des Steuerpflichtigen einzubeziehen, die dieser in Verfolgung eines Gesellschaftszwecks (§ 705 BGB) oder als Gemeinschafter verwirklicht, die aber für sich genommen „in der Einheit der Gesellschaft/ Gemeinschaft" wegen ihres – auf dieser Ebene – geringen Umfangs nicht als gewerblich anzusehen sind. Dies kann dazu führen, dass von der Personenmehrheit getätigte und auf dieser Ebene nicht steuerbare Grundstücksgeschäfte zusammen mit einem oder mehreren An- und Verkaufsgeschäften durch den Steuerpflichtigen selbst in seiner Person als gewerblich zu beurteilen sind."[190]

II. Maßgeblichkeit der Fonds-Ebene für die Einkünftequalifikation

1. Einheitsbetrachtung

a) Die dargestellten steuerlichen Grundsätze ergeben für die Frage nach der Einkünftequalifikation des Carried Interest, dass für Besteuerungszwecke des EStG zwar an den Initiator als natürliche Person anzuknüpfen ist. Diesen weist das EStG ausdrücklich als Steuersubjekt aus.[191]

Schließen sich die einzelnen Initiatoren aber über eine Carry-KG in einer Fonds-KG zusammen, um über die Fonds-KG am VC Markt gemeinsam teilzunehmen, so ist nach der Einheitsbetrachtung des Großen Senats[192] für die Frage der Einkünfteerzielung und Einkünftequalifikation vorrangig auf die Ebene der (vorgelagerten) Fonds-KG als Personengesellschaft und nicht den einzelnen Initiator abzustellen.[193]

Mit den Worten des Großen Senats ist „auf einer Vorstufe der Einkünfteermittlung zu prüfen, (i) welche Gewinne oder Überschüsse die Perso-

---

190 BFH, Beschluss v. 3.7.1995, GrS 1/93, BFHE 178, 86, BStBl. II 1995, 617, DStR 1995, 1339 (1341) (unter Entscheidungsgründe C. IV. 1).

191 § 1 Abs. 1 S. 1 EStG.

192 BFH, Beschluss v. 25.6.1984, GrS 4/82, BFHE 141, 405, BStBl. II 1984, 751, NJW 1985, 93.

193 Ebenfalls für die Einheitsbetrachtung bei PE Fonds: *Buge*, Ubg 2019, 432 (434); *Engel*, S. 96f.; *Gocksch*, S. 260; *Groh*, JbFStR 1979/80, 209 (225); *Schnittker/ Steinbiß*, IStR 2015, 760 (762); s. auch *Krüger*, FR 2016, 1031 zum Spannungsfeld bei vermögensverwaltenden Personengesellschaften zwischen Einheits- und Bruchteilsbetrachtung.

nengesellschaft erzielt hat und (ii) welcher Einkunftsart die gemeinsame Betätigung zuzuordnen ist."[194]

b) Soweit die Fonds-KG somit aus ihren jeweiligen Beteiligungen an den Zielunternehmen einen Einnahmen-Überschuss[195] aus Veräußerungsgewinnen, Dividenden und Zinsen erzielt,[196] beziehen die Initiatoren über die Fonds-KG entsprechende Kapitaleinkünfte.[197] Hieran ändert grundsätzlich auch die Zwischenschaltung einer (vermögensverwaltenden) Carry-KG nichts, da diese selbst keiner eigenen steuerlich relevanten Tätigkeit nachgeht. Die Beteiligungserträge der Fonds-KG werden nach dem Transparenzprinzip über die Carry-KG an die Initiatoren entlang der Kette „durchgereicht", ohne dass sich dadurch die Einkunftsart gegenüber der Fonds-Ebene ändern würde.[198]

2. Kapitaleinkünfte

a) Eine davon abweichende steuerliche Beurteilung könnte sich aber bei Berücksichtigung möglicher Besonderheiten des § 20 EStG ergeben. Nach der ständigen Rechtsprechung des BFH erzielt Einkünfte aus Kapitalvermögen, wer Entgelt zur Nutzung überlässt.[199] Dabei gehören zu den Kapitaleinkünften alle Vermögensmehrungen, die bei wirtschaftlicher Betrachtung Entgelt für eine Kapitalnutzung sind.[200]

Dieses Erfordernis der Rechtsprechung könnte mit Blick auf die kapitaldisproportionale Erfolgsbeteiligung der Initiatoren problematisch sein, weil die Höhe des Carried Interest gerade nicht von der Höhe des von den Initiatoren zur Verfügung gestellten Kapitals abhängt. Die Initiatoren be-

---

194 BFH, Beschluss v. 3.7.1995, GrS 1/93, BFHE 178, 86, BStBl. II 1995, 617, DStR 1995, 1339 (1341).

195 § 2 Abs. 2 S. 1 Nr. 2 EStG.

196 § 20 Abs. 1 Nr. 1 und 7, Abs. 2 Nr. 1 EStG.

197 Es gilt das Prinzip der Einzelbetrachtung, nach der sich die Kapitalbesteuerung nach der individuellen Kapitalanlage richtet (*Schmidt* in: BeckOK EStG, K/ K/ R, § 2 Rn. 114); vgl. auch *Schnittker/ Steinbiß*, IStR 2015, 760 (762) zur Ausnahme von der Einheitsbetrachtung bei der Bestimmung der 1%-Beteiligungsschwelle i.R.d. § 17 EStG.

198 *Herzig/ Gocksch*, DB 2002, 600 (603).

199 BFH, Urteil v. 13.11.2007, VIII R 36/05, BFHE 220, 35, BStBl. II 2008, 292, DStRE 2008, 612 (unter Entscheidungsgründe II. 1); vgl. auch Urteil v. 31.10.1989, VIII R 210/83, BFHE 160, 11, BStBl. II 1990, 532, BeckRS 1989, 22009234.

200 Vgl. vorstehende Fn.

kommen nämlich im Erfolgsfall einen Gewinnanteil durch die Fonds-KG zugewiesen, der gerade nicht in einem proportionalen Verhältnis zu dem Kapitalanteil steht, den die Initiatoren als Gesellschafter mittelbar an der Fonds-KG halten und hinsichtlich dessen sie wie die anderen Investoren behandelt werden.

Folglich stellt der kapitaldisproportionale Gewinnanteil aus Sicht der Initiatoren auch kein Entgelt für ihre anteilige Kapitalüberlassung an das Zielunternehmen dar. Vielmehr ist der „überhöhte" Gewinnanteil der Initiatoren wirtschaftlich betrachtet die Kompensation für immaterielle Leistungen der Initiatoren, denen besondere Bedeutung für den Erfolg des VC Fonds zukommt.

b) Gegen diese Betrachtungsweise, wonach der kapitaldisproportionale Gewinnanteil kein Entgelt für eine Kapitalüberlassung wäre, spricht, dass es nach der Rechtsprechung für die Einkünfteerzielung und Einkünftequalifikation grundsätzlich nicht auf den einzelnen Gesellschafter ankommt, wenn die Gesellschafter in der „Einheit der Gesellschaft" Merkmale eines Besteuerungstatbestandes verwirklichen.[201]

Denn BFH[202] und Finanzverwaltung[203] erkennen die Personengesellschaft auch im Rahmen der Erzielung von Kapitaleinkünften als partielles Steuerrechtssubjekt an: Für die gemeinsame Einkünfteerzielung in gesamthänderischer Verbundenheit soll maßgeblich sein, ob die Personengesellschaft als solche Trägerin der Rechte und Pflichten ist, die sich aus dem Vertrag zur Überlassung des Kapitals ergeben.[204] Dies ist der Fall, wenn

---

201 Vgl. Zweites Kapitel unter B. I. 2. a); siehe auch *Robertz*, S. 82, wonach es für die Einkünfteerzielung bei Kapitaleinkünften nicht allein auf die Kapitalüberlassung ankomme, sondern auf das mitgliedschaftliche Recht des einzelnen Gesellschafters, das zum Bezug von z.B. Dividenden berechtige.

202 BFH, Urteil v. 16.12.2008, VIII R 83/05, BFH/NV 2009, 1118, BeckRS 2008, 25014976.

203 OFD Frankfurt am Main, Rundverfügung v. 7.8.2014, S 2256-A-41-St-213, DStR 2014, 1832; dort auch zu Ausnahmen von der Einheitsbetrachtung und zur Anwendbarkeit der Bruchteilsbetrachtung i.R.d. § 17 EStG m.V.a. BFH, Urteil v. 9.5.2000, VIII R 41/99, BStBl. II 2000, 686, DStR 2000, 1553; s. auch *Kahle/ Rombach*, Ubg 2019, 181 (183).

204 BFH, Urteil v. 26.1.2011, VIII R 14/10, BFH/NV 2011, 1512, BeckRS 2011, 95767; Urteil v. 16.12.2008, VIII R 83/05 (unter III. 2. b); dies soll i.Ü. auch für die Veräußerungstatbestände nach § 20 Abs. 2 EStG gelten (*Buge* in: H/ H/ R, EStG, § 20 Rn. 23).

die Personengesellschaft und nicht der einzelne Gesellschafter die Dispositionsbefugnis über die Einkunftsquelle besitzt.[205]

Eine Dispositionsbefugnis über Kapitaleinkünfte hat derjenige inne, der „Marktchancen nutzen, das Vermögen verwalten, die Modalitäten einer Kapitalanlage verändern oder die Leistung durch Zurückziehung des Kapitalvermögens verweigern (kann)".[206] Fallen die zivilrechtliche Inhaberschaft der Forderung auf Kapitalrückzahlung und die wirtschaftliche Dispositionsbefugnis über diese im Einzelfall auseinander, so soll es auf letztere ankommen.[207]

c) Überträgt man diese Grundsätze auf die Einkünftequalifikation des Carried Interest, so ist zunächst festzustellen, dass die Gesellschafter (Investoren und Initiatoren) den Einkünftetatbestand der Kapitaleinkünfte (§ 20 EStG), aus denen sich der Carried Interest zusammensetzt, gesamthänderisch über die Fonds-KG verwirklichen.

Zur Erzielung dieser Kapitaleinkünfte stellen Investoren und Initiatoren der Fonds-KG zwar der Höhe nach unterschiedliche Kapitaleinlagen zur Verfügung.[208] Allein entscheidend ist aber, dass die Fonds-KG gegenüber den Zielunternehmen als Kapitalgeber (Gesellschafter und ggf. Darlehensgeber) in Erscheinung tritt und damit zivilrechtlich eigenständige Rechte und Pflichten aus dem zugrunde liegenden Beteiligungsvertrag begründet. Dabei ist es die Fonds-KG als Ganze, der die Investitions- und Desinvestitionsentscheidungen zu Gunsten und zu Lasten aller Gesellschafter zuzurechnen sind; sie hat letztlich die alleinige und vollumfängliche wirtschaftliche Dispositionsbefugnis über die einzelnen Beteiligungen und damit die jeweiligen Kapitalnutzungsverhältnisse inne.

d) Damit erfüllt die Fonds-KG die Voraussetzungen, unter denen nach der Rechtsprechung des BFH[209] die Fonds-KG als partielles Steuerrechtssubjekt (auch) für die Erzielung der Kapitaleinkünfte anzusehen ist. Für die Einkünfteerzielung und -qualifikation des Carried Interest, den der Initiator zugewiesen bekommt, bleibt es somit dabei, dass für die erste Stufe

205 *Seer* in: Kirchhof/ Seer, EStG, § 2 Rn. 17; *Ratschow* in: Blümich, EStG, § 2 Rn. 115; *Hamacher/ Dahm* in: Korn, EStG, § 20 Rn. 78; *Schmidt* in: BeckOK EStG, K/ K/ R, § 20 Rn. 430.

206 BFH, Urteil v. 29.3.2001, IV R 71/99, BFH/NV 2001, 1251, DStRE 2001, 1086.

207 *Lang/ Seer*, FR 1992, 637 (641).

208 Sowie immaterielle Leistungsbeiträge.

209 BFH, Urteil v. 16.12.2008, VIII R 83/05, BFH/NV 2009, 1118, BeckRS 2008, 25014976.

der Einkünftequalifikation bei einer isolierten Betrachtung der Tätigkeit der Fonds-KG auf deren Ebene abzustellen ist.[210]

III. Maßstab der steuerlichen Einkünftezurechnung

Auch wenn für die Frage nach der Einkünftequalifikation des Carried Interest grundsätzlich auf die Fonds-KG abzustellen ist, so bleibt in einem nächsten Schritt zu prüfen, wem und in welchem Umfang die von der Fonds-KG erzielten Kapitaleinkünfte subjektiv zuzurechnen sind.[211] Dies betrifft insbesondere die Frage, ob sich die vorstehend herausgearbeitete Rechtsnatur des Carried Interest als eines Gewinnanteils[212] dadurch ändert, dass die Initiatoren im Erfolgsfall über die Carry-KG kapital*disproportionale* Gewinnanteile beziehen.

1. Leistungsfähigkeitsprinzip

a) Nach der dargestellten Grundkonzeption des EStG sind Einkünfte grundsätzlich demjenigen zuzurechnen, der die Einkünfte nach § 2 Abs. 1 S. 1 EStG „erzielt", d.h. anknüpfend an den Zustandstatbestand auch den Handlungs- und Erfolgstatbestand einer Einkünftenorm verwirklicht.[213]

Beim gesellschaftsrechtlich veranlassten Zusammenwirken der Gesellschafter verwirklicht regelmäßig die Gesellschaft, d.h. die Fonds-KG, den jeweiligen Einkünftetatbestand.[214] Dem Transparenzprinzip entsprechend werden die Einkünfte der Fonds-KG den Gesellschaftern (und damit u.a. den Initiatoren über die Carry-KG) originär zugewiesen.[215] Die Zurechnung der Ergebnisse an die Gesellschafter erfolgt unmittelbar, d.h. die

210 *Schnittker/ Steinbiß*, IStR 2015, 760 (762).

211 Der GrS äußert sich hierzu in seinem Beschluss v. 3.7.1995, GrS 1/93, DStR 1995, 1339 nicht unmittelbar. Dort heißt es wie zuvor wörtlich wiedergegeben nur: „In einem weiteren Schritt ist der von der Gesellschaft/ Gemeinschaft erwirtschaftete Gewinn/ Überschuss auf die Gesellschafter zu verteilen. Dieser Gewinnanteil (Überschussanteil) bildet den Ausgangspunkt für die Ermittlung der Einkünfte des Gesellschafters aus seiner Beteiligung."

212 Siehe Zweites Kapitel unter B. II. 2.

213 *Seer* in: Kirchhof/ Seer, EStG, § 2 Rn. 15.

214 Vgl. Zweites Kapitel unter B. II. 1.

215 Vgl. *Kemcke/ Schäffer* in: Haase/ Dorn, Dritter Teil, Nationales Steuerrecht, Rn. 54.

Ergebnisse werden den Gesellschaftern unabhängig von tatsächlichen Zahlungsflüssen zugerechnet.[216]

Für Kapitaleinkünfte gilt dabei nach dem BFH der Grundsatz, dass es für die subjektive Zurechnung der Einkünfte der Gesellschaft an die einzelnen Gesellschafter genügt, „dass ihnen das wirtschaftliche Ergebnis der Aktivitäten der GbR entsprechend ihrer Beteiligungsquote zugutekommt und sie eine Dispositionsbefugnis hinsichtlich der zur Nutzung überlassenen Vermögensgegenstände haben".[217] Der BFH beantwortet damit indes nur die Frage, wann einem Gesellschafter überhaupt Kapitaleinkünfte persönlich zuzurechnen sind.

b) Hiervon zu trennen ist die Frage, nach welchem Maßstab sich die Einkünftezurechnung an die einzelnen Gesellschafter (Investoren und Initiatoren) richtet. Dabei ist auf das steuerliche Leistungsfähigkeitsprinzip zu rekurrieren.[218]

Das Leistungsfähigkeitsprinzip bildet nämlich den maßgeblichen Belastungsgrund des EStG.[219] Ihm liegt der Gedanke zugrunde, dass derjenige, der „eine Erwerbsquelle nutzt und die entgeltwürdige Erwerbshandlung selbst durchführt oder diese durch seine Arbeitskraft, durch sein Fachwissen, durch besondere Gegenstände oder sein Kapital maßgeblich bewirkt, (...) seine einkommensteuerliche Leistungsfähigkeit (steigert) und deshalb steuerpflichtig (ist)."[220]

c) Bei Personengesellschaften (wie der Fonds-KG) ist für die anteilige Einkünftezurechnung daher danach zu fragen, inwieweit die einzelnen Gesellschafter (d.h. im Hinblick auf den Carried Interest die Initiatoren) als Ausdruck ihrer persönlichen Leistungsfähigkeit zur gemeinsamen Verwirklichung des Einkünftetatbestandes beitragen.[221]

---

216 *Wichmann*, Stbg 2014, 1 (3).

217 BFH, Urteil v. 16.12.2008, VIII R 83/05, BFH/NV 2009, 1118, BeckRS 2008, 25014976.

218 *Funke-Lachotzki*, EStB 2002, 289 (290).

219 *G. Kirchhof* in: BeckOK EStG, K/ K/ R, § 2 Rn. 162.

220 Vgl. vorstehende Fn.

221 *G. Kirchhof* in: BeckOK EStG, K/ K/ R, § 2 Rn. 166; vgl. auch *Seer* in: Kirchhof/ Seer, EStG, § 2 Rn. 73 (Maßgeblichkeit des „Anteils an der Leistungserbringung" des Einzelnen); so auch *Musil* in: H/ H/ R, EStG, § 2 Rn. 165, wonach es für die Einkünftezurechnung nicht auf die dingliche Berechtigung an einem WG, sondern auf den wirtschaftlichen Anteil an der gemeinschaftlichen Leistungserbringung ankomme.

2. Anknüpfung an das Zivilrecht

Legt man für die Einkünftezurechnung der Kapitaleinkünfte das Leistungsfähigkeitsprinzip zugrunde, entscheiden grundsätzlich nicht (allein) die Kapitalbeiträge der Gesellschafter über die anteilige Einkünftezurechnung, sondern ihre tatsächlichen wirtschaftlichen Leistungsbeiträge im Ganzen.[222] Für die Frage, wie diese Leistungsbeiträge durch das Steuerrecht im Einzelnen zu bewerten sind, kann das Zivilrecht einen ersten Anhaltspunkt geben.[223]

a) Verhältnis zum Steuerrecht

aa) Das Zivilrecht bildet für das Steuerrecht nur den Ausgangspunkt der steuerlichen Bewertung wirtschaftlicher Sachverhalte. So ist dem Zivilrecht kein Vorrang in dem Sinne einzuräumen, dass es sich bei dem Steuerrecht um „Folgerecht des Zivilrechts“ handelt.[224] Ausgehend vom steuerlichen Leistungsfähigkeitsprinzip gestaltet das Zivilrecht lediglich den wirtschaftlichen Sachverhalt und bringt somit das wirtschaftliche Ergebnis hervor, auf das es für Steuerzwecke ankommt.[225]

Das Steuerrecht lehnt sich mithin an das Zivilrecht an, wobei es dann aber eine eigenständige, abschließende und ggf. vom Zivilrecht abweichende steuerliche Beurteilung des Sachverhaltes vornimmt.[226]

bb) Rechtsprechung und Finanzverwaltung gehen deshalb davon aus, dass die zivilrechtliche Gewinnverteilungsabrede der Gesellschafter am besten Aufschluss darüber gibt, wie die jeweiligen Gesellschafterbeiträge steuerlich zu bewerten sind.[227]

---

222 Vgl. vorstehende Fn.

223 Siehe z.B. BFH, Urteil v. 25.9.2018, IX R 35/17, BFHE 262, 418, BStBl. II 2019, 167, DStR 2019, 94; Beschluss v. 4.5.2012, VIII B 174/11, BFH/NV, 2012, 1330, BeckRS 2012, 95370; Urteil v. 31.3.1992, IX R 245/87, BFHE 168, 248, BStBl. II 1992, 880; Urteil v. 27.6.1978, VIII R 168/73, BFHE 125, 532, BStBl. II 1978, 674.

224 Zum Meinungsstand *Seer* in: Tipke/ Lang, Kap. 1 Rn. 1.31 m.w.N.

225 *Seer* in: Tipke/ Lang, Kap. 1 Rn. 1.32.

226 BVerfG, Kammerbeschluss v. 27.12.1991, 2 BvR 72/90, BStBl. II 1992, 212 (s. unter Entscheidungsgründe 1. a) cc)); *Weber-Grellet* in: Schmidt, EStG, § 2 Rn. 39.

227 Vgl. Fn. 223; ebenfalls für die Anknüpfung an die gesellschaftsrechtliche Gewinnverteilung u.a. *Altfelder*, FR 2005, 6 (7); *Bauer/ Gemmeke*, DStR 2004, 579 (584); *Figna/ Goldacker/ Mayta*, DB 2005, 966 (967); *Herzig/ Gocksch*, DB 2002, 600 (603); *Lorenz*, DStR 2001, 821 (823); *Töben/ Schrepp*, DStR 2019, 526

Im Grundsatz ist deshalb entscheidend, welchen betragsmäßigen bzw. prozentualen Wert die Gesellschafter den jeweiligen Gesellschafterbeiträgen, über die sie zur gemeinschaftlichen Verwirklichung des Gesellschaftszwecks beitragen, für die Verteilung des Gewinns und des Verlusts zugrunde legen.

cc) Damit wären die Kapitaleinkünfte der Fonds-KG den Gesellschaftern und Initiatoren nach Maßgabe der vereinbarten Gewinnverteilungsabrede zuzurechnen, wenn dem keine anderweitigen zivil- oder steuerlichen Gründe entgegenstehen. In der Folge behielte der Carried Interest grundsätzlich seine Rechtsnatur als gesellschaftsrechtlich vereinbarter kapitaldisproportionaler Gewinnanteil.

b) Gewinnverteilung nach dem HGB

Das Zivilrecht lässt in einem ersten Schritt eine kapitaldisproportionale Gewinnverteilungsabrede der Gesellschafter zu.[228] Ausgangspunkt dafür ist bei einer Fonds-KG als Personenhandelsgesellschaft das HGB.[229]

Das HGB stellt es den Kommanditisten einer KG frei, eine von den gesetzlichen Regelungen[230] unabhängige Gewinnvereinbarung zu treffen.[231] Nur für den unwahrscheinlichen Fall, dass in der Praxis eine Gewinnabrede nicht vorliegt, bestimmt § 168 Abs. 1 HGB, dass sich die Gewinnverteilung zunächst nach der für die OHG geltenden Regelung zum Vorabgewinn richtet.[232] Anders als bei der OHG wird der darüber hinaus gehende Gewinn bei der KG nicht unter den Gesellschaftern nach Köpfen verteilt.[233] Vielmehr sieht § 168 Abs. 2 HGB vor, dass für den verbleibenden

---

(531); *Tulloch/ Wellisch*, DStR 1999, 1093 (1094); *Watrin/ Gocksch*, DB 2002, 341 (344f.); *Watrin/ Struffert*, BB 2004, 1888; *Weber-Grellet*, DStR 2018, 992 (994).

228 Vgl. z.B. *Funke-Lachotzki*, EStB 2002, 289 (290); *Rose*, FR 2002, 1 (2); *Watrin*, BB 2002, 811 (812).

229 Vgl. § 161 HGB.

230 § 168 i.V.m. § 121 Abs. 1 und 2 HGB.

231 § 168 Abs. 2 HGB stellt klar, dass die Gesellschafter nicht nur den verbleibenden Gewinnanteil, der über den gesetzlich vorgesehenen Vorabgewinn hinausgeht, frei vereinbaren können, sondern die Gewinnverteilung insgesamt frei regeln können; vgl. *Gummert* in: Henssler/ Strohn, HGB, § 169 Rn. 6; ebenso *Weipert* in: Ebenroth/ Boujong/ Joost/ Strohn, HGB, § 168 Rn. 13.

232 Danach steht allen Gesellschaftern zunächst ein Vorabgewinn in Höhe von vier Prozent ihres Kapitalanteils zu, § 121 Abs. 1 und 2 HGB.

233 § 121 Abs. 3 HGB.

Gewinn ein für die Gesellschafter „den Umständen nach angemessenes Verhältnis der Anteile“ zu finden ist.

c) Immaterielle Gesellschafterbeiträge

aa) Das Interesse der Gesellschafter, eine vom Gesetz abweichende Gewinnverteilung zu beschließen, hat in der Praxis mannigfaltige Gründe.[234] Für VC Fonds ermöglicht eine vom Gesetz und den reinen Kapitalanteilen abweichende Gewinnverteilung die Schaffung eines Erfolgsbeteiligungssystems, das nicht nur die Kapitalbeiträge der Investoren, sondern darüber hinaus auch die besonderen Beiträge der Initiatoren angemessen würdigt. Grundsätzlich besteht für die Gesellschafter zwar die Möglichkeit, die allgemeine Ergebnisverteilung durch reine Leistungs- und Nutzungsvergütungselemente zu ergänzen.[235] Die Gesellschafter können die individuellen Gesellschafterbeiträge neben den jeweiligen Kapitaleinlagen aber auch i.R.d. allgemeinen Ergebnisverteilung verankern.[236] Auf diese Weise können sie der herausragenden Bedeutung der Initiatoren-Beiträge für den gemeinschaftlichen Geschäftserfolg Rechnung tragen.[237] Dabei ist es unerheblich, ob diese individuellen Gesellschafterbeiträge in gewöhnlichen Dienstleistungen (z.B. Geschäftsführung) oder in sonstigen immateriellen Beiträgen, wie etwa dem Überlassen ihres Know-how und Netzwerkes, bestehen.

Entscheidend ist aus Sicht der Beteiligten, dass sie den (über den reinen Kapitalbeitrag anderer Gesellschafter hinausgehenden, zusätzlichen) Wert des persönlichen Leistungsbeitrags der Initiatoren anerkennen und diesen für die Beteiligung an den Gewinnen der Fonds-KG (ergänzend) zugrunde legen.[238]

---

234 *Rose*, FR 2002, 1 (2).

235 *Weipert* in: Ebenroth/ Boujong/ Joost/ Strohn, HGB, § 168 Rn. 14.

236 Allgemeine Meinung, vgl. etwa *Weipert* in: Ebenroth/ Boujong/ Joost/ Strohn, HGB, § 168 Rn. 15.

237 Vgl. vorstehende Fn.

238 Vgl. *Weitnauer*, BKR 2004, 89 (91), der insoweit davon ausgeht, der Carried Interest stelle einen Gewinnanteil für einen Gesellschafterbeitrag dar, da für eine Tätigkeitsvergütung schon gar keine Dienstleistung des Initiators gegeben sei. Nur die Geschäftsführung stelle eine „echte“ Dienstleistung dar, die durch die Management-Fee vergütet werde.

bb) Die gesellschaftsrechtliche Zulässigkeit immaterieller Gesellschafterbeiträge entspricht der gesetzlichen Regel des § 706 Abs. 3 BGB.[239] Danach kann der Beitrag eines Gesellschafters zur Förderung des Gesellschaftszwecks sogar *ausschließlich* in der Leistung von Diensten bestehen.[240]

Als solche immateriellen Beiträge werden bspw. der Einsatz von Arbeitskraft, die Zuführung von Kundschaft, das Zurverfügungstellen von technischen Hinweisen oder die Hergabe eines kreditwürdigen Namens anerkannt.[241]

cc) Das Zivilrecht erkennt daher die Einräumung eines kapitaldisproportionalen Gewinnanteils – wie der Carried Interest es für die immateriellen Beiträge der Initiatoren vorsieht – ausdrücklich an. Die zivilrechtliche Gewinnverteilung bildet nach der Rechtsprechung des BFH mit Blick auf die zu bestimmende Leistungsfähigkeit des Steuerpflichtigen den Ausgangspunkt für die steuerliche Einkünftezurechnung.[242] Dieser Grundsatz muss auch im Falle des Carried Interest gelten.

d) Steuerliche Anerkennung immaterieller Gesellschafterbeiträge

aa) Rechtsprechung und Finanzverwaltung erkennen immaterielle Gesellschafterbeiträge dem Grunde nach für Einkommensteuerzwecke an. Nach ständiger Rechtsprechung des BFH können Einkünfte vermögensverwaltender Personengesellschaften auch dann für sämtliche Gesellschafter gesondert und einheitlich festzustellen und diesen anteilig auf Grundlage der gesellschaftsrechtlichen Gewinnabrede zuzurechnen sein, wenn einzelne Gesellschafter selbst keine Einlage leisten und weder am Vermögen noch an den Gewinnen und Verlusten der Gesellschaft beteiligt sind.[243]

---

239 *Weber-Grellet*, DStR 2018, 992 (994). Für KG finden die §§ 705ff. BGB über § 161 Abs. 2 i.V.m. § 105 Abs. 3 HGB Anwendung.

240 Eine mindestmäßige Kapitalbeteiligung ist daher gesellschaftsrechtlich nicht zwingend, siehe *Schäfer* in: MüKo BGB, § 706 Rn. 14.

241 *Schöne* in: BeckOK BGB, Hau/ Poseck, § 706 Rn. 13.

242 Vgl. Zweites Kapitel unter B. III. 2. a).

243 BFH-Urteil v. 7.4.1987, IX R 103/85, BFHE 150, 124, BStBl. II 1987, 707; Urteil v. 11.6.1985, VIII R 252/80, BFHE 144, 357, BStBl. II 1987, 33; Urteil v. 18.11.1980, VIII R 194/78, BFHE 132, 522, BStBl. II 1981, 510; siehe zudem auch *Töben/ Schrepp*, DStR 2019, 526 (531) m.V.a. die von *Rodin* (Verdient-Unverdient, Symposium zum zehnjährigen Bestehen von Pöllath + Partners, 2008, 101, 104) aufgestellte Rspr.-Übersicht zur Anerkennung immaterieller Gesellschafterbeiträge durch die Rspr. (RG v. 14.3.1919, RGZ 95, 147; RG

Es soll für eine kapitaldisproportionale Gewinnverteilung u.a. genügen, dass ein Gesellschafter die Haftung für die Gesellschaft übernimmt und dadurch den gemeinsamen Gesellschaftszweck (§ 705 BGB) fördert[244] oder durch seine persönliche Arbeit in der Hausgemeinschaft zu den Einkünften der Gemeinschaft aus Vermietung und Verpachtung beiträgt.[245]

bb) Für die Initiatoren von VC Fonds bedeutet dies, dass ihre Gesellschafterbeiträge für den Fonds grundsätzlich erst recht steuerlich anzuerkennen sind.[246] Zum einen beteiligen sie sich über die Carry-KG wenigstens mit einem geringen Anteil am Kapital der Fonds-KG. Zum anderen leisten sie immaterielle Gesellschafterbeiträge, die weit über die passive Übernahme der Haftung des Fonds hinausgehen, indem sie alle für den Erfolg des Fonds nötigen Investments durch ihre persönlichen Anlage- und Strategieentscheidungen auf Basis ihres Know-how verantworten und ihr Netzwerk zu Gunsten des VC Fonds nutzen.[247]

Unabhängig davon belegt die einschlägige BFH-Rechtsprechung,[248] dass es auf das Gewicht der jeweiligen Gesellschafterbeiträge nicht ankommt. Grundsätzlich ist vielmehr jeder materielle sowie immaterielle Gesellschafterbeitrag steuerlich beachtlich, solange er auf die Förderung des Gemeinschaftszwecks gerichtet ist und die Mitgesellschafter diesen als geldwert anerkennen. Daraus kann nur der Schluss gezogen werden, dass die Kapitaldisproportionalität des Carried Interest seiner steuerlichen Anerkennung als Gewinnanteil nicht entgegensteht.

e) Zwischenergebnis

Als Zwischenergebnis kann festgehalten werden, dass der BFH und ihm folgend die Finanzverwaltung Gewinnabreden im Hinblick auf immaterielle Gesellschafterbeiträge – unabhängig von deren Gewicht – grundsätzlich steuerlich anerkennen. Die Tatsache, dass Causa des Carried Interest immaterielle Leistungen der Initiatoren sind, steht einer Einordnung des Carried Interest als Gewinnanteil im Rahmen der Einkünfte aus Kapital-

---

v. 10.10.1933, RGZ 142, 13; BGH v. 22.11.1965, NJW 1966, 501; BGH v. 25.9.1972, DB 1972, 2201; KG v. 13.11.1998, NZG 1999, 489).

244 BFH, Urteil v. 7.4.1987, IX R 103/85, BFHE 150, 124, BStBl. II 1987, 707.

245 BFH, Urteil v. 18.11.1980, VIII R 194/78, BFHE 132, 522, BStBl. II 1981, 510.

246 So u.a. auch *Gocksch*, S. 261f.; *Weber-Grellet*, DStR 2018, 992 (994).

247 *Desens/ Kathstede*, FR 2005, 863; *Elser/ Dürrschmidt*, FR 2010, 1075 (1075).

248 BFH, Urteil v. 7.4.1987, IX R 103/85, BFHE 150, 124, BStBl. II 1987, 707; BFH, Urteil v. 18.11.1980, VIII R 194/78, BFHE 132, 522, BStBl. II 1981, 510.

vermögen trotz seiner Kapitaldisproportionalität daher nicht grundsätzlich entgegen.

IV. Steuerliche Anerkennung inkongruenter Gewinnverteilungsabreden wie des Carried Interest

Ob Rechtsprechung und Finanzverwaltung damit jede kapitaldisproportionale Gewinnverteilungsabrede steuerlich anerkennen, wie sie dem Carried Interest zugrunde liegt, steht damit noch nicht fest.[249]

Grundsätzlich geht der BFH davon aus, dass die Gewinnverteilung der Gesellschafter dem zivilrechtlichen Beteiligungsverhältnis (und damit den Kapitalanteilen) entspricht.[250] Dies soll aber nur so lange gelten, wie die Gesellschafter keine abweichende und vor allem steuerlich anzuerkennende Gewinnverteilung vereinbart haben.[251]

Denn die Anwendung des gesellschaftsvertraglichen Gewinn- und Verlustverteilungsschlüssels steht nach Auffassung des BFH unter dem Vorbehalt „besonderer einkommensteuerrechtlicher Bestimmungen".[252] Der BFH unterzieht die gesellschaftsrechtliche Gewinnabrede damit einer Prüfung, ob ein steuerlicher Korrekturbedarf besteht.

1. Gewinnvereinbarung für die Zukunft

Ein steuerlicher Korrekturbedarf liegt nach der Rechtsprechung stets dann vor, wenn die Vereinbarung nicht vor Gewinnentstehung, d.h. für die Zu-

249 Siehe zur Maßgeblichkeit der Gewinnverteilungsabrede für die Einkünftezurechnung bei vermögensverwaltenden Personengesellschaften BFH, Urteil v. 25.9.2018, IX R 35/17, BStBl. II 2019, 167, DStR 2019, 94; Urteil v. 16.12.2008, VIII R 83/05, BFH/NV 2009, 1118, BeckRS 2008, 25014976; Urteil v. 23.11.2004, IX R 59/01, BFHE 208, 203, BStBl. II 2005, 454, DStR 2005, 288; Urteil v. 27.7.2004, IX R 20/03, BFHE 206, 444, BStBl. II 2005, 33, DStR 2004, 1600; Urteil v. 7.10.1986, IX R 167/83, BFHE 148, 501, BStBl. II 1987, 322; Urteil v. 18.11.1980, VIII R 194/78, BFHE 132, 522, BStBl. II 1981, 510.

250 BFH, Urteil v. 23.11.2004, IX R 59/01, BFHE 208, 203, BStBl. II 2005, 454, DStR 2005, 288; Urteil v. 5.2.1965, VI 234/63 U, BFHE 82, 25, BStBl. III 1965, 256.

251 Vgl. Fn. 223.

252 Siehe BFH, Urteil v. 29.5.2001, VIII R 10/00, BFHE 195, 486, BStBl. II 2001, 747 (unter Entscheidungsgründe III. 2. b) bb)), DStRE 2001, 1225.

kunft getroffen wurde und alle Gesellschafter vorher zugestimmt haben.[253] Denn die Höhe des Jahresgewinnes oder -verlustes werde in erster Linie durch die einzelnen Geschäftsvorfälle bestimmt, die nicht rückwirkend herbeigeführt oder ungeschehen gemacht oder in ihrem Inhalt verändert werden könnten.[254]

Dieses Kriterium dürfte in der Praxis keinen Einfluss auf die steuerliche Zulässigkeit der vereinbarten Gewinnverteilungsabreden von VC Fonds haben. Die Gewinnabrede wird im Zeitpunkt der Gründung der Fonds-KG vertraglich fixiert und anschließend entsprechend umgesetzt.

2. Grund im Gemeinschaftsverhältnis

a) Der BFH erkennt von dem zivilrechtlichen Beteiligungsverhältnis abweichende Gewinnverteilungsabreden unter der weiteren Voraussetzung an, dass die Gewinnabrede ihren Grund im Gemeinschaftsverhältnis hat.[255] Dies soll z.B. dann nicht der Fall sein, wenn es sich um Einkommensverwendung handele wie bspw. bei einer Zuwendung i.S.d. § 12 Nr. 2 EStG.[256]

Der BFH wendet das Kriterium des erforderlichen Gemeinschaftsbezugs extensiv an und lässt für diesen grundsätzlich jeden Gesellschafterbeitrag genügen, der im Interesse der Gesellschaft liegt, auf deren Förderung gerichtet ist und daher in der gemeinsamen Gewinnabrede Niederschlag fin-

---

253 BFH, Urteil v. 25.9.2018, IX R 35/17, BFHE 262, 418, BStBl. II 2019, 167 (unter Entscheidungsgründe II. 1. c)), DStR 2019, 94; Urteil v. 22.5.1990, VIII R 41/87, BFHE 161, 456, BStBl. II 1990, 965; zuletzt auch FG München, Urteil v. 17.11.2020, 12 K 2334/18, BeckRS 2020, 39354 (vgl. Urteilsbesprechung nachfolgend unter Zweites Kapitel B. V. 2.)

254 BFH, Urteil v. 17.3.1987, VIII R 293/82, BFHE 149, 454, BStBl. II 1987, 558 (unter Entscheidungsgründe 2.); siehe auch *Rose*, FR 2002, 1 (2), wonach diese Rspr. aus § 38 AO und der daraus folgenden Unzulässigkeit rückwirkender Sachverhaltssetzungen herzuleiten sei.

255 BFH, Urteil v. 25.9.2018, IX R 35/17, BFHE 262, 418, BStBl. II 2019, 167, DStR 2019, 94; Urteil v. 27.7.2004, IX R 20/03, BFHE 206, 444, BStBl. II 2005, 33, DStR 2004, 1600; Urteil v. 7.10.1986, IX R 167/83, BFHE 148, 501, BStBl. II 1987, 322; Urteil v. 18.11.1980, VIII R 194/78, BFHE 132, 522, BStBl. II 1981, 510; Urteil v. 27.6.1978, VIII R 168/73, BFHE 125, 532, BStBl. II 1978, 674, NJW 1979, 80.

256 BFH, Urteil v. 23.11.2004, IX R 59/01, BFHE 208, 203, BStBl. II 2005, 454, DStR 2005, 288.

det.[257] Das bedeutet, dass der BFH bei dem Erfordernis des Gemeinschaftsbezuges von einem „Regel-Ausnahme-Verhältnis“ ausgeht und folglich nur geringe Anforderungen an den Gemeinschaftsbezug der Gewinnabrede stellt.

Dementsprechend genügt es dem BFH etwa, dass einzelne Gesellschafter einer vermögensverwaltenden GbR, die gemeinschaftliche Einkünfte aus Vermietung und Verpachtung erzielt, unterschiedlich an der Verwaltung der Hausgemeinschaft teilhaben[258] oder sonstige persönliche Arbeit für die Hausgemeinschaft verrichten.[259]

Auch erkennt der BFH inkongruente Verlustzuweisungen bei vermögensverwaltenden Personengesellschaften grundsätzlich an.[260] In dem betreffenden Urteilsfall wurde ein während des Geschäftsjahres neu eingetretener Kommanditist überproportional an den Verlusten der Gemeinschaft beteiligt, die bis zu dem Zeitpunkt des Eintritts anteilig durch die Altgesellschafter entstanden waren. Hier war für den BFH allein maßgeblich, dass die abweichende Verlustzuweisung im Interesse der Gemeinschaft lag, neue Gesellschafter für sich zu gewinnen.

b) Der Carried Interest erfüllt damit das entscheidende Kriterium des BFH (Grund im Gemeinschaftsverhältnis), da die Gewinnverteilungsabreden der VC Fonds ihren Grund im Gemeinschaftsverhältnis haben.[261] Die Initiatoren erhalten im Erfolgsfall ausschließlich deshalb einen über ihren reinen Kapitalanteil hinausgehenden Gewinnanteil, weil sie als „Schlüsselfiguren“ ausschlaggebend dafür sind, das gemeinsame Kapital der Fonds-KG gewinnbringend anzulegen.[262]

Für diese Gesellschafterrolle bringen sie das notwendige Fachwissen, ihr Netzwerk und ihre Marktkenntnisse ein und lassen sich diesen besonderen Beitrag von den Investoren im Rahmen der Ergebnisverteilung entsprechend marktgerecht vergüten.[263] Die überproportionale Gewinnbeteiligung der Initiatoren liegt im Interesse der Gesellschaft, da den Initiatoren hierdurch ein besonderer Anreiz gesetzt wird, erfolgreiche Investments

---

257 Daher gelangt der BFH in den zitierten Urteilsfällen gar nicht erst zu der Prüfung, ob ein Fall der Einkommensverwendung vorliegt.

258 BFH, Urteil v. 7.10.1986, IX R 167/83, BFHE 148, 501, BStBl. II 1987, 322.

259 BFH, Urteil v. 18.11.1980, VIII R 194/78, BFHE 132, 522, BStBl. II 1981, 510.

260 BFH, Urteil v. 25.9.2018, IX R 35/17, BFHE 262, 418, BStBl. II 2019, 167, DStR 2019, 94.

261 So u.a. auch *Herzig/ Gocksch*, DB 2002, 600 (603f.); *Kuhn*, S. 142; *Watrin/ Gocksch*, DB 2002, 341 (344); *Weitnauer*, BKR 2004, 89 (91).

262 *Töben/ Schrepp*, DStR 2019, 526 (529).

263 Vgl. vorstehende Fn.

zugunsten des Fonds zu tätigen. Dies gilt umso mehr mit Blick auf die *Waterfall-Distribution-Method*,[264] nach der die Initiatoren erst dann in den Genuss eines Carried Interest kommen, wenn die Investoren ihr eingezahltes Kapital samt Mindestverzinsung zurückerhalten haben.

Im Übrigen ist davon auszugehen, dass die Initiatoren und Investoren untereinander den Wert ihrer jeweiligen Gesellschafterbeiträge sachgerecht bemessen, so dass sich aus der Gewinnabrede die steuerliche Leistungsfähigkeit der Initiatoren ablesen lässt.[265] Im Grundsatz ist also (weiter) davon auszugehen, dass ihre individuellen Beiträge im Zweifel durch ihre Gesellschafterstellung bedingt sind.[266]

c) Soweit der BFH im Übrigen darauf abstellt, ob es sich bei der kapitaldisproportionalen Gewinnverteilung um einen Fall der Einkommensverwendung handelt, steht bereits die Sachdienlichkeit der freiwilligen Zuwendung als Negativkriterium in Frage. § 12 EStG stellt gerade keine Zurechnungsnorm dar und kann damit auch keine unmittelbare Auskunft darüber geben, wem Einkünfte originär in welcher Höhe zuzurechnen sind.[267] Die Einkommensverwendung betrifft nur die nachgelagerte Frage, ob privat veranlasste Aufwendungen von *zuvor* erzielten Einkünften abgezogen werden können.

d) Ungeachtet dessen liegt in der Gewinnverteilungsabrede keine steuerlich unbeachtliche Einkommensverwendung.[268] Hierzu müsste der Carried Interest auf Grundlage der vereinbarten Gewinnverteilung originär den Investoren zuzurechnen und die anschließende (fiktive) Weiterreichung des Carried Interest an die Initiatoren[269] privat (mit-)veranlasst sein.

Die Einkünftezurechnung richtet sich aber wie dargelegt nicht nach § 12 EStG, sondern danach, wer den einkommensteuerlichen Einkünftetatbestand verwirklicht und damit den Carried Interest „erzielt".[270] Dies ist

---

264 Vgl. Erstes Kapitel unter D. III. 3.

265 So ausdrücklich auch der BFH, vgl. Zweites Kapitel unter B. III. 2. a).

266 So auch *Grever*, RNotZ 2019, 1 (11), wonach die Kriterien der BFH-Rspr. i.E. auf eine Angemessenheitsprüfung hinausliefen.

267 *Fissenewert* in: H/ H/ R, EStG, § 12 Rn. 103; so auch *Rundshagen* in: Korn, EStG, § 12 Rn. 36; *Schwandtner*, S. 330f.

268 Vgl. auch *Herzig/ Gocksch*, DB 2002, 600 (603f.). Die Autoren stellen allein auf die Angemessenheit der Gewinnverteilungsabrede ab.

269 So sieht das BMF in dem Carried Interest eine Tätigkeitsvergütung auf „abgekürzten Zahlungsweg", wobei die übrigen Gesellschafter den Initiatoren den überhöhten Kapitalanteil überließen. Siehe hierzu PE-Erlass v. 16.12.2003, IVA6-S2240-153/03, DStR 2004, 181; vgl. zudem nachfolgend unter Zweites Kapitel V. 1. und VI. 1.

270 Vgl. Zweites Kapitel unter B. II. 1; siehe auch *Schwandtner*, S. 330f.

wie gesehen die Fonds-KG, wobei sich der jeweilige Gewinnanteil, der originär auf die einzelnen Gesellschafter entfällt, mangels spezialgesetzlicher Regelung im EStG aus der Gewinnvereinbarung im Gesellschaftsvertrag ergibt.[271] Da Rechtsprechung und Finanzverwaltung immaterielle Gesellschafterbeiträge anerkennen, wie es das Zivilrecht durch § 706 Abs. 3 BGB vorgibt,[272] besteht kein Anlass, nicht auch die Gewinnverteilung im Ganzen anzuerkennen, sofern der Grund im Gemeinschaftsverhältnis liegt. Dies ist wie dargelegt beim Carried Interest der Fall.

e) Unter dem Gesichtspunkt „Grund im Gemeinschaftsverhältnis" besteht daher kein Grund, die kapitaldisproportionale Gewinnverteilung, die dem Carried Interest zugrunde liegt, steuerlich nicht anzuerkennen. Es bleibt somit für die Frage nach der Rechtsnatur des Carried Interest bei seiner grundsätzlichen Einkünftequalifikation als kapitaldisproportionalem Gewinnanteil.

3. Angemessenheitsprüfung

Fraglich ist, ob man für die Frage des Vorliegens einer steuerlich unbeachtlichen Einkommensverwendung zu einem abweichenden Ergebnis bei der Beurteilung der Rechtsnatur des Carried Interest gelangt, wenn man den Carried Interest einer Prüfung anhand der konkretisierenden Kriterien der Rechtsprechung unterwirft, die der BFH zu Familienpersonengesellschaften entwickelt hat.[273]

Der BFH hat nämlich die dabei entwickelten Kriterien bereits auf andere Sachverhalte übertragen, in denen bei Personenhandelsgesellschaften eine Beteiligungsidentität der Gesellschafterverhältnisse bestand.[274] In dem genannten Urteilsfall ging es um die Angemessenheit der Gewinnabrede einer GmbH & Co. KG, bei der die einzigen Kommanditisten zeitgleich alleinige Gesellschafter und Geschäftsführer der Komplementär-GmbH waren. Auch wenn VC Fonds gerade keine vergleichbare Beteiligungsidentität aufweisen, ist zu prüfen, ob ggf. andere Anhaltspunkte ausnahmswei-

271 Vgl. Zweites Kapitel unter B. III. 2. a).
272 Vgl. Zweites Kapitel unter B. III. 2. c).
273 Siehe z.B. BFH, Urteil v. 16.12.2008, VIII R 83/05, BFH/NV 2009, 1118, BeckRS 2008, 25014976.
274 BFH, Urteil v. 28.5.2020, IV R 11/18, BFHE 269, 170, BStBl. II 2020, 641, DStR 2020, 1954.

se eine gesonderte Angemessenheitsprüfung der gesellschaftsvertraglichen Gewinnverteilungsabrede erforderlich machen.[275]

a) Fehlender Interessengegensatz bei Familienpersonengesellschaften

aa) Der BFH erkennt zwar auch bei Familienpersonengesellschaften grundsätzlich deren gesellschaftsrechtlich vereinbarte Gewinnabreden steuerlich an, weil „es den Gesellschaftern einer Personengesellschaft frei(steht), ihre Rechtsverhältnisse und besonders die Verteilung des Gewinns so zu regeln, wie es ihnen richtig zu sein scheint."[276] Dieser Grundsatz erfährt aber Einschränkungen, wenn:

> „für die Gewinnverteilung nicht allein die Verhältnisse der Gesellschafter in der Gesellschaft und insbesondere ihre Beiträge zum Gesellschaftszweck maßgebend sind, sondern wenn die Verteilung von anderen Beziehungen zwischen den Gesellschaftern beeinflusst ist, die nicht ihre Grundlage im Gesellschaftsverhältnis haben"[277], wie etwa verwandtschaftliche oder wirtschaftliche Beziehungen außerhalb des Gesellschaftsverhältnisses.[278]

Für die Beantwortung dieser Frage legen Rechtsprechung und Finanzverwaltung[279] bei Familienpersonengesellschaften naturgemäß einen strengeren Beurteilungsmaßstab an. Dem liegt die Erkenntnis zugrunde, dass bei gesellschaftsrechtlichen Gewinnverteilungsabreden, die zwischen Fremden getroffen werden, eine Vermutung dahingehend besteht, dass der natürli-

---

275 Vgl. *Binz/ Sorg*, § 25 Rn. 98.

276 BFH, Urteil v. 15.11.1967, IV R 139/67, BFHE 90, 399, BStBl. II 1968, 152 (unter B. I. 1.).

277 BFH, Urteil v. 23.8.1990, IV R 71/89, BFHE 162, 401, BStBl. II 1991, 172 (unter Entscheidungsgründe 1.), DStR 1991, 179. Das Urteil betraf zwar eine gewerbliche Mitunternehmerschaft. Dennoch leitete der BFH aber seine Erwägungen aus den bereits dargestellten Grundsätzen zur Abgrenzung der Einkünfteerzielung von der Einkommensverwendung ab, die gleichermaßen für vermögensverwaltende Personengesellschaften gelten.

278 So zuletzt auch FG München, Urteil v. 17.11.2020, 12 K 2334/18 (Rev. eingelegt, Az. BFH: VIII R 3/21), DStRE 2021, 587; vgl. Urteilsbesprechung nachfolgend unter Zweites Kapitel B. V. 2.

279 Siehe H.21.6 „Abweichende Zurechnung" EStR 2012, wonach bei Gewinnabreden unter Angehörigen ein Fremdvergleich und ggf. eine steuerliche Korrektur vorzunehmen ist; siehe auch bei R 15.9 (3) „Allgemeines" EStR 2012.

che Interessengegensatz zu einer angemessenen Gewinnverteilung führt, die den individuellen Beiträgen der jeweiligen Gesellschafter entspricht.[280]

Ein strengerer Beurteilungsmaßstab gilt nach Ansicht des BFH auch für die Gewinnverteilungsabrede einer GmbH & Co. KG, bei der der einzige Gesellschafter und Geschäftsführer der Komplementär-GmbH mit dem alleinigen Kommanditisten personenidentisch ist.[281] In diesem Fall soll auch hier eine besondere Angemessenheitsprüfung stattfinden, im Rahmen derer die Faktoren, die die Gewinnverteilung bestimmen, wie Arbeitseinsatz und Kapitalrisiko, gegeneinander abgewogen werden.[282]

bb) Rechtsprechung und ihr (mit der Aufnahme in das BStBl. II) folgend die Finanzverwaltung gehen zurecht davon aus, dass sich die Interessenlage bei Familienpersonengesellschaften und faktischen „Ein-Mann-Gesellschaften" im Vergleich zum Regelfall grundlegend unterschiedlich darstellt.[283]

Während bei personenidentischen Beteiligungsstrukturen kein Interessengegensatz besteht, der die Angemessenheit der Gewinnverteilung im Sinne eines Fremdvergleichs sicherstellt, liegt bei Familienpersonengesellschaften der Verdacht nahe, dass die Gewinnverteilung zumindest auch durch außergesellschaftliche Faktoren beeinflusst wird.[284] Daher ist es sachgerecht, bei ihnen ein besonderes Augenmerk auf die vereinbarte Gewinnverteilung zu richten, um zu prüfen, ob diese einem Fremdvergleich standhält, d.h. ob die jeweiligen Gesellschafterbeiträge – seien es Kapital- oder immaterielle Beiträge – für die Gewinnverteilung so berücksichtigt werden, wie es bei fremden Dritten üblicherweise der Fall wäre.[285]

---

280 BFH, Beschluss v. 29.5.1972, GrS 4/71, BFHE 106, 504, BStBl. II 1973, 5, BeckRS 1972, 22001611 (unter Entscheidungsgründe IV. 2. b) aa).

281 BFH, Urteil v. 23.8.1990, IV R 71/89, BFHE 162, 401, BStBl. II 1991, 172, DStR 1991, 179.

282 Bei Familienpersonengesellschaften wird zudem geprüft, ob die Vereinbarung wirksam zustande gekommen ist und auch tatsächlich vollzogen wurde, siehe BFH, Urteil v. 16.12.2008, VIII R 83/05, BFH/NV 2009, 1118, BeckRS 2008, 25014976.

283 Vgl. BFH, Urteil v. 23.8.1990, IV R 71/89, BFHE 162, 401, BStBl. II 1991, 172, DStR 1991, 179.

284 Siehe H.21.6 „Abweichende Zurechnung" EStR 2012.

285 So auch *Grever*, RNotZ 2019, 1 (11); *Rose*, FR 2002, 1 (3).

b) Übertragung auf VC Fonds

aa) Bei VC Fonds stellt sich die Sachlage anders dar. Bei ihnen besteht ein natürlicher Interessengegensatz, da sich Investoren und Initiatoren als fremde Dritte begegnen:[286] Den VC Fonds bzw. den Initiatoren der Fonds-KG stehen dabei keine Kleinanleger, sondern finanzstarke, i.d.R. institutionelle Investoren gegenüber, die ihrerseits starkem Druck auf Durchsetzung der Interessen der Investoren unterliegen.

Den Investoren kommt damit ein entsprechend starkes Gegenwicht bei den Vertragsverhandlungen zu, wobei diejenigen Vorteile, die durch und zugunsten sog. „Anker-Investoren" ausgehandelt werden, zumeist auch den übrigen Investoren zugutekommen. Dies geschieht in der Praxis durch die Aufnahme bestimmter Vertragsklauseln, die auf dem *„Most-favoured-Nations-Principle"* beruhen.

Für eine Angemessenheit der Gewinnabrede bei VC Fonds sprechen im Übrigen auch die Gesichtspunkte, die bei VC Fonds deren kapitaldisproportionale Gewinnabreden begründen. Denn als zulässige Faktoren, die in die Gewinnverteilungsabrede einfließen, erkennt der BFH sämtliche vermögenswerten Leistungen oder Eigenschaften an, die der Gesellschafter in die Gemeinschaft miteinbringt. Hierzu gehören neben dem Kapital- und Arbeitseinsatz z.B. die Einbringung eines angesehenen Namens, Seriosität, Kreditwürdigkeit sowie andere persönliche Eigenschaften.[287]

Für die Beurteilung der Angemessenheit ist – sofern eine unmittelbare Vergleichsmöglichkeit fehlt – von dem Wesen der Gesellschaft und der Stellung des Gesellschafters auszugehen.[288] Dazu konstatiert der BFH:

> „Eine kapitalmäßige Beteiligung der Gesellschafter (ist) die Regel, aber – anders als bei Kapitalgesellschaften – nicht zwingend. (...) Bei einer Personengesellschaft wird in der Regel das Gewicht der Gesellschafterstellung nicht allein, zumeist nicht einmal überwiegend, durch den Kapitalbeitrag, sondern wesentlich durch die anderen mehr persönlichkeitsbezogenen Beiträge der Gesellschafter zur Erreichung des Gesellschaftszwecks bestimmt."

286 So u.a. auch *Gocksch*, S. 261f.; *Herzig/ Gocksch*, DB 2002, 600 (603); *Töben/ Schrepp*, DStR 2019 526 (529); *Watrin*, BB 2002, 811 (812).

287 BFH, Beschluss v. 29.5.1972, GrS 4/71, BFHE 106, 504, BStBl. II 1973, 5 (unter IV. 2. c) aa).

288 BFH, Beschluss v. 29.5.1972, GrS 4/71, BFHE 106, 504, BStBl. II 1973, 5 (unter IV. 2. c) cc); dort auch im Folgenden; vgl. auch BFH, Urteil v. 15.11.1967, IV R 139/67, BFHE 90, 399, BStBl. II 1968, 152.

bb) Der Rechtsprechung ist zuzustimmen, wenn sie die Kapitalbeiträge zwar als einen ersten und wichtigen Anhaltspunkt für die Interessengerechtheit der Gewinnverteilung ansieht, zugleich aber auch weitere und insbesondere auch immaterielle Gesellschafterbeiträge als für die Angemessenheit relevant betrachtet.[289]

Gerade bei personalistisch geprägten Gesellschaften gilt es im besonderen Maße die individuellen Gesellschafterbeiträge zu berücksichtigen, denn diese Beiträge erschöpfen sich nicht zwangsläufig in der Überlassung von Kapital. Vielmehr kann immateriellen Beiträgen für die Erreichung des Gesellschaftszwecks im Einzelfall ein überproportionaler Stellenwert zukommen. Dies gilt es im Rahmen einer Gesamtbetrachtung zu würdigen.

Legt man diesen Maßstab bei der Prüfung der Angemessenheit des Carried Interest auf Fonds-Ebene zugrunde, so könnte für eine unangemessene Gewinnverteilung aus objektiver Sicht die auffällige Diskrepanz zwischen den Kapitaleinlagen der Initiatoren einerseits sowie ihrer Gewinnbeteiligung andererseits sprechen.[290] „Überhöht" – und damit unangemessen – wäre die Erfolgsbeteiligung der Initiatoren aber nur, wenn man auf den reinen Kapitalanteil aller Gesellschafter abstellte. Tatsächlich ist die Gewinnverteilung *wirtschaftlich* proportional:[291] Geschäftsmodell von PE ist das erfolgreiche Zusammenspiel zwischen dem Kapital der Investoren (materieller Beitrag) und dem besonderen Know-how der Initiatoren (immaterieller Beitrag). Die Kapitaleinlagen stellen zwar die notwendige Grundvoraussetzung für jeden Beteiligungserwerb dar. Nichtsdestotrotz kommt den Initiatoren aber insoweit eine Schlüsselrolle zu, als es in ihrem Verantwortungsbereich liegt, dieses Kapital gewinnbringend zu investieren.[292]

Der Erfolg des Unternehmens ist während des gesamten Lebenszyklus des Fonds untrennbar mit den Initiatoren verbunden: Die Initiatoren betreiben in eigener Person das Fundraising für die notwendigen Mittel; d.h. sie sind es, denen die Investoren aufgrund ihrer besonderen Expertise ihr

---

289 Vgl. vorstehende Fn.

290 Wie gesehen steht der 1%-Kapitalbeteiligung der Carry-KG an der Fonds-KG eine Erfolgsbeteiligung in Höhe von 20% gegenüber.

291 So auch *Baumgartner*, DStR 2021, 1858 (1861f.); *Töben/ Schrepp*, DStR 2019, 526 (529); *Watrin/ Gocksch*, DB 2002, 341 (344) (Carried Interest als – dem Finanzkapital gleichzustellendes – „Humankapital").

292 Die exponierte Stellung der Initiatoren wird in den Fonds-Verträgen besonders deutlich, wenn die Investoren sich – wie üblich – die Bindung der jeweiligen Initiatoren an den Fonds vertraglich zusichern lassen („*Key Persons*").

Kapital anvertrauen. Sie versprechen den Investoren mit ihrem Namen, ihrer Seriosität und ihrer Erfahrung renditeträchtige Beteiligungserwerbe. Gleichzeitig stehen vor allem die Initiatoren auch mit ihrem Fachwissen, Kontakten und Netzwerk aus Sicht der Zielunternehmen für die erhoffte Steigerung des Unternehmenswertes.[293]

Die Gesamtheit der Beiträge der Initiatoren und ihre Bedeutung für den Investitionserfolg des Fonds bedingen also, dass die Gewinnbeteiligung der Initiatoren, um angemessen zu sein, entsprechend über ihren (limitierten) Kapitalbeiträgen liegen und damit kapitaldisproportional sein muss.[294] Diese Bewertung des Carried Interest und seiner Angemessenheit ergibt sich aus den Kriterien, die die Rechtsprechung bei der Angemessenheitsprüfung einer Gewinnverteilung heranzieht.

cc) Bestätigt wird die Anerkennung disproportionaler Gewinnabreden durch einen Vergleich zu kapitaldisproportionalen Gewinnverteilungen bei *Kapitalgesellschaften*. Diese erkennen Rechtsprechung[295] und Finanzverwaltung[296] an, wenn dafür „beachtliche wirtschaftlich vernünftige, außersteuerliche Gründe" angeführt werden können, die gegen einen steuerlichen Missbrauch sprechen.[297]

Für Personengesellschaften, deren „Wesen" nicht gleichermaßen durch die reine Überlassung von Kapital gekennzeichnet ist, ergibt sich hieraus, dass bei ihnen inkongruente Gewinnabreden erst recht dem Angemessenheitsgebot gerecht werden.

dd) Im Ergebnis sind kapitaldisproportionale Gewinnabreden wie der Carried Interest damit steuerlich uneingeschränkt anzuerkennen, mit der Folge, dass sich der Carried Interest auch insoweit seiner Rechtsnatur nach als originärer Gewinnanteil einordnen lässt.

---

293 *Herzig/ Gocksch*, DB 2002, 600 (603). Die Autoren stellen auch auf frühere Fertigkeiten der Initiatoren ab, die sich aus dem *Track record* ergäben.

294 Vgl. auch *Töben/ Schrepp*, DStR 2019, 526 (529).

295 BFH, Urteil v. 19.8.1999, I R 77/96, BFHE 189, 342, BStBl. II 2001, 43, DStR 1999, 1849, wonach eine inkongruente Gewinnverteilung grundsätzlich auch dann steuerlich anzuerkennen sei, wenn andere als steuerliche Gründe nicht ersichtlich seien.

296 BMF-Schreiben v. 17.12.2013, IV C 2-S 2750-a/11/10001, DStR 2014, 36.

297 *Bender/ Bracksiek*, DStR 2014, 121; *Birnbaum/ Escher*, DStR 2014, 1413; *Dunkmann/ Schönhaar*, GWR 2014, 361; *Erhart/ Riedel*, BB 2008, 2266; *Forst/ Schaaf/ Hannweber*, GmbH-StB 2014, 268; *Fuhrmann*, KÖSDI 2017, 20563.

4. Steuerlicher Missbrauch

a) Nur vereinzelt prüft der BFH bei Personengesellschaften und den vereinbarten kapitaldisproportionalen Gewinnabreden, ob diese rechtsmissbräuchlich sind.[298]

§ 42 AO bildet die Generalklausel für eine Steuerumgehung im Allgemeinen.[299] Diese liegt vor, wenn ein Sachverhalt von den Beteiligten so gestaltet wird, dass eine ungünstige Steuerfolge vermieden wird, indem die Beteiligten eine unangemessene rechtliche Gestaltung wählen, die beim Steuerpflichtigen oder einem Dritten im Vergleich zu einer angemessenen Gestaltung zu einem gesetzlich nicht vorgesehenen Steuervorteil führt.[300] Eine unangemessene Gestaltung ist anzunehmen, wenn der wirtschaftlich angestrebte Erfolg nicht auf dem direkten Wege, den der Gesetzgeber für einen solchen wirtschaftlichen Sachverhalt bereithält, erreicht wird, sondern über künstlich wirkende Umwege.[301]

Der BFH scheint zurecht davon auszugehen, dass eine Gewinnverteilungsabrede, die unter fremden Dritten bei einem natürlichen Interessengegensatz zustande kommt und damit als angemessen anzusehen ist, nicht ohne Weiteres als rechtsmissbräuchlich eingestuft werden kann.[302] Ein Rechtsmissbrauch kann daher nur bei besonderen Umständen in Betracht kommen.

b) Dem ist für den Carried Interest uneingeschränkt zuzustimmen. Die Gewährung eines Carried Interest stellt für die Betroffenen keine „umständliche" Form dar, die Leistungsbeiträge der Initiatoren zu vergüten.[303] Vielmehr beruht die Verankerung des – vom Erfolg der immateriellen Beiträge der Initiatoren abhängigen – Carried Interest im Rahmen der allgemeinen Gewinnverteilung auf Fonds-Ebene auf einer für alle Beteiligten wirtschaftlich in jedem Fall nachvollziehbaren Entscheidung.[304]

---

298 Siehe z.B. BFH, Urteil v. 25.9.2018, IX R 35/17, BFHE 262, 418, BStBl. II 2019, 167, DStR 2019, 94; zuletzt auch FG München ohne dahingehende Prüfung, vgl. Urteil v. 17.11.2020, 12 K 2334/18 (Rev. eingelegt, Az. BFH: VIII R 3/21), DStRE 2021, 587; vgl. Urteilsbesprechung unter Zweites Kapitel B. V. 2.

299 *Englisch* in Tipke/ Lang, Kap. 5 Rn. 5.117.

300 § 42 Abs. 2 S. 1 AO.

301 *Englisch* in Tipke/ Lang, Kap. 5 Rn. 5.127.

302 Vgl. Fn. 301.

303 BFH, Urteil v. 17.1.1991, IV R 132/85, BFHE 163, 449, BStBl. II 1991, 607, DStR 1991, 609.

304 Vgl. BFH, Beschluss v. 29.5.1972, GrS 4/71, BFHE 106, 504, BStBl. II 1973, 5, BeckRS 1972, 22001611, wonach eine Rechtsgestaltung unangemessen ist, wenn

Der Carried Interest ist das Mittel, mit dem die Investoren und Initiatoren, denen ein besonderer Erfolgsanreiz gesetzt wird, gleichermaßen unmittelbar von dem (überproportionalen) Erfolg des Fonds profitieren können. Die Kapitaldisproportionalität der Gewinnabrede beim Carried Interest ist also kein besonderer Umstand, der nach § 42 AO der steuerlichen Anerkennung des Carried Interest als Gewinnanteil entgegensteht.[305]

V. Abweichende Beurteilung des Carried Interest bei Zugrundelegung der Bruchteilsbetrachtung

Die Einkünftequalifikation des Carried Interest als eines kapitaldisproportionalen Gewinnanteils des Initiators (Rechtsnatur des Carried Interest) wird von der Finanzverwaltung nicht anerkannt, obwohl auch die Finanzverwaltung (im Einklang mit der BFH-Rechtsprechung) grundsätzlich nur bei Familienpersonengesellschaften (oder sonstigen konkreten Anhaltspunkten zu einem fehlenden Interessengegensatz) die Angemessenheit einer von den zivilrechtlichen Beteiligungsverhältnissen abweichenden gesellschaftsrechtlichen Gewinnverteilungsabrede in Frage stellt.[306]

Die Finanzverwaltung gelangt seit dem Jahr 2003 auf Basis des PE-Erlasses zu einer von der herrschenden Meinung in der Literatur[307] und

verständige Parteien in Anbetracht des wirtschaftlichen Sachverhalts und der gewählten Zielsetzung nicht in der gewählten Weise verfahren wären.

305 So auch *Faigle*, S. 180; *Gocksch*, S. 263.

306 H.21.6 „Abweichende Zurechnung" EStR 2012, wonach (nur) bei Gewinnabreden unter Angehörigen ein Fremdvergleich und ggf. eine steuerliche Korrektur vorzunehmen sei; vgl. BFH, Beschluss v. 29.5.1972, GrS 4/71, BFHE 106, 504, BStBl. II 1973, 5, BeckRS 1972, 22001611 (unter IV. 2. b) aa). Diesen Ausführungen hat sich die FinanzV – wie gesehen – mit der Aufnahme des Urteils in das BStBl. II angeschlossen.

307 Vgl. u.a. *Altfelder*, FR 2005, 6 (7); *Bauer/ Gemmeke*, DStR 2004, 579 (584); *Baumgartner*, DStR 2021, 1858 (1861f.); *Behrens*, FR 2004, 1211 (1216); *Birnbaum/ Escher*, DStR 2014, 1413 (1416f.); *Buge*, Ubg 2019, 432; *Figna/ Goldacker/ Mayta*, DB 2005, 966 (967); *Herzig/ Gocksch*, DB 2002, 600 (603); *Lorenz*, DStR 2001, 821 (823); *Töben/ Schrepp*, DStR 2019, 526 (531); *Tulloch/ Wellisch*, DStR 1999, 1093 (1094); *Watrin/ Gocksch*, DB 2002, 341 (344f.); *Watrin/ Struffert*, BB 2004, 1888; *Weber Grellet*, DStR 2018, 992 (994); *Weitnauer*, BKR 2004, 89 (91); a.A. *Lothmann*, BB 1986, 2100 (2101f.).

Rechtsprechung[308] abweichenden Rechtsauffassung, deren Berechtigung es nachfolgend zu prüfen gilt.[309]

Zwar hat der Gesetzgeber für den Carried Interest, der von den Initiatoren über vermögensverwaltende Fonds bezogen wird, mit § 18 Abs. 1 Nr. 4 EStG eine Rechtsgrundlage geschaffen. Die Rechtsauffassung der Finanzverwaltung aus dem PE-Erlass strahlt aber bis heute auf die Diskussion über die Besteuerung des Carried Interest in- und außerhalb des § 18 Abs. 1 Nr. 4 EStG aus, sodass der PE-Erlass einer eingehenden Prüfung bedarf.[310]

1. PE-Erlass

Das BMF stellt für die Fonds-KG ebenfalls einheitlich Einkünfte aus Kapitalvermögen fest, soweit die Fonds-KG Beteiligungserträge aus den Zielunternehmen erzielt.[311] Diese Beteiligungserträge seien den Gesellschaftern (und damit auch den Initiatoren) aber nicht nach Maßgabe der Gewinnverteilungsabrede zuzurechnen.[312]

Vielmehr finde eine Einkünftezurechnung der auf Fonds-Ebene festgestellten Kapitaleinkünfte an die einzelnen Gesellschafter anhand ihrer jeweiligen Kapitalbeteiligungen statt. In der Folge seien den Investoren – bei einer (hier annahmegemäßen) Kapitalbeteiligung in Höhe von 99 Prozent[313] – auch entsprechend 99% der Gewinne und Verluste steuerlich zuzurechnen. Der kapital*disproportionale* Gewinnanteil, den die Initiatoren als Carried Interest zugewiesen bekommen, stelle für die Initiatoren eine Tätigkeitsvergütung dar (§ 18 Abs. 1 Nr. 3 EStG); d.h. der Carried Interest

308 FG München, Urteil v. 17.11.2020, 12 K 2334/18 (Rev. eingelegt, Az. BFH: VIII R 3/21), DStRE 2021, 587; siehe hierzu nachfolgend unter 2.

309 Vgl. Gesetzeshistorie unter Zweites Kapitel A. II.

310 Das Dritte Kapitel untersucht u.a., inwieweit sich der PE-Erlass auf die Anwendbarkeit und Reichweite des § 18 Abs. 1 Nr. 4 EStG auswirkt.

311 BMF-Schreiben v. 16.12.2003, IV A-6-S2240-153/03, FR 2004, 177-180 (unter Rz. 24).

312 Diese Schlussfolgerung ergibt sich zwangsläufig aus dem PE-Erlass und dessen Wertung des Carried Interest als ein von den Investoren an die Initiatoren zu zahlendes „verdecktes Entgelt". Im ersten Schritt muss das vom BMF angenommene „Entgelt" also auf Fonds-Ebene den Einkünften der Investoren zuzurechnen sein.

313 Vgl. Schaubild im Ersten Kapitel unter C. I.

sei als (originärer) Ergebnisanteil der Investoren in eine Tätigkeitsvergütung beim Initiator umzuqualifizieren.[314]

Das BMF begründet die Umqualifikation des Carried Interest mit der Bruchteilsbetrachtung:[315] Nach der Bruchteilsbetrachtung richte sich die steuerliche Ergebnisbeteiligung des einzelnen Gesellschafters (so auch des Initiators) nach (dem Bruchteil) seiner kapitalmäßigen Beteiligung an der Gesamthand. Nur in dem Umfang seiner Kapitalbeteiligung seien dem Initiator die Kapitaleinkünfte der Fonds-KG als Beteiligungserträge zuzurechnen. Das BMF verweist in diesem Zusammenhang auf eine Reihe von seiner Ansicht nach einschlägigen BFH-Urteilen.[316]

Für die Finanzverwaltung ist es im Übrigen ohne Belang, dass die Investoren in der Praxis keine als „Tätigkeitsvergütung" deklarierte Zahlung des Carried Interest an die Initiatoren leisten, da der Carried Interest als ein „verdecktes Entgelt" anzusehen sei, das den Initiatoren auf abgekürztem Zahlungsweg (fiktiv) überlassen werde.

2. Urteil des FG München vom 17.11.2020

Mit Urteil v. 17.11.2020 hat sich das FG München mit der Besteuerung des Carried Interest im Rahmen grenzüberschreitender vermögensverwaltender Strukturen befasst.[317]

---

314 Und damit nicht bei der zwischengeschalteten Carry-KG; vgl. BMF-Schreiben v. 16.12.2003, IV A 6-S2240-153/03, FR 2004, 177-180 (unter Rn. 24) („Nur soweit der Gewinnanteil der *mittelbar oder unmittelbar* beteiligten Initiatoren *ihrem* Anteil an der Gesamthand entspricht, können diese Einnahmen als Einnahmen i.S.d. §§ 17, 20, 23 EStG gewertet werden."); zustimmend *Steiner/ Wichert* in: Lademann, EStG, § 18 Rn. 812.

315 § 39 Abs. 2 Nr. 2 AO.

316 BMF-Schreiben v. 16.12.2003, IV A-6-S2240-153/03, FR 2004, 177-180 (unter Rz. 24); die dabei von dem BMF zitierten BFH-Urteile werden nachgehend unter Zweites Kapitel B. V. 3. b) erörtert.

317 FG München, Urteil v. 17.11.2020, 12 K 2334/18 (Rev. eingelegt, Az. BFH: VIII R 3/21), DStRE 2021, 587).

a) Sachverhalt

aa) Bei der Klägerin handelte es sich um eine ausländische, vermögensverwaltende und transparente Fonds-Gesellschaft („Fonds").[318] An dem Fonds war zum einen eine ausländische „Carry-Gesellschaft" beteiligt, an der sich die Initiatoren wiederum mittelbar über zwei ausländische Schwester-Gesellschaften beteiligten.[319] Zum anderen waren an dem Fonds unmittelbar in- und ausländische Investoren beteiligt.[320] Sämtliche Gesellschafter bezogen über den Fonds Einkünfte aus Kapitalvermögen (§ 20 EStG).

bb) Streitfrage war die steuerliche Behandlung des Carried Interest aus Sicht der inländischen *Investoren*, den die Initiatoren mittelbar über die Carry-Gesellschaft als kapitaldisproportionalen Gewinnanteil auf Grundlage des Fonds-Vertrags zugewiesen bekamen. Der Fonds-Vertrag sah eine Gewinnverteilung im Verhältnis 70/30 zu Gunsten der Investoren nach Maßgabe der *Waterfall-Distribution-Method* vor.

Der Fonds reichte für die inländischen Investoren für die Streitjahre gesonderte und einheitliche Feststellungserklärungen über die disquotale Gewinnverteilung ein. Nachdem die Beklagte (Finanzamt) den Feststellungserklärungen zunächst unter dem Vorbehalt der Nachprüfung gefolgt war, erließ die Beklagte nach einer erfolgten Betriebsprüfung (BP) geänderte Feststellungsbescheide, in denen sie der Klägerin die steuerliche Anerkennung der vereinbarten kapitaldisproportionalen Gewinnverteilung versagte:

Der Rechtsauffassung des PE-Erlasses entsprechend handele es sich bei dem Carried Interest – entgegen der gesellschaftsvertraglichen Abrede – um einen originären Gewinnanteil der Investoren. Diesen, den Investoren zustehenden Gewinnanteil überließen sie den Initiatoren im Wege eines verkürzten Zahlungsweges. Der Carried Interest stelle damit eine Tätigkeitsvergütung für die Dienste der Initiatoren dar; er begründe aus Sicht der Investoren eine (grundsätzlich steuerlich unbeachtliche) Einkommensverwendung. In der Folge könne der Carried Interest von den Investoren nur eingeschränkt einkommensmindernd als Werbungskosten in Abzug gebracht werden.

---

318 Bei der Fonds-Gesellschaft handelte es sich um eine nach dem Recht der Cayman Islands gegründeten *Limited Partnership*, vergleichbar einer deutschen KG.

319 In einer dieser Schwester-Gesellschaften bündelten die Initiatoren ihre immateriellen, in der anderen Schwester-Gesellschaft hingegen ihre materiellen Gesellschafterbeiträge.

320 Als sog. *Limited Partner*, vergleichbar einem deutschen Kommanditisten.

b) Entscheidungsgründe

Das FG München hat der Klägerin im Urteilsfall Recht gegeben und den Carried Interest als kapitaldisproportionalen Gewinnanteil anerkannt. Zur Begründung verweist der Senat auf die nach seiner Ansicht grundsätzlich auch für das Steuerrecht maßgebliche Gewinnverteilungsabrede:

aa) Eine Gewinnverteilungsabrede sei auch dann steuerlich anzuerkennen, wenn sie eine von den Beteiligungsverhältnissen abweichende, inkongruente Verteilung vorsehe. Etwas anderes gelte nur, wenn (i) die Gewinnverteilung nicht ihren Grund im Gemeinschaftsverhältnis habe, (ii) die Gewinnverteilung rückwirkend beschlossen worden sei oder (iii) es sich um eine (verdeckte) schuldrechtliche Tätigkeitsvergütung[321], nicht aber um eine Gewinnabrede handele. Diese, einer steuerlich anzuerkennenden Gewinnverteilung entgegenstehenden Voraussetzungen seien vorliegend nicht erfüllt. Insbesondere hätten die Gesellschafter den Carried Interest auf gesellschaftsrechtlicher Grundlage als disproportionalen Gewinnanteil für einen Gesellschafterbeitrag i.S.d. § 706 Abs. 3 BGB vereinbart. § 18 Abs. 1 Nr. 4 EStG erkenne eine disproportionale Gewinnverteilung auf Ebene des Fonds an.[322]

bb) Die Rechtsnatur des Carried Interest als eines kapitaldisproportionalen Gewinnanteils ändere sich zudem auch nicht unter Hinzuziehung von § 39 Abs. 2 Nr. 2 AO.

Zwar hält der Senat die Bruchteilsbetrachtung für die Einkünftezurechnung bei vermögensverwaltenden Fonds ebenfalls für anwendbar. Anders als das BMF stellt der Senat aber für die anschließende Einkünftezurechnung nicht auf die reinen Kapitalanteile, sondern auf die (kapitaldisproportionale) Gewinnverteilungsabrede der Gesellschafter ab. Insbesondere gelte es, die „*gemeinsam* verwirklichen Einkünftetatbestände" zu beachten:

> „(…) Bei der Bruchteilsbetrachtung nach § 39 Abs. 2 Nr. 2 AO werden den Gesellschaftern – anders als bei der Mitunternehmerschaft mit Betriebsvermögen – die anteilig an der vermögensverwaltenden Personengesellschaft erzielten Einkünfte aus Kapitalvermögen nach Maßgabe des allgemeinen Gewinnverteilungsschlüssels bezogen auf

---

321 Auf die Frage zur Abgrenzung eines gesellschaftsrechtlichen Gewinnanteils zu einer (verdeckten) schuldrechtlichen Tätigkeitsvergütung wird anschließend unter Zweites Kapitel B. VI. näher eingegangen.

322 Das FG München-Urteil wird in Bezug auf seine Ausführungen zur Systematik des § 18 Abs. 1 Nr. 4 EStG i.R.d. des Dritten Kapitels noch einmal analysiert (insb. Drittes Kapitel unter B. II. und III.)

die gemeinsam verwirklichten Einkünftetatbestände zugewiesen. Diese Verknüpfung mit den unterliegenden Einkunftsquellen ist auch dann zu beachten, wenn die Gewinnverteilung im Wege eines erhöhten (disproportionalen) Gewinnanteils oder Ergebnisvorabs erfolgt."[323]

3. Bewertung

Das Urteil des FG München zur Rechtsnatur des Carried Interest bei vermögensverwaltenden Fonds befindet sich auf einer Linie mit der ständigen BFH-Rechtsprechung zur grundsätzlichen steuerlichen Anerkennung kapitaldisproportionaler Gewinnabreden.[324] Insoweit legt das FG München die steuerlichen Bewertungsmaßstäbe des BFH an. Auch gelangt das FG München – anders als der PE-Erlass – trotz Anwendung der Bruchteilsbetrachtung bei der steuerlichen Bewertung des Carried Interest nicht zu einer Umqualifikation der Rechtsnatur des Carried Interest (als der auf Fonds-KG-Ebene erzielten Kapitaleinkünfte) in eine Tätigkeitsvergütung beim Initiator.

Im Folgenden wird die Bruchteilsbetrachtung daher einer näheren Prüfung unterzogen. Es wird geprüft, ob (i) die Bruchteilsbetrachtung überhaupt unmittelbar für die (Kapital-)Einkünftezurechnung bei vermögensverwaltenden VC Fonds herangezogen werden kann, und wenn ja, (ii) ob sich hieraus die Einkünftezurechnung des Carried Interest an die Initiatoren (allein) nach deren Kapitalanteilen ergibt.

a) Anwendbarkeit der Bruchteilsbetrachtung

aa) Nach § 39 Abs. 2 Nr. 2 AO werden *Wirtschaftsgüter*, die mehreren zur gesamten Hand zustehen, den Beteiligten anteilig (nach Bruchteilen) zugerechnet, soweit eine getrennte Zurechnung für die Besteuerung erforderlich ist. Dem Gesetzeswortlaut nach bezieht sich die Vorschrift daher nicht auf die Zurechnung von Einkünften.[325]

---

323 FG München, Urteil v. 17.11.2020, 12 K 2334/18 (Rev. eingelegt, Az. BFH: VIII R 3/21), DStRE 2021, 587) (unter Entscheidungsgründe II. 1. c).

324 Vgl. Zweites Kapitel unter B. IV.; vgl. zudem Fn. 223.

325 So *Buge*, Ubg 2019, 432 (438), so dass es für eine Umqualifikation des Carried Interest als Gewinnanteil in eine Tätigkeitsvergütung an einer Rechtsgrundlage fehle; so auch *Baumgartner*, DStR 2021, 1858, 1863); *Schnittker/ Steinbiß*, IStR 2015, 760 (762ff.); *Weber-Grellet*, DStR 2018, 992 (997).

Für die Einkünftezurechnung ist nach dem Leistungsfähigkeitsprinzip allein darauf abzustellen, wer die Einkünfte „erzielt" und damit durch seine persönliche Leistung einen der Einkünftetatbestände des EStG[326] verwirklicht.[327] Dafür ist wiederum zu unterscheiden, *wem* und *in welcher Höhe* die in Frage stehenden Einkünfte als Steuerpflichtigem zuzurechnen sind: Grundsätzlich gehen die persönliche Einkünftezurechnung dem Grunde und der Höhe nach zwar miteinander einher, da Einkünfte nach dem steuerlichen Leistungsfähigkeitsprinzip demjenigen in dem Umfang zuzurechnen sind, in dem der Steuerpflichtige einen bestimmten Einkünftetatbestand durch seine persönliche Leistung verwirklicht. Bei Einkünften, die durch persönlichen Arbeitseinsatz[328] erzielt werden, ist daher darauf abzustellen, wer die steuerrelevante Tätigkeit in welchem Umfang selbst ausübt.[329]

bb) Bei sog. Vermögenseinkünften (wie Kapitaleinkünften), die nur durch den Einsatz von Vermögen erzielt werden, bedarf es aber konkretisierender Zurechnungsregeln, da für diese im Einzelfall nur schwer an eine tatsächliche Leistungserbringung angeknüpft werden kann, wenn sich die Leistung auf die Überlassung von Kapital beschränkt.[330]

Hier kann § 39 AO, aus dem sich die wirtschaftliche Betrachtungsweise des Steuerrechts als teleologisches Auslegungsprinzip ergibt,[331] für die persönliche Einkünftezurechnung fruchtbar gemacht werden, wenn es um die Zuordnung von Wirtschaftsgütern geht, mittels derer Einkünfte durch den Steuerpflichtigen erzielt werden.[332]

Danach sind Wirtschaftsgüter dem zivilrechtlich bzw. wirtschaftlich Berechtigten zuzuordnen. Wirtschaftlich berechtigt ist dabei derjenige, der über das Vermögen, das als sachliche Einkunftsquelle zur Erzielung

326 §§ 13 bis 24 EStG.

327 Vgl. Zweites Kapitel unter B. III. 1; siehe auch *Engel*, S. 96f., wonach § 39 AO für die Frage nach der Einkünftezurechnung nicht geeignet sei.

328 Z.B. §§ 18, 19 EStG.

329 *Hey* in: Tipke/ Lang, Kap. 8 Rn. 8.151ff.

330 *Hey* in: Tipke/ Lang, Kap. 8 Rn. 8.152.

331 Siehe *Lang/ Seer*, FR 1992, 637 (639).

332 § 39 AO wird daher nur ergänzend für die Zurechnung von Einkünften herangezogen (*Levedag* in: BeckOK EStG, K/ K/ R, § 18 Rn. 513). Dem liegt der Gedanke zugrunde, dass die Zuordnung von WG und die Bestimmung der Einkünfteerzielungssubjekte i.d.R. miteinander einhergehen, da zumeist nur derjenige, der wirtschaftlich über ein WG verfügen, hiermit auch Einkünfte erzielen kann (*König* in: König, AO, § 39 Rn. 6).

von Einkünften am Markt leistungssteigernd eingesetzt wird, *disponieren* kann.[333]

cc) Für vermögensverwaltende – Vermögenseinkünfte erzielende – VC Fonds als Gesamthandsgemeinschaften lässt sich aus dem Rechtsgedanken des § 39 AO ihre Dispositionsbefugnis über die jeweiligen Kapitalnutzungsverhältnisse aus den Beteiligungen an den Zielunternehmen ableiten. Insoweit kann § 39 AO hilfsweise für die – bereits erörterte[334] – Frage herangezogen werden, wer überhaupt Kapital zur Nutzung überlässt und damit Kapitaleinkünfte erzielt.[335]

Die danach bei dem VC Fonds anzusiedelnde Dispositionsbefugnis über die einzelnen Kapitalnutzungsverhältnisse trägt der Einheitsbetrachtung des Großen Senats[336] Rechnung: So sind es die Gesellschafter (Investoren und Initiatoren), die gesamthänderisch über ihre jeweiligen materiellen und immateriellen Gesellschafterbeiträge den Einkünftetatbestand des § 20 EStG verwirklichen, indem sie über die Beteiligungen an den Zielunternehmen gesamthänderisch disponieren.

b) Bruchteilsbetrachtung als Aufteilungsmaßstab

aa) Ob die Bruchteilsbetrachtung aber – wie es wohl das FG München annimmt – auch unmittelbar für die persönliche Einkünftezurechnung des Carried Interest bei VC Fonds herangezogen werden kann, kann im Ergebnis offenbleiben.

Für eine Anwendung der Bruchteilsbetrachtung spricht, dass die Fonds-KG als partielles Steuerrechtssubjekt anzusehen,[337] selbst aber nach dem EStG nicht Steuerschuldnerin ist. Die Anwendung von § 39 Abs. 2 Nr. 2 AO für die Besteuerung bedingte dann eine unmittelbare, anteilige Zu-

333 Siehe *Lang/ Seer*, FR 1992, 637 (638f.); vgl. *Hermes*, FR 2018, 825 (831). Die Einkunftsquelle wurde früher i.S. eines dinglichen Rechts verstanden. Heute wird anlehnend an *Ruppe* die Einkunftsquelle in eine tatsächliche und rechtliche Beziehung zu dem betreffenden Steuersubjekt gesetzt (*Musil* in: H/ H/ R, EStG, § 2 Rn. 102 m.V.a. *Ruppe*, DStJG 1 (1979), 7 (18).

334 Vgl. Zweites Kapitel unter B. II. 2.

335 Vgl. *Baumgartner*, DStR 2021, 1858, 1863); *Buge* in: H/ H/ R, EStG, § 20 Rn. 20;

336 BFH, Beschluss v. 25.6.1984, GrS 4/82, BFHE 141, 405, BStBl. II 1984, 751, NJW 1985, 93.

337 BFH, Beschluss v. 25.6.1984, GrS 4/82, BFHE 141, 405, BStBl. II 1984, 751, NJW 1985, 93.

rechnung der Beteiligungen der Fonds-KG an die Initiatoren.[338] Dies scheitert aber daran, dass § 39 AO weder einen unmittelbaren Aufteilungsmaßstab für die Zurechnung von Wirtschaftsgütern noch einen mittelbaren Aufteilungsmaßstab für die Zurechnung von Einkünften an den Gesamthänder vorsieht.[339]

bb) Auch das FG München stellt in einem ersten Schritt auf die von dem Fonds insgesamt erzielten Kapitaleinkünfte ab, weist diese Einkünfte den Gesellschaftern aber in einem zweiten Schritt – entsprechend seinem Verständnis von dem Aufteilungsmaßstab der Bruchteilsbetrachtung – „nach Maßgabe des allgemeinen Gewinnverteilungsschlüssels bezogen auf die gemeinsam verwirklichten Einkünftetatbestände“ zu.

Damit gelangt das FG München zwar über die Anwendung der Bruchteilsbetrachtung zu einer direkten Zurechnung von *Einkünften*, gleichzeitig betont es aber die untrennbare „Verknüpfung mit den unterliegenden Einkunftsquellen“, weshalb sich die Rechtsnatur des Carried Interest als Gewinnanteil auf Fonds-Ebene durch die Anwendung der Bruchteilsbetrachtung beim Initiator gerade nicht ändern könne.

Das FG München ist damit ebenfalls der Auffassung, dass für die Einkünftezurechnung *der Höhe nach* der Rückgriff auf den reinen Kapitalanteil zur Bestimmung der Leistungsfähigkeit zu kurz greift.[340]

Dies muss für Kapitaleinkünfte als Vermögenseinkünfte jedenfalls dann auch in den Fällen gelten, in denen sich die Gesellschafter nicht auf die Überlassung von Kapital beschränken, sondern – wie beim Carried Interest – darüber hinaus gehende immaterielle Leistungsbeiträge erbringen. Besondere Leistungsbeiträge müssen also zur Bestimmung der steuerlichen Leistungsfähigkeit des einzelnen Initiators herangezogen werden.[341]

Welchen steuerlichen „Wert“ die jeweils in Frage stehenden immateriellen Leistungsbeiträge haben, kann sich nur aus der unter fremden Dritten vereinbarten Gewinnverteilungsabrede ergeben, nach der sich die Einkünf-

338 Gegen die „Erforderlichkeit“ der Bruchteilsbetrachtung für die Zurechnung des Carried Interest, *Schnittker/ Steinbiß*, IStR 2015, 760 (764).

339 So auch *Baumgartner*, DStR 2021, 1858, 1863); *Buge*, Ubg 2019, 432 (438); *Gocksch*, S. 270; s. auch *Weber-Grellet*, DStR 2018, 992 (997), wonach zwischen der *Vermögens-* und der *Erfolgs*beteiligung zu unterscheiden sei. Nur auf die Vermögensbeteiligung sei § 39 AO anzuwenden.

340 Vgl. Zweites Kapitel unter B. IV. 3. b).

341 Vgl. *Musil* in: H/ H/ R, EStG, § 2 Rn. 165, 166, wonach sich der jeweilige Anteil, den der Gesellschafter zur Einkünfteerzielung beiträgt, nicht nach dem Kapitalanteil bemesse.

tezurechnung bemisst.[342] Dieser Auffassung hat sich nun ausdrücklich auch das FG München bei der Einkünftezurechnung des Carried Interest als kapitaldisproportionalem Gewinnanteil angeschlossen.[343]

cc) Soweit das BMF in dem PE-Erlass auf aus Sicht der Finanzverwaltung angeblich anders lautende BFH-Rechtsprechung verweist,[344] in der der BFH die Bruchteilsbetrachtung anwende, bemerken *Schnitter/ Steinbiß* zutreffend, dass der BFH in den zitierten Urteilsfällen die Bruchteilsbetrachtung ausschließlich auf die Bestimmung der Beteiligungsgrenze aus § 17 EStG beziehe.[345] Der Verweis des PE-Erlasses ist daher in seiner Allgemeinheit unzutreffend:

§ 17 EStG bildet einen Sondertatbestand innerhalb des EStG.[346] Dieser stellt für die Anteilseigner bestimmte Veräußerungsgewinne aus dem Privatvermögen steuerpflichtig.[347] Für diese Zwecke knüpft § 17 EStG seinem Wortlaut nach an den Veräußerer und dessen Anteil am Kapital der Gesellschaft an. Damit sollen nach dem gesetzgeberischen Willen Gewinne, die an sich der nicht steuerbaren privaten Vermögenssphäre unterfallen, ab einer „qualifizierten" Beteiligungshöhe mitunternehmerischen Gewinnanteilen gleichgestellt und hierdurch eine Besteuerung der stillen Reserven erreicht werden.[348] Dabei stellt § 17 EStG in lediglich typisierender Form auf die Beteiligungshöhe des einzelnen Gesellschafters an einer Kapitalgesellschaft von mindestens einem Prozent ab.

Befindet sich demnach die Beteiligung an einer Kapitalgesellschaft (Zielunternehmen) im Vermögen einer Gesamthandsgemeinschaft (Fonds-KG), so bestimmt sich die Beteiligungsquote des einzelnen Gesellschafters (In-

---

342 Vgl. Zweites Kapitel unter B. III. 2. a); vgl. auch *Schnittker/ Steinbiß*, IStR 2015, 760 (765), wonach eine abweichende Handhabung des § 39 AO durch die Rspr. eine widersprüchliche Spruchpraxis bedeutete.

343 FG München, Urteil v. 17.11.2020, 12 K 2334/18 (Rev. eingelegt, Az. BFH: VIII R 3/21), DStRE 2021, 587.

344 BFH-Urteil v. 12.6.1980, IV R 128/77, BFHE 131,49, BStBl. II 1980, 646; Urteil, v. 27.3.1979, VIII R 209/77, BFHE 128, 191, BStBl. II 1979, 724; Urteil v. 7.4.1976, I R 75/73, BFHE 119, 146, BStBl. II 1976, 557.

345 *Schnittker/ Steinbiß*, IStR 2015, 760 (765); zust. *Buge*, Ubg 2019, 432 (438).

346 *Schnittker/ Steinbiß*, IStR 2015, 760 (764f.). Die Norm bilde die Ausnahme zu dem Grundsatz, dass Einkünfte auf Ebene der Personengesellschaft zu qualifizieren seien.

347 *Trossen* in: BeckOK EStG, K/ K/ R, § 17 Rn. 5, 6.

348 *Gosch* in: Kirchhof, EStG, § 17 Rn. 1.

vestoren und Initiatoren) allein für Zwecke des § 17 EStG nach dessen Anteil am Nennkapital an der Kapitalgesellschaft.[349]

Es bleibt aber dabei, dass die Gesamthandsgemeinschaft (Fonds-KG) auf ihrer Ebene weiterhin Überschusseinkünfte in Form von Kapitaleinkünften nach § 20 EStG erzielt, die lediglich im Falle einer „qualifizierten" Beteiligung eines Gesellschafters auf dessen Ebene in solche aus Gewerbebetrieb umzuqualifizieren wären.[350]

Aber auch im Falle der qualifizierten Beteiligung eines Initiators i.S.d. § 17 Abs. 1 EStG „verliert" der Carried Interest hierdurch nicht seine Rechtsnatur als kapitaldisproportionaler Gewinnanteil. Denn auch dann ist – mit den Worten des FG München – stets die „untrennbare Verknüpfung (des Carried Interest) mit den unterliegenden Einkunftsquellen" auf Fonds-Ebene zu beachten.

dd) Zugleich wird der unmittelbare Anwendungsbereich der Bruchteilsbetrachtung bei Veräußerungsgeschäften zwischen einer vermögensverwaltenden Gesellschaft und ihren Gesellschaftern deutlich. Bei derartigen Geschäften werden Anschaffungsvorgänge durch die Gesellschaft nur insoweit steuerlich anerkannt, wie sich die Anteile der Gesellschafter an den jeweiligen *Wirtschaftsgütern* gegenüber den bisherigen Beteiligungsquoten erhöhen.[351] Durch die Fiktion der Gesamthand als einer steuerlichen Bruchteilsgemeinschaft findet also eine unmittelbare anteilige Zurechnung der Wirtschaftsgüter an die Gesellschafter statt, mit der Folge, dass Veräußerungsgeschäfte in dem Umfang nicht wie unter fremden Dritten anerkannt werden, da es insoweit am Vollzug eines Rechtsträgerwechsels fehlt.[352]

4. Zwischenergebnis

Der Rechtsgedanke des § 39 AO zur Bruchteilsgemeinschaft ermöglicht zwar eine Hilfestellung für die persönliche Zurechnung von Kapitaleinkünften bei VC Fonds, bietet darüber hinaus aber jedenfalls keinen Maßstab für die Einkünftezurechnung der Höhe nach. Es verbietet sich daher

---

349 *Trossen* in: BeckOK EStG, K/ K/ R, § 17 Rn. 276; „typisierender" Charakter des § 17 EStG, siehe auch BFH, Urteil v. 13.7.1999, VIII R 72/98, BFHE 190, 87, BStBl. II 1999, 820.

350 *Schnittker/ Steinbiß*, IStR 2015, 760 (764).

351 BFH, Urteil v. 2.4.2008, IX R 18/06, BFHE 221, 1, BStBl. II 2008, 679, DStR 2008, 1131.

352 *Milatz/ Sax*, DStR 2017, 141 (143).

die von der Finanzverwaltung auf Grundlage der Bruchteilsbetrachtung vorgenommene Umqualifikation des Carried Interest als eines kapitaldisproportionalen Gewinnanteils in eine Tätigkeitsvergütung. Diese Auffassung wird durch das zitierte Urteil des FG München bestätigt.

VI. Eigenständige Leistungsbeziehung außerhalb des Gesellschafterverhältnisses

Die vorgenommene Einordnung des Carried Interest als eines kapitaldisproportionalen Gewinnanteils kann aber nur aufrechterhalten werden, wenn sich der mit ihm „vergütete“ immaterielle Beitrag der Initiatoren nicht als Tätigkeitsvergütung auf Grundlage einer eigenständigen Leistungsbeziehung *außerhalb* des Gesellschafterverhältnisses darstellt.

1. PE-Erlass

Das BMF schließt wie dargelegt – in verfehlter Weise[353] – über die Anwendung der Bruchteilsbetrachtung auf die Rechtsnatur des Carried Interest als eines (verdeckten) Entgeltes für eine Tätigkeit:

> „Nur soweit der Gewinnanteil der mittelbar oder unmittelbar an der Fonds-Gesellschaft beteiligten Initiatoren ihrem Anteil an der Gesamthand entspricht, können diese Einnahmen als Einnahmen i.S.d. §§ 17, 20 oder 23 EStG gewertet werden. Nach der Rspr. des BFH werden dem Gesellschafter die Kapitalbeteiligungen der Personengesellschaft nach § 39 Abs. 2 Nr. 2 AO in einem seiner Beteiligung an der Gesamthand entsprechenden Bruchteil zugerechnet.[354]

Weiter führt das BMF aus:

> *Bei dieser Betrachtung*[355] kann der erhöhte Gewinnanteil der mittelbar oder unmittelbar an der Fonds-Gesellschaft beteiligten Initiatoren nicht Bestandteil etwaiger steuerfreier Veräußerungsgewinne oder steuerbegünstigter Dividenden sein, sondern wird als (verdecktes) Entgelt für eine Tätigkeit angesehen und führt somit stets zu steuerpflich-

---

353 Siehe hierzu Zweites Kapitel unter B. V. 3.

354 BMF-Schreiben v. 16.12.2003, IV A-6-S2240-153/03, FR 2004, 177-180 (unter Rz. 24).

355 Hervorhebung durch den Verfasser.

tigen Einkünften (§ 18 Abs. 1 Nr. 3 EStG). Der erhöhte Gewinnanteil beruht nicht auf der den mittelbar oder unmittelbar an der Fonds-Gesellschaft beteiligten Initiatoren – wie allen anderen Gesellschaftern – zuzurechnenden Kapitalbeteiligung. Der erhöhte Gewinnanteil ist ein voll steuerpflichtiges Entgelt für die Dienstleistungen, die die mittelbar oder unmittelbar an der Fonds-Gesellschaft beteiligten Initiatoren zu Gunsten der Mitgesellschafter erbringen."[356]

Die Ausführungen des BMF zeigen, dass die Wertung, die das BMF zur steuerlichen Einordnung des Carried Interest als eines (schuldrechtlichen) Entgeltes für eine Tätigkeit vornimmt, maßgeblich auf der unzutreffenden Anwendung der Bruchteilsbetrachtung fußt.[357] Denn die Bruchteilsbetrachtung weist dem Gesamthänder (Initiator) wie dargelegt gerade keine Einkünfte allein nach Kapitalanteilen zu. Es stellt sich daher nur die Frage, ob – nach der Argumentation des BMF – eine andere Rechtsgrundlage für die Bewertung des Carried Interest als eines Tätigkeitsentgeltes in Betracht kommt.[358]

2. Anknüpfung an die dem Carried Interest zugrunde liegende Leistungsbeziehung

Als erster Anknüpfungspunkt für die in dem PE-Erlass zum Ausdruck kommende Qualifikation des Carried Interest als Tätigkeitsentgelt könnte die Art der Leistung herhalten, die den Initiator zum Bezug des Carried Interest berechtigt.

a) Art der Leistung

aa) Der Carried Interest müsste in einem ersten Schritt eine Dienstleistung „vergüten", aus der sich zwangsläufig in einem zweiten Schritt die Einkünftequalifikation des Carried Interest als „Tätigkeitentgelt" ergäbe.

Gegen das Vorliegen einer „gewöhnlichen" Dienstleistung spricht, dass die Initiatoren immaterielle Beiträge für den Fonds erbringen. Die Initiatoren treffen alle entscheidenden unternehmerischen, strategischen Entschei-

---

356 Vgl. vorstehende Fn.

357 Vgl. Zweites Kapitel unter B. V. 3.

358 Verneinend *Buge*, Ubg 2019, 432 (438); vgl. auch vorstehenden Ausführungen zum PE-Erlass (Zweites Kapitel unter B. V. 1.).

dungen, d.h. sie erbringen die eigentliche unternehmerische Leistung des VC Fonds.

Dabei sind es die – nicht als solche greifbaren – immateriellen Beiträge wie das Zurverfügungstellen von Netzwerk und Know-how, die den eigentlichen, besonderen Wert ihrer Leistungen ausmachen und den immateriellen Initiatoren-Beitrag von einer „gewöhnlichen" Dienstleistung unterscheiden (sog. *added value*).[359]

bb) Die Tatsache, dass die Beiträge der Initiatoren auch Tätigkeiten im herkömmlichen Sinne umfassen (etwa Beratungstätigkeiten), rechtfertigt entgegen der Finanzverwaltung keine andere steuerliche Bewertung des Carried Interest, zumal eine trennscharfe Abgrenzung der einzelnen Leistungskomponenten und ihrer jeweiligen Kausalität für den erzielten Erfolg infolge des breiten Wirkens der Initiatoren kaum möglich ist.

Unabhängig davon gilt, dass der Carried Interest auch dann als Gewinnanteil einzuordnen wäre, wenn er für eine „echte" Dienstleistung gewährt würde. Denn der Gesetzgeber hat den Gesellschaftern – wie dargelegt – zivilrechtlich ausdrücklich die Möglichkeit eröffnet, Gesellschafterbeiträge zur Förderung des Gesellschaftszwecks durch Dienstleistungen im engeren Sinne zu erbringen.[360] Die gesetzliche Regelung sieht gerade keinerlei Einschränkungen für die Art eines Gesellschafterbeitrags vor.

Die vom Gesetzgeber in § 706 Abs. 3 BGB getroffene Wertung[361] und die Rechtsprechungspraxis des BFH[362] belegen somit, dass dem Carried Interest entgegen der Auffassung des BMF allein unter Rückgriff auf die ihm zugrunde liegende Gesamtleistung oder Leistungselemente für sich betrachtet nicht angesehen werden kann, ob damit ein Gesellschafterbeitrag oder eine Tätigkeit „vergütet" wird.[363]

---

359 *Weitnauer*, BKR 2004, 89 (91); vgl. zum Leistungsinhalt der Initiatoren-Beiträge Zweites Kapitel unter B. IV. 2. und unter B. IV. 3. b).

360 § 706 Abs. 3 BGB; vgl. auch BFH, Urteil v. 18.11.1980, VIII R 194/78, BFHE 132, 522, BStBl. II 1981, 510, wonach der BFH für einen steuerlich zulässigen Gesellschafterbeitrag nicht danach unterscheidet, ob der Gesellschafter zu Gunsten der Gemeinschaft sein Grundstück als Nutzungsrecht oder seine persönlichen Dienstleistungen einbringt und dafür einen entsprechenden Anteil am Ergebnis erhält.

361 Vgl. Zweites Kapitel unter B. III. 2. c) bb).

362 Vgl. Zweites Kapitel unter B. III. 2. d).

363 *Altfelder*, FR 2005, 6 (7).

b) Parteivereinbarung

Für die Einordnung des Carried Interest als (kapitaldisproportionalem) Gewinnanteil oder als Tätigkeitsentgelt kommt es nicht auf die zugrunde liegende Leistung des Initiators an. Entscheidend ist die dem Carried Interest zugrunde liegende Parteivereinbarung.[364]

Daher kann der Carried Interest grundsätzlich sowohl einen kapitaldisproportionalen Gewinnanteil als auch eine Tätigkeitsvergütung darstellen.[365] Es obliegt allein den Parteien, ob sie den Carried Interest auf schuld- oder gesellschaftsvertraglichen Boden stellen.

aa) Eine schuldrechtliche Tätigkeit kennzeichnet sich dabei dadurch, dass sich die Beteiligten (Initiator und Fonds-Gesellschaft) wie fremde Dritte gegenüberstehen und die Leistung durch den Initiator auf einem gesonderten Leistungsaustauschvertrag beruht.[366]

Nach ständiger BFH-Rechtsprechung soll dafür nicht allein die äußere Form der Parteivereinbarung über das Vorliegen eines Gesellschafterbeitrags oder einer eigenständigen Leistungsbeziehung außerhalb des Gesellschafterverhältnisses ausschlaggebend sein: Eine Leistung, die auf einem schuldrechtlichen Vertrag beruhe, könne ausnahmsweise auch als Gesellschafterbeitrag angesehen werden, wenn es um die Verteilung der erwirtschafteten Erträge der Gemeinschaft gehe;[367] andererseits stehe auch eine gesellschaftsrechtliche Vereinbarung der Annahme einer verdeckten Tätigkeitsvergütung nicht grundsätzlich entgegen.[368] Eine verdeckte Tätigkeitsvergütung liege vor, wenn die Gesellschaft die Vergütung handelsrechtlich als Ausgabe behandele und sie dem Gesellschafter auch dann zu zahlen sei, wenn *kein* Gewinn vorhanden sei.[369] Dabei sei im Zweifel von einer gesellschaftsrechtlichen Gewinnverteilungsabrede auszugehen.[370] Diese Abgrenzungskriterien hat nun ausdrücklich auch das FG München für die

---

364 So auch *Gocksch*, S. 271.

365 *Altfelder*, FR 2005, 6 (7); vgl. auch *Levedag* in: BeckOK EStG, K/ K/ R, § 18 Rn. 512; *Schnittker/ Steinbiß*, IStR 2015, 760 (764).

366 *Altfelder*, FR 2005, 6 (7); *Weber-Grellet*, DStR 2018, 992 (994); vgl. auch BFH, Urteil v. 7.4.1987, IX R 103/85, BFHE 150, 124, BStBl. II 1987, 707.

367 BFH, Urteil v. 18.11.1980, VIII R 194/78, BFHE 132, 522, BStBl. II 1981, 510; so auch FG Berlin-Brandenburg, Urteil v. 15.1.2013, 6 K 6188/08 (rkr.), DStRE 2013, 965.

368 BFH, Urteil v. 11.12.2018, VIII R 11/16, BFHE 263, 418, DStR 2019, 1136; vgl. ausführliche Darstellung des BFH-Urteils unter Zweites Kapitel C. II.

369 BFH, Urteil v. 23.1.2001, VIII R 30/99, BFHE 194, 403, BStBl. II 2001, 261 (unter Gründe III. 3. b)), DStRE 2001, 646.

370 BFH, Urteil v. 11.12.2018, VIII R 11/16, BFHE 263, 418, DStR 2019, 1136

Bewertung des Carried Interest bei vermögensverwaltenden Personengesellschaften herangezogen.[371]

bb) In der Praxis wird der Carried Interest im Gesellschaftsvertrag im Rahmen der allgemeinen Gewinnverteilung und nicht in einem gesonderten Leistungsaustauschvertrag verankert.[372] Dabei vereinbaren Investoren und Initiatoren im Fonds-Vertrag, dass die Initiatoren über die Carry-KG – neben ihrer (i.d.R. geringen) Kapitaleinlage – immaterielle Gesellschafterbeiträge (Übernahme der unternehmerischen Verantwortung, Einbringung von Know-how, Verbindungen, etc.) in die Fonds-KG einbringen.[373] Für diese immateriellen Gesellschafterbeiträge erhalten sie im Gegenzug einen kapitaldisproportionalen Gewinnanteil, den Carried Interest.

Der Carried Interest stellt auch keine „verdeckte" Tätigkeitsvergütung dar, da er in der Praxis nicht auf Ebene der Fonds-KG als Aufwand in Abzug gebracht wird. Zudem wird der Carried Interest den Initiatoren nur im Erfolgsfall gewährt, wenn ein Gewinn auf Fonds-Ebene gegeben ist. Die Erfolgsabhängigkeit charakterisiert das Wesen des Carried Interest, während sie umgekehrt gerade nicht typisches Merkmal einer Tätigkeitsvergütung ist.[374] Damit kann es sich bei dem Carried Interest seiner Rechtsnatur nach nur um einen Gewinnanteil handeln.

3. Rückgriff auf die allgemeinen Grundsätze der Einkünftequalifikation in Zweifelsfällen

Trotz des Primats der Parteivereinbarung kann die Abgrenzung zwischen dem Carried Interest als einem disproportionalem Gewinnanteil und einer Tätigkeitsvergütung im Einzelfall dann schwierig sein, wenn eine Parteivereinbarung fehlt oder die Vereinbarung missverständlich ist, d.h. inner-

371 FG München, Urteil v. 17.11.2020, 12 K 2334/18 (Rev. eingelegt, Az. BFH: VIII R 3/21), DStRE 2021, 587); s. auch *Buge*, Ubg 2019, 432 (439), für den insoweit keine Gründe ersichtlich sind, weshalb die Rspr. des BFH nur für Mitunternehmerschaften gelte.

372 Leistungsstörungsregeln oder Kündigungsregeln sind daher nur unter Berücksichtigung der Gesellschafterstellung anzuwenden, *Altfelder*, FR 2005, 6 (8).

373 Vgl. auch *Desens/ Kathstede*, FR 2005, 863; *Elser/ Dürrschmidt*, FR 2010, 1075; *Mihm*, RdF 2020, 113.

374 Vgl. Abgrenzung zu erfolgsabhängigen Tätigkeitvergütungen unter Zweites Kapitel B. VI. 4.

halb desselben Gesellschaftsvertrags z.B. auf unterschiedliche Verträge Bezug genommen wird.[375]

a) Kriterium der „Leistungsrichtung“

aa) Der BFH stellt in Zweifelsfällen für die Abgrenzung zwischen einem Gesellschafterbeitrag (Carried Interest als Gewinnanteil) und einer schuldrechtlichen Leistungsbeziehung außerhalb des Gesellschafterverhältnisses (Carried Interest als Tätigkeitsvergütung) zunächst darauf ab, worauf die betreffende Leistung des Gesellschafters gerichtet ist.[376] Ein Gesellschafterbeitrag liege demnach vor, wenn der Gesellschafter eine Leistung erbringe, die in Verfolgung des Gesellschaftszwecks[377] in der „Einheit der Gesellschaft“ aufgehe und auf deren Vereinigung gerichtet sei.[378]

bb) Das von der Rechtsprechung entwickelte Abgrenzungskriterium der Leistungsrichtung ist Ausdruck der Einheitsbetrachtung.[379] Die Einheitsbetrachtung gebietet es, auch all die Leistungen des Gesellschafters mit in die Gesamtbetrachtung einzubeziehen, die sich ohne Weiteres in die gesamtheitliche wirtschaftliche Betätigung der Gesellschaft (und damit in die gesamthänderische Verwirklichung des Einkünftetatbestandes) einfügen.

Bei den Initiatoren von VC Fonds spricht alles dafür, dass ihre Leistungen, die sie über die Carry-KG zur Förderung des Gesellschaftszwecks der Fonds-KG erbringen, in der Einheit der Gesellschaft aufgehen und auf ihre Vereinigung gerichtet sind.[380] Dies folgt aus dem Umstand, dass das Wirken der Initiatoren unmittelbar und allein darauf gerichtet ist, die Investitionen der Fonds-KG selbst bestmöglich vorzubereiten.

cc) Nach dem Grundsatz vom Primat der Trennung gilt, dass eine weitgehende Aufsplitterung des steuerlichen Einkünftetatbestandes vorge-

---

375 Vgl. *Altfelder*, FR 2005, 6 (7).

376 BFH, Urteil v. 7.4.1987, IX R 103/85, BFHE 150, 124, BStBl. II 1987, 707; Urteil v. 18.11.1980, VIII R 194/78, BFHE 132, 522, BStBl. II 1981, 510; so auch *Behrens*, FR 2004.

377 Vgl. § 705 BGB.

378 BFH, Beschluss v. 3.7.1995, GrS 1/93, BFHE 178, 86, BStBl. II 1995, 617, DStR 1995, 1339 (1341).

379 Siehe vorstehende Fn.

380 So auch *Behrens*, FR 2004, 1211 (1216); *Herzig/ Gocksch*, DB 2002, 600 (603); *Watrin*, BB 2002, 811 (812). Die Autoren sind der Ansicht, dass Einkünfte der Fonds-Gesellschaft und der Initiatoren grundsätzlich einheitlich zu qualifizieren seien; vgl. zur Einheitsbetrachtung bei der Fonds-KG Zweites Kapitel unter B. II.

nommen werden muss, soweit dies möglich ist.[381] Hiervon ist aber eine Ausnahme zu machen, wenn die Tätigkeitsbereiche sich gegenseitig bedingen und derart miteinander verflochten sind, dass die Tätigkeit in ihrer Gesamtheit unter Zugrundelegung der Verkehrsauffassung als eine einheitliche Tätigkeit angesehen werden muss.[382]

Die Fonds-KG ist nach der Einheitsbetrachtung maßgebliches Steuersubjekt für die Einkünfteerzielung, -qualifikation und -ermittlung; sie ist bei wirtschaftlicher Betrachtung Trägerin der Rechte und Pflichten aus den Rechtsverhältnissen mit den Zielunternehmen.[383] Eine Trennung der materiellen und immateriellen Initiatoren-Beiträge, die diese Kapitaleinkünfte auf Fonds-Ebene gesamthänderisch erzielen, wäre grundsätzlich zwar zumindest denkbar. Eine solche Trennung liefe aber der Einheitsbetrachtung zuwider, die dem wirtschaftlichen Sachverhalt bei Personengesellschaften Rechnung trägt.

Denn nur die Gesellschafterbeiträge in ihrer Summe generieren die Beteiligungserträge auf Fonds-Ebene: Die Beteiligungserträge des Fonds resultieren gleichermaßen aus den notwendigen, materiellen Kapitaleinlagen der Initiatoren und Investoren wie auch aus den gleichfalls für den Erfolg unverzichtbaren immateriellen Gesellschafterbeiträgen der Initiatoren. Die materiellen und immateriellen Gesellschafterbeiträge einerseits und die Fonds-Erlöse andererseits bedingen sich gegenseitig und sind daher auch für die Einkünftequalifikation einheitlich zu behandeln, sodass die Beteiligungserträge des Fonds auch dem Initiator über die Carry-KG (als reines Bündelungsvehikel) als Ergebnisanteile zuzurechnen sind.[384]

b) Kriterium der „Veranlassung“

aa) Ist der Parteivereinbarung – sofern vorhanden – nicht eindeutig zu entnehmen, ob für den Initiator ein Gesellschafterbeitrag oder eine außergesellschaftliche Tätigkeit vergütet werden soll, so kommt der Frage nach der Veranlassung besondere Bedeutung zu.

Die Frage nach der Veranlassung betrifft das „Warum“ der betreffenden Leistung[385] und konkretisiert das vorskizzierte Merkmal der Leistungsrich-

381 *Musil* in: H/ H/ R, EStG, § 2 Rn. 92.

382 BFH, 21.12.1976, VIII R 27/72, BFHE 121, 60, BStBl. II 1977, 244.

383 Vgl. *Schmidt* in: BeckOK EStG, K/ K/ R, § 20 Rn. 430.

384 So auch *Schnittker/ Steinbiß*, IStR 2015, 760 (764); *Watrin*, BB 2002, 811 (812).

385 *Altfelder*, FR 2005, 6 (7).

tung. Dafür stellt das Kriterium der „Veranlassung“ darauf ab, ob die Leistung auch im Rahmen des Gesellschaftsverhältnisses erbracht wurde, d.h. im Veranlassungszusammenhang mit der Gesellschafterstellung steht, bzw. ob der Rechtsgrund der Leistung im Gesellschaftsverhältnis zu sehen ist.[386] Maßgeblich ist, ob die Leistung eines Gesellschafters darauf abzielt, den Gesellschaftszweck zu fördern. Denn in diesem Fall besteht stets eine tatsächliche Vermutung, dass die Leistung auch aus Anlass der Gesellschafterstellung erbracht wurde und einen Gesellschafterbeitrag darstellt.[387]

bb) Für die Initiatoren von VC Fonds besteht im Regelfall eine eindeutige, unmissverständliche gesellschaftsrechtliche Grundlage für den Carried Interest. Ihre Beiträge sind auf die Förderung des Gesellschaftszwecks (erfolgreiche *Exits* der Beteiligungen) gerichtet, sodass zusätzlich auch eine tatsächliche Vermutung für den gesellschaftsrechtlichen Charakter der Initiatoren-Beiträge besteht.

In Abgrenzung zu einem gesonderten Leistungsaustauschvertrag treten die Initiatoren gegenüber der Fonds-KG nicht wie fremde Dritte auf, denn sie erbringen keine vergleichbaren Leistungen am Markt für andere. Ihre Leistungen sind einzig auf ihre Gesellschafterstellung und die damit einhergehende Aussicht auf Gewinnteilhabe zurückzuführen.

Ebenso wie die Kapitalbeiträge der übrigen Investoren erschöpfen sich die immateriellen Initiatoren-Beiträge auf Fonds-Ebene in der allgemeinen Zielsetzung der Renditeerzielung und dienen keinem darüber hinaus gehenden eigenen Zweck, der lediglich zufällig seine Veranlassung in dem zugrunde liegenden Gesellschaftsverhältnis findet.[388]

Soweit *Lothmann* der Ansicht ist, die über einen „erhöhten“ Gewinnanteil abgegoltene Verwaltungstätigkeit eines Komplementärs sei als Vergütung und damit als Einkünfte aus selbstständiger Arbeit im Sinne des § 18 Abs. 1 Nr. 3 EStG zu qualifizieren, kann dem nicht gefolgt werden:[389] Zum einen ist bereits die in Streit stehende Leistung nicht vergleichbar, da die Leistungsbeiträge der Initiatoren – wie gesehen – gerade nicht in einer typischen, rein verwaltenden Tätigkeit bestehen, wie es sich in dem von *Lothmann* besprochen Beispielsfall darstellte. Zum anderen handelt es sich entgegen der Rechtsansicht von *Lothmann* nicht um einen „neuen“

386 Vgl. BFH, Beschluss v. 3.7.1995, GrS 1/93, BFHE 178, 86, BStBl. II 1995, 617, DStR 1995, 1339 (1341).

387 *Weber-Grellet*, DStR 2018, 992 (994).

388 So im Ergebnis u.a. auch *Herzig/ Gocksch*, DB 2002, 600 (603); *Watrin/ Gocksch*, DB 2002, 341 (344).

389 *Lothmann*, BB 1986, 2100 (2101f.).

Tatbestand der Einkünfteerzielung, der durch die Initiatoren verwirklicht wird. Denn – wie das das Kriterium der „Leistungsrichtung“ gezeigt hat – gehen die Beiträge der Initiatoren unmittelbar in der Einkünfteerzielung der Fonds-KG auf. Die Leistungsbeiträge der Initiatoren sind nicht hinwegzudenken, ohne dass die erfolgreichen Investitionen der Fonds-KG entfielen, d.h. die Beiträge der Initiatoren sind – auch mit den Worten von *Lothmann* – „ursächlich“ für die dem Grunde und der Höhe nach zu verteilenden Gewinne.

4. Abgrenzung des Carried Interest zu erfolgsabhängigen Tätigkeitsvergütungen

Eine Zusammenschau der dargelegten Kriterien, die Rechtsprechung und Literatur für die Abgrenzung zwischen einem Gesellschafterbeitrag und einer schuldrechtlichen Tätigkeitsvergütung heranziehen, zeigt gleichzeitig auch die Unterschiede zu einer *erfolgsabhängigen* Tätigkeitsvergütung auf, als die man den Carried Interest als „heterogene“ Vergütungsform bei entsprechender Ausgestaltung ebenfalls einordnen könnte.[390]

Die vorstehenden Ausführungen zeigen, dass sich der Carried Interest als kapitaldisproportionaler Gewinnanteil gleich mehrfach von einer erfolgsabhängigen Tätigkeitsvergütung unterscheidet: (i) Dem Carried Interest liegt gerade keine „echte“ Tätigkeit i.S.d. Erbringung einer vergleichbaren Leistung am Markt für Dritte zugrunde, sondern die Initiatoren erbringen allein aufgrund ihrer Gesellschafterstellung immaterielle Beiträge in Gewinnabsicht (Know-how, Netzwerk, etc.) i.S.v. § 706 Abs. 3 BGB;[391] (ii) Der Carried Interest wird stets im Gesellschaftsvertrag als Gegenleistung für eben diese immateriellen Beiträge und nicht auf schuldrechtlicher Basis gewährt;[392] (iii) Die Beiträge, die die Initiatoren im Erfolgsfall zum Bezug des Carried Interest berechtigen, gehen nach den allgemeinen steuerlichen Grundsätzen der Einkünftequalifikation in der Einheit der Gesellschaft auf, sind auf ihre Vereinigung gerichtet und entspringen im Ursprung der Gesellschafterstellung der Initiatoren.[393]

---

390 Schuldrechtlich bestehen grundsätzlich keine Bedenken, den Carried Interest als eine erfolgsabhängige Tätigkeitsvergütung auszugestalten, da es sich bei der Erfolgsabhängigkeit um eine frei verhandelbare Vertragsvariable handelt.

391 Vgl. Zweites Kapitel unter B. VI. 2. a).

392 Vgl. Zweites Kapitel unter B. VI. 2. b).

393 Vgl. Zweites Kapitel unter B. VI. 3. a) und b).

5. Zwischenergebnis

Eine Qualifikation des Carried Interest als eines verdeckten Entgeltes für eine „Tätigkeit" – wie es der Rechtsauffassung des BMF aus dem PE-Erlass entspricht – scheidet damit aus. Es bleibt bei der Rechtsnatur des Carried Interest als eines kapitaldisproportionalen Gewinnanteils für einen immateriellen Gesellschafterbeitrag.

VII. Weitere Qualifikationskonflikte beim Carried Interest

1. Auswirkung der fehlenden Bestimmbarkeit der Carried Interest-Zahlungen auf dessen Rechtsnatur

Für die Einkünftequalifikation des Carried Interest stellt sich die Anschlussfrage, ob der Carried Interest – um (endgültig) materiell-rechtlich als kapitaldisproportionaler Gewinnanteil zu qualifizieren – auch in die Einzelbestandteile seiner „Herkunft" zerlegt werden können muss.[394] Zweifel ergeben sich aus dem Prinzip der Einzelbetrachtung, die den Einkünften aus Kapitalvermögen zugrunde liegt.[395] Danach richtet sich die Besteuerung der Kapitaleinkünfte grundsätzlich nach Maßgabe der gesondert zu betrachtenden einzelnen Kapitalanlagen, sodass „wirtschaftlich einheitliche Kombinationsprodukte" in ihre jeweiligen Einzelteile zu zerlegen sind.[396]

a) Der Carried Interest stellt dem Grunde nach zwar kein „Kombinationsprodukt" dar. Wirtschaftlich speist er sich in der Regel aber aus Veräußerungsgewinnen, Dividenden und Zinsen, die von der Fonds-KG erzielt werden.[397] Durch die *Waterfall-Distribution-Method*, die als rein liquiditätsbasierte Berechnungsmethode die Auszahlung des Carried Interest an die Initiatoren bestimmt,[398] kann eine Zuordnung des Carried Interest beim Initiator zu einem bestimmten Einkünftetatbestand des § 20 EStG dennoch schwierig sein:

394 D.h. bspw. in Einkünfte aus Kapitalvermögen nach § 20 Abs. 1 Nr. 1, 7 und Abs. 2 Nr. 1 EStG.

395 *Schmidt* in: BeckOK EStG, K/ K/ R, § 20 Rn. 114.

396 Vgl. vorstehende Fn.

397 Vgl. Erstes Kapitel unter D. III. 1.

398 Vgl. Erstes Kapitel unter D. III. 3.

Die Fonds-Erträge (gleich aus welcher Quelle sie stammen) werden zzgl. der vereinbarten Mindestverzinsung (*Hurdle*) vorab an die Investoren ausgeschüttet; erst anschließend kommt es – einen ausreichenden (verbleibenden) Gesamtüberschuss vorausgesetzt – zur Auszahlung des Carried Interest. Dieser „Rest"-Überschuss kann aber nicht mehr trennscharf in seine Einzelbestandteile zerlegt werden: Er ist „nur" der Saldo aus dem Gesamtüberschuss abzüglich der den Investoren zustehenden Vorabausschüttungen.

Hinzutritt, dass der Carried Interest zwar an den Gesamtgewinn des Fonds anknüpft, sich dessen Auszahlung hierbei aber nicht nach dem handelsbilanziellen Ergebnis des Fonds richtet.[399] Es kann – je nach dem eher zufälligen Zeitpunkt der Auszahlung – daher sein, dass Carried Interest ausgezahlt wird, ohne dass der Fonds in dem betreffenden Veranlagungszeitraum einen Jahresüberschuss ausweist.[400] Auch dies erschwert die Zuordenbarkeit des Carried Interest zu den Veräußerungsgewinnen der einzelnen Kapitalanlagen (Beteiligungen) bzw. zu deren „abgeworfenen" Früchten (Zinsen, Dividenden).

b) Praktische Zuordnungsschwierigkeiten können indes keinen Einfluss auf die grundsätzliche Einkünftequalifikation, d.h. die originäre Rechtsnatur des Carried Interest als solche haben. Es gibt keinen dahingehenden steuerlichen Grundsatz des Inhalts, dass bei Abgrenzungsschwierigkeiten aus praktischen Gründen eine einheitliche Betrachtung geboten ist. Darum geht es aber nicht.

Die dargestellte – nach dem FG München „untrennbare"[401] – Verknüpfung zwischen den durch die jeweiligen Leistungsbeiträge (Kapitaleinlagen, immaterielle Beiträge) erzielten Einkünften und der sachlichen Einkunftsquelle, die nach zivil- und steuerrechtlicher Wertung allein der Fonds selbst innehat,[402] bedeutet, dass sich die Qualität dessen, was die Gesellschafter nach Maßgabe der Gewinnverteilungsabrede für ihre individuellen Leistungsbeiträge durch den Fonds zugewiesen bekommen, nicht davon abhängt, ob der ausgezahlte Betrag in jedem Fall „eins-zu-eins" auf die einzelnen Erträge jeder Beteiligung zurückgeführt werden kann oder

399 *Töben/ Schrepp*, DStR 2019, 526 (529).

400 *Behrens*, FR 2004, 1211 (1216); *Töben/ Schrepp*, DStR 2019, 526 (529).

401 Vgl. Zweites Kapitel unter B. V. 2.

402 So auch *Levedag* in: BeckOK EStG, K/ K/ R, § 18 Rn. 513; FG München, Urteil v. 17.11.2020, 12 K 2334/18 (Rev. eingelegt, Az. BFH: VIII R 3/21), DStRE 2021, 587).

nicht.[403] Allein entscheidend ist, dass die Initiatoren-Beiträge zur betreffenden Verteilung des Fonds-Ergebnisses berechtigen und daher im Ergebnis nicht anders als die Kapitaleinlagen der Investoren zu behandeln sind, die ihrerseits nach Maßgabe der Gewinnverteilung am Erfolg des Fonds auf Grundlage der *Waterfall-Distribution-Method* teilnehmen. Die Einkünfte, die die Fonds-KG selbst erzielt, sind daher ebenso zu behandeln wie die Erlöse, die hieraus an die Initiatoren verteilt werden.[404] Der Carried Interest ist daher in seiner Gesamtheit seiner Rechtsnatur nach als Gewinnanteil einzuordnen.

2. Umqualifizierung in Einkünfte aus selbstständiger Arbeit

Die Ausführungen zur Einheitsbetrachtung bei der Personengesellschaft haben erläutert, warum für die Einkünftequalifikation des Carried Interest zwar grundsätzlich die Fonds-Ebene maßgeblich ist,[405] dies aber die Tatsache unberührt lässt, dass der Initiator als natürliche Person Steuerschuldner nach dem EStG ist.[406] Dementsprechend ist auf Ebene des Initiators eine abschließende Gesamtwertung dahingehend vorzunehmen, ob die Kapitaleinkünfte, die dem Initiator nach Betrachtung der Fonds-Ebene zuzurechnen wären, auch seine steuerrelevanten Verhältnisse zutreffend widerspiegeln und damit bei ihm zu einer sachgerechten Besteuerung führen.[407]

---

403 So i.E. auch *Behrens*, FR 2004, 1211 (1216)), („Soweit den Gesellschaftern Anteile am Gewinn oder Überschuss der Personengesellschaft zugewiesen werden, verändert sich die Qualität der zugrundeliegenden Einkünfte nicht"); vgl. auch *Buge* in: H/ H/ R, EStG, § 20 Rn. 48, („In welche Gruppe einzelne Einnahmen einzuordnen sind, bestimmt sich nach der Verkehrsauffassung. Für die materielle Steuerpflicht ist die Einordnung der Einnahmen in die Tatbestände des Absatzes 1 ohne Bedeutung, da alle Einnahmen der Besteuerung nach § 20 EStG unterliegen."); so auch FG München, Urteil v. 17.11.2020, 12 K 2334/18 (Rev. eingelegt, Az. BFH: VIII R 3/21), DStRE 2021, 587).

404 So auch *Levedag* in: BeckOK EStG, K/ K/ R, § 18 Rn. 513.

405 Vgl. Zweites Kapitel unter B. II. 1.

406 Vgl. Zweites Kapitel unter B. I. 2. b).

407 Vgl. BFH, Beschluss v. 3.7.1995, GrS 1/93, BFHE 178, 86, BStBl. II 1995, 617, DStR 1995, 1339 (1341); so auch *Herzig/ Gocksch*, DB 2002, 600 (604f.); *Schnittker/ Steinbiß*, IStR 2015, 760 (765f.).

a) In Betracht kommt – entsprechend dem PE-Erlass – eine Umqualifizierung des Carried Interest beim Initiator als eines kapitaldisproportionalen Gewinnanteils in Einkünfte aus (sonstiger) selbstständiger Arbeit.[408]

Die Einkünfte aus selbstständiger Arbeit umfassen in der Nr. 1 zunächst bestimmte Berufsbilder selbstständiger, nachhaltiger und mit Gewinnerzielungsabsicht vorgenommener Tätigkeiten. Die Einkünfte aus *sonstiger* selbstständiger Arbeit knüpfen in der Nr. 3 durch die Aufzählung einer Reihe von Regelbeispielen (u.a. Vermögensverwalter) an die unter der Nr. 1 aufgeführten Katalogberufe an.[409] Darüber hinaus werden nach Ansicht des BFH von den Regelbeispielen auch „ähnliche" Berufsbilder erfasst. Eine Ähnlichkeit sei gegeben, wenn die Tätigkeit auf die Betreuung *fremder* Vermögensinteressen gerichtet sei oder wenn es sich um eine selbstständige, fremdnützige Tätigkeit in einem fremden Geschäftskreis handele.[410]

Gemein ist allen Einkünften aus selbstständiger Arbeit, dass sie sich nicht wie der Gewerbetreibende auf einen bestimmten, übergeordneten Typus beziehen.[411] Die selbstständige Tätigkeit kennzeichnet sich allgemein (im Wege der gesetzlichen Katalogisierung) durch den Einsatz höchstpersönlicher und eigenverantwortlicher Arbeitskraft.[412]

b) Bei der Einordnung des Carried Interest kann bei der typischen Betätigung eines Initiators zwar in weiten Bereichen allgemein von einer selbstständigen, nachhaltigen und von Gewinnerzielungsabsicht getragenen Tätigkeit ausgegangen werden. Diese lässt sich aber weder unmittelbar einem konkreten gesetzlichen Tätigkeits- oder Berufsbild zuordnen, noch kann eine entsprechende Ähnlichkeit konstatiert werden. Beides spricht gegen eine Einordnung als selbstständige Arbeit.

Das gilt auch im Hinblick auf das Berufsbild des Vermögensverwalters. Der Vermögensverwalter kennzeichnet sich wie die übrigen Regelbeispiele

---

408 Gem. § 20 Abs. 8 i.V.m. § 18 Abs. 1 Nr. 3 EStG. Zwar könnte auch die zwischengeschaltete Carry-KG in der Gesamtheit Einkünfte aus selbstständiger Arbeit erzielen, wenn *alle* Gesellschafter entsprechend einen freien Beruf ausübten (BFH, Urteil v. 21.2.2017, VIII R 45/13, DStRE 2017, 961 (unter II. 1. b); Urteil v. 11.6.1985, VIII R 254/80, NJW 1986, 1376, BStBl. II 1985, 584). Hiergegen spricht aber, dass die Carry-KG selbst keiner eigenen Tätigkeit nachgeht und ihr eine reine Bündelungsfunktion in Bezug auf den Erhalt des Carried Interest zukommt (vgl. Zweites Kapitel unter B. II. 1. b).

409 *Levedag* in: BeckOK EStG, K/ K/ R, § 18 Rn. 434.

410 BFH, Beschluss v. 13.6.2013, III B 156/12, BFH/ NV, 2013, 1420-1422.

411 *Korn* in: Korn, EStG, § 18 Rn. 35.

412 Das Gesetz nimmt sowohl eine Tätigkeitskatalogisierung als auch eine Berufskatalogisierung vor, vgl. Übersicht bei *Korn* in: Korn, EStG, § 18 Rn. 4.

(auch) durch die Wahrnehmung *fremder* Vermögensinteressen.[413] Initiatoren erbringen die zum Carried Interest berechtigenden Leistungen aus dem zugrunde liegenden Gesellschaftsverhältnis heraus;[414] ihre Leistungen sind allein gesellschaftsrechtlich veranlasst und auf die Wahrnehmung *eigener* Vermögensinteressen als Gesellschafter ausgerichtet.

Insofern kann ein- und dieselbe Leistung, die auf Leistungsvereinigung bei den Kapitaleinkünften der Fonds-KG (und damit anteilige persönliche Vermögensinteressen) gerichtet ist, nicht gleichzeitig als Dienstleistung für andere Personen qualifiziert werden.[415] Diese Abgrenzung, die bei dem Vorliegen einer eigenständigen Leistungsbeziehung außerhalb des Gesellschafterverhältnisses herausgearbeitet wurde,[416] ist auch dafür entscheidend, eine Umqualifizierung der Rechtsnatur des Carried Interest als eines Gewinnanteils in Einkünfte aus selbstständiger Arbeit abzulehnen.

3. Umqualifizierung in Einkünfte aus Gewerbebetrieb

Denkbar wäre eine Umqualifizierung des Carried Interest beim Initiator als der von der vermögensverwaltenden Fonds-KG über die Carry-KG bezogenen Gewinnanteile in Einkünfte aus Gewerbebetrieb.[417]

Hierzu müssten die Initiatoren eine selbstständige nachhaltige Betätigung ausüben, die mit der Absicht, Gewinn zu erzielen, unternommen wird und sich als Beteiligung am allgemeinen wirtschaftlichen Verkehr darstellt.[418] Dabei dürfte es sich in negativer Abgrenzung weder um eine land- und forstwirtschaftliche noch um eine selbstständige oder vermögensverwaltende Tätigkeit handeln.[419]

Aus der Beteiligung am allgemeinen wirtschaftlichen Verkehr zieht der Gewerbetreibende als Marktteilnehmer seine besondere Leistungsfähigkeit, indem er seine Tätigkeit nach außen erkennbar – über den pri-

---

413 *Wacker* in: Schmidt, EStG, § 18 Rn. 140.

414 Vgl. Zweites Kapitel unter B. VI. 3. b).

415 *Schnittker/ Steinbiß*, IStR 2015, 760 (765); vgl. auch *Herzig/ Gocksch*, DB 2002, 600 (604), wonach der Initiator sich mit seinen Beiträgen als Gesellschafter in den „Dienst der Gesellschaft" stelle. Eine selbstständige Tätigkeit liege daher nicht vor, da dem Initiator die Tätigkeit hierzu „als eigene Tätigkeit" zuzurechnen sein müsste.

416 Vgl. Zweites Kapitel unter B. VI.

417 *Schnittker/ Steinbiß*, IStR 2015, 760 (765).

418 § 15 Abs. 2 S. 1 EStG.

419 *Carlé/ Th. Carlé/ T. Carlé* in: Korn, EStG, § 15 Rn. 340.

vaten Bereich hinaus – am Markt gegen Entgelt für Dritte anbietet.[420] Der BFH unterscheidet zwischen dem Merkmal der allgemeinen und der wirtschaftlichen Teilnahme.[421]

a) Die Teilnahme am *allgemeinen* Verkehr erfordert, dass der Steuerpflichtige nach außen in Erscheinung tritt,[422] indem er als Anbieter von entgeltlichen Leistungen am Markt auftritt.[423] Dies kann sogar dann vorliegen, wenn die Leistung nur einer Person angeboten wird, der Steuerpflichtige zuvor aber mehrere Interessenten für den Abschluss eines Vertrags in Betracht gezogen hat.[424]

Die Teilnahme am *wirtschaftlichen* Verkehr zielt auf das Erfordernis eines Leistungs- und Güteraustausches ab.[425] Im Ausgangspunkt müssen sich Leistungen, auch immaterieller Art, und ein – wenn auch erfolgsabhängiges – Entgelt durch einen Abnehmer gegenüberstehen.[426] Damit werden sog. Eigenleistungen, d.h. Leistungen an sich selbst, nicht erfasst.[427] Werden Leistungen eines Gesellschafters an die Gesellschaft erbracht, an der er selbst beteiligt ist, so soll entscheidend sein, ob der Betroffene nach der Verkehrsauffassung in seiner Eigenschaft als allgemeiner Marktteilnehmer oder als Gesellschafter agiert.[428]

b) Für die Initiatoren von VC Fonds ist bereits fraglich, ob sie mit ihren Leistungen am *allgemeinen* Markt teilnehmen. Denn die Initiatoren bieten ihre immateriellen Gesellschafterbeiträge, insbesondere die unternehmerischen und strategischen Anlageentscheidungen, nicht am Markt gegen Entgelt an. Vielmehr erbringen die Initiatoren diese Beiträge nur als Gesellschafter der Fonds-KG dieser gegenüber als einziger „Abnehmerin".

Etwas anderes könnte gelten, wenn man die Vorbereitungshandlungen der Initiatoren (Fonds-Vertrieb) mit in die Gesamtbetrachtung einbezöge. Insofern bieten die Initiatoren ihr Leistungspaket, das Ausfindig- und

---

420 BFH, Urteil v. 9.7.2019, X R 9/17, BFHE 265, 354, BStBl. II 2021, 418, DStR 2019, 2626, BeckRS 2019, 31093.

421 BFH, Urteil v. 9.7.1986, I R 85/83, BFHE 147, 245, BStBl. II 1986, 851.

422 *Stapperfend* in: H/ H/ R, EStG, § 15 Rn. 1051.

423 *Krumm* in: Kirchhof, EStG, § 15 Rn. 29.

424 BFH, Urteil v. 26.10.1977, I R 110/76, BFHE 123, 507, BStBl. II 1978, 137 (unter Entscheidungsgründe 3.).

425 BFH, Urteil v. 28.6.2001, IV R 10/00, BFHE 196, 84, BStBl. II 2002, 338, DStR 2001, 1696.

426 BFH, Urteil v. 16.9.2015, X R 43/12, BFHE 251, 37, BStBl. II 2016, 48, DStR 2015, 2651 (unter Gründe II. 1. b) aa).

427 *Krumm* in: Kirchhof, EStG, § 15 Rn. 29.

428 BFH, Beschluss v. 26.7.2006, X B 58/06, BFH/NV 2006, 1837, BeckRS 2006, 25010256 (unter II. 2. c); vgl. auch *Krumm* in: Kirchhof, EStG, § 15 Rn. 31.

Zugänglichmachen von Investments sowie ihre spätere strategische, unternehmerische Leistung, zwar nicht der breiten Masse, wohl aber den betroffenen, ausgewählten Kreisen von Investoren an. Jede gewerbliche Tätigkeit beginnt einkommensteuerlich bereits mit der ersten Vorbereitungshandlung; dies gilt zumindest dann, wenn die Tätigkeit von Gewinnerzielungsabsicht getragen wird und ein unmittelbarer Zusammenhang mit der später gewerblichen Betätigung besteht.[429] Dies wäre jedoch ein Zirkelschluss: Die Gewerblichkeit einer (späteren) Betätigung kann nicht davon abhängen, ob es Vorbereitungshandlungen gibt. Nur wenn die angestrebte Tätigkeit gewerblich wäre, wäre auch die entsprechende Vorbereitungshandlung als gewerblich zu qualifizieren.

Jedenfalls fehlt es bei VC Fonds aber an einer Teilhabe am *wirtschaftlichen* Verkehr. Denn die Beiträge der Initiatoren sind gerade nicht auf einen Leistungs- und Güteraustausch am Markt im engeren Sinne gerichtet.[430]

Die Initiatoren werden „für sich selbst" tätig, indem sie in ihrer Eigenschaft als Gesellschafter immaterielle Gesellschafterbeiträge an die Fonds-KG erbringen, an der sie selbst beteiligt sind.[431] Für diese Beiträge erhalten die Initiatoren zwar einen höheren Gewinnanteil. Dieser entspringt aber unmittelbar ihren eigenen (kapitaldisproportionalen, immateriellen) Gesellschafterbeiträgen. Die Initiatoren agieren damit primär in ihrer Funktion als Gesellschafter und nicht in Gestalt eines Dienstleisters, wie er nach der sog. „Bilder-Rechtsprechung" als Typus eines Gewerbetreibenden begriffen wird.[432]

c) Eine abweichende steuerrechtliche Beurteilung der Tätigkeit der Initiatoren ist daher auch im Rahmen einer Gesamtbetrachtung nicht angezeigt.[433] Dies zeigt auch, dass die kapitaldisproportionalen, immateriellen Gesellschafterbeiträge der Initiatoren bereits unmittelbar in die Beurteilung der vermögensverwaltenden Tätigkeit des Fonds einfließen, weil sie den vermögensverwaltenden Zweck des Fonds fördern bzw. selbst umsetzen. Die Initiatoren-Beiträge können daher für die Frage der Ein-

---

429 *Bodden* in: Korn, EStG, § 15 Rn. 95.

430 So auch *Herzig/ Gocksch*, DB 2002, 600 (604f.).

431 So auch *Schnittker/ Steinbiß*, IStR 2015, 760 (765); vgl. vorstehenden Ausführungen zur Abgrenzung des Carried Interest von Einkünften aus selbstständiger Arbeit (Zweites Kapitel unter B. VII. 2.).

432 Vgl. BFH, Urteil v. 30.7.2003, X R 7/99, BFHE 204, 419, BStBl. II 2004, 408, DStR 2004,598.

433 BFH, Beschluss v. 3.7.1995, GrS 1/93, BFHE 178, 86, BStBl. II 1995, 617, DStR 1995, 1339 (zur „Zebra-Gesellschaft").

künftequalifikation auf ihrer Ebene nicht von der vermögensverwaltenden Tätigkeit des Fonds getrennt werden. Soweit die Fonds-KG also – wie es dem Regelfall entspricht – selbst vermögensverwaltend tätig ist, spricht bei wertender Betrachtung alles dafür, auch die Beiträge der Gesellschafter als vermögensverwaltend anzuerkennen, sodass die Überschuss-Einkünfte der Fonds-KG (§ 20 EStG) den Initiatoren auch als entsprechende Ergebnisanteile zuzurechnen sind.[434]

VIII. Ergebnis

Die (unter fremden Dritten vereinbarte) gesellschaftsrechtliche Gewinnverteilungsabrede indiziert für Zwecke der Einkünftezurechnung die steuerliche Leistungsfähigkeit. Zwar folgt das Steuerrecht dem Zivilrecht nicht bedingungslos. Vielmehr handelt es sich wie dargelegt um eigenständige Rechtsordnungen. Eine Überlagerung des Zivilrechts durch das Steuerrecht wäre mit Blick auf dessen rein wirtschaftliche Betrachtungsweise aber nur dann angezeigt, wenn Anhaltspunkte dafür bestünden, dass das Zivilrecht die tatsächlichen wirtschaftlichen Gegebenheiten nicht hinreichend widerspiegelt.[435] Dies ist bei dem Carried Interest in der Praxis aber gerade nicht der Fall.[436]

Der Carried Interest ist damit für die Initiatoren vermögensverwaltender Fonds seiner Rechtsnatur nach ein kapitaldisproportionaler Gewinnanteil.[437] Denn die Initiatoren erzielen über die Fonds-KG Kapitaleinkünfte in gesamthänderischer Verbundenheit, die ihnen nach Maßgabe der

434 Ebenfalls für eine einheitliche Einkünftequalifikation s. *Behrens*, FR 2004, 1211 (1216); *Herzig/ Gocksch*, DB 2002, 600 (603); *Watrin*, BB 2002, 811 (812). Dies betrifft auch die (zwischengeschaltete) Carry-KG, die als Vehikel nur dazu dient, materielle und immaterielle Beiträge der Initiatoren zu „poolen".

435 Vgl. auch BFH, Urteil v. 29.5.2001, VIII R 10/00, BFHE 195, 486, BStBl. II 2001, 747, DStRE 2001, 1225.

436 So nun ausdrücklich auch FG München, Urteil v. 17.11.2020, 12 K 2334/18 (Rev. eingelegt, Az. BFH: VIII R 3/21), DStRE 2021, 587).

437 So auch *Altfelder*, FR 2005, 6 (7); *Bauer/ Gemmeke*, DStR 2004, 579 (584); *Baumgartner*, DStR 2021, 1858 (1861f.); *Behrens*, FR 2004, 1211 (1216); *Birnbaum/ Escher*, DStR 2014, 1413 (1416f.); *Buge*, Ubg 2019, 432; *Figna/ Goldacker/ Mayta*, DB 2005, 966 (967); *Herzig/ Gocksch*, DB 2002, 600 (603); *Lorenz*, DStR 2001, 821 (823); *Töben/ Schrepp*, DStR 2019, 526 (531); *Tulloch/ Wellisch*, DStR 1999, 1093 (1094); *Watrin/ Gocksch*, DB 2002, 341 (344f.); *Watrin/ Struffert*, BB 2004, 1888; *Weber-Grellet*, DStR 2018, 992 (994); *Weitnauer*, BKR 2004, 89 (91); a.A. *Lothmann*, BB 1986, 2100 (2101f.).

Gewinnverteilungsabrede als sog. Carried Interest in Form von kapitaldisproportionalen Gewinnanteilen über die – ebenfalls vermögensverwaltende und transparente – Carry-KG zugerechnet werden.

C. Die Rechtsnatur des Carried Interest bei gewerblichen Fonds

Auch für die Initiatoren gewerblicher Fonds hängen die unmittelbaren Besteuerungsfolgen von der Bewertung der Rechtsnatur des Carried Interest ab: Stellte sich der Carried Interest bei gewerblichen Fonds ebenfalls als kapitaldisproportionaler Gewinnanteil dar, so fände auf den Carried Interest – soweit er sich aus Veräußerungsgewinnen und Dividenden speist – das begünstigende Teileinkünfteverfahren Anwendung;[438] erwiese sich der Carried Interest aber als (gewerbliche) Tätigkeitsvergütung, so wäre der Carried Interest für die Initiatoren voll zu versteuern.[439]

Damit bleibt im Hinblick auf die Frage der Rechtsnatur zu klären, ob sich – abweichend von den vorstehenden Ausführungen zu rein vermögensverwaltenden Fonds-Strukturen[440] – eine unterschiedliche steuerliche Bewertung der Rechtsnatur des Carried Interest als eines kapitaldisproportionalen Gewinnanteils ergibt, wenn die Initiatoren den Carried Interest in gewerblichen Strukturen vereinnahmen, d.h. über eine (gewerbliche) Carry-KG als mittelbare Gesellschafter einer originär[441] oder fiktiv gewerblichen[442] Fonds-KG.

Die Beantwortung der Frage nach der Rechtsnatur des Carried Interest bei gewerblichen Fonds ermöglicht zugleich eine Beurteilung der Sinnhaftigkeit der Sonderregelung des § 18 Abs. 1 Nr. 4 EStG, die verneinenden Falls einer gesetzgeberischen Korrektur bedürfte.[443] Denn sollte § 18 Abs. 1 Nr. 4 EStG – wie es der Wortlaut der Norm nahelegt („vermögensverwaltende Gesellschaft oder Gemeinschaft") – nur vermögensverwaltende Strukturen erfassen, der Carried Interest bei gewerblichen Fonds seiner Rechtsnatur nach aber ebenfalls als Gewinnanteil anzusehen sein, dann stellte sich die Frage nach dem Bedürfnis einer tatbestandlichen Ausweitung der Norm auf gewerbliche Fonds. Dies gälte zumindest dann, wenn

438 § 15 Abs. 1 S. 1 Nr. 2 S. 1 Hs. 1 i.V.m. § 3 Nr. 40 S. 1 lit. a) und d) EStG.

439 § 15 Abs. 1 S. 1 Nr. 2 S. 1 Hs. 2 EStG.

440 Vgl. Zweites Kapitel unter B.

441 § 15 Abs. 2 EStG

442 § 15 Abs. 3 EStG.

443 Dieser Frage wird i.R.d. Fünften Kapitels nachgegangen.

§ 18 Abs. 1 Nr. 4 EStG den Carried Interest seinem wirtschaftlichen Sachverhalt entsprechend einer ergebnis- und belastungsgerechten Besteuerung zuführte, sodass eine einheitliche Besteuerung des Carried Interest in der Praxis interessen- und sachgerecht wäre.

I. PE-Erlass

1. Die in der Praxis weiterhin bestehenden Unsicherheiten über die Rechtsnatur des Carried Interest in gewerblichen Fonds-Strukturen haben ihre Ursache in der Neigung der Finanzverwaltung, auch in diesen Fällen auf den – bereits dargestellten – PE-Erlass[444] zu rekurrieren. Diese Handhabe verwundert aus mehreren Gründen:

(i) Inhaltlich beschränkt sich die Einordnung als Tätigkeitsvergütung auf *vermögensverwaltende* Fonds, wobei der PE-Erlass die Umqualifikation des Carried Interest maßgeblich auf die – nur für vermögensverwaltende Fonds geltende[445] – Bruchteilsbetrachtung stützt.

(ii) In dem eigenen Abschnitt des PE-Erlasses über die besondere steuerliche Behandlung des Carried Interest als Tätigkeitsentgelt (Tz. 24) findet sich zudem ein dahingehend eingeschränkter Verweis, dass der Carried Interest (nur) *insoweit* anders als die übrigen in Tz. 21-23 geregelten, kapitalproportionalen Gewinnanteile der Initiatoren *vermögensverwaltender* Fonds – d.h. nicht anders als die in Tz. 18-20 kapitalproportionalen Gewinnanteile *gewerblicher* Fonds – zu behandeln sei.[446]

(iii) Historisch bestand anders als bei gewerblichen Fonds nur für die Initiatoren *vermögensverwaltender* Fonds eine Besteuerungslücke unterhalb

---

444 BMF-Schreiben v. 16.12.2003, IV A-6-S2240-153/03, FR 2004, 177-180 (unter Rz. 24).

445 Vgl. z.B. BFH, Urteil v. 04.10.1990, X R 148/88, BFHE 162, 304, BStBl. II 1992, 211, DStR 1991, 146.

446 Problematisch ist, dass dieser Verweis („Tz. 21 bis 23") erst nachträglich durch die FinanzV berichtigt wurde (BStBl. I 2006, 632). Dementsprechend bestand in der Lit. früher zunächst Unsicherheit über die Reichweite des sachlichen Anwendungsbereiches des PE-Erlasses. Für die einseitige Regelung des Carried Interest bei vermögensverwaltenden Fonds siehe *Behrens*, FR 2004, 1211 (1212); *Weitnauer*, BKR 2004, 89 (92); a.A. *Anzinger/ Jekerle*, IStR 2008, 821 (824); *Geerling/ Ismer*, DStR 2005, 1596 (1599); *Geerling/ Kost*, IStR 2005, 757 (761).

der 1%-Beteiligungsschwelle, die es aus Sicht der Finanzverwaltung zu schließen galt.[447]

2. Trotz der eindeutigen Beschränkung des PE-Erlasses auf vermögensverwaltende Fonds beruft sich die Finanzverwaltung zum Teil heute noch auf diesen, wenn sie den über gewerbliche Fonds bezogenen Carried Interest als Gewinnanteil in eine Tätigkeitsvergütung umqualifiziert.[448]

Diese Rechtsauffassung mag darin begründet liegen, dass die Initiatoren unter Wertungsgesichtspunkten – jedenfalls aus Sicht der Finanzverwaltung – ein- und dieselbe (Dienst-)Leistung „zu Gunsten der Mitgesellschafter"[449] erbringen und daher auch eine einheitliche Besteuerung des Carried Interest angezeigt wäre, was dann eine einheitliche Einordnung des Carried Interest als Tätigkeitsvergütung erfordere.

Zutreffend wäre diese Praxis aber im Ergebnis nur dann, wenn sich die Rechtsnatur des Carried Interest aufgrund besonderer, allein für die gewerbliche Mitunternehmerschaft geltenden Umstände in Abhängigkeit von der Einkünftequalifikation auf Fonds- bzw. Carry-KG-Ebene (Vermögensverwaltung oder Gewerbebetrieb) anders darstellte.[450]

II. BFH-Urteil vom 11.12.2018

Das Urteil vom 11.12.2018[451] ist die erste höchstrichterliche Rechtsprechung zur steuerlichen Behandlung des Carried Interest.

Der BFH hatte sich zuvorderst mit verfahrensrechtlichen Problemen auseinanderzusetzen, im Zuge dessen der VIII. Senat zur Aufhebung und Rückverweisung des erstinstanzlichen Urteils wegen eines Verstoßes gegen die Grundordnung des Verfahrens gelangte.[452] Daneben behandelte der Senat aber auch für die Einordnung des Carried Interest wichtige materiell-rechtliche Fragen, die er dem FG aus prozessökonomischen Gründen als Hinweise für den zweiten Rechtsgang mit auf den Weg gab, sog. *obiter dictum*.

447 Vgl. Zweites Kapitel unter A. I. 1. a).

448 *Buge*, Ubg 2019, 432 (439).

449 BMF-Schreiben v. 16.12.2003, IV A-6-S2240-153/03, FR 2004, 177 (unter Rz. 24).

450 Vgl. nachstehend unter Zweites Kapitel C. III.

451 BFH, Urteil v. 11.12.2018, VIII R 11/16, BFHE 263, 418, DStR 2019, 1136.

452 Zu den verfahrensrechtlichen Aspekten siehe *Prinz*, FR 2020, 433 (435f.); *Levedag*, HFR 2019, 759 (766).

1. Sachverhalt

Dem Urteilssachverhalt lag eine typische grenzüberschreitende PE-Fonds-Struktur zugrunde:[453]

a) Bei den Klägern handelte es sich um in Deutschland unbeschränkt steuerpflichtige Initiatoren[454] mehrerer ausländischer Fonds[455].

An diesen Fonds beteiligten sich die Initiatoren mittelbar als beschränkt haftende Gesellschafter über eine ebenfalls ausländische, steuerlich transparente Carry-Gesellschaft[456].

Die Fonds waren an einer Reihe von Kapitalgesellschaften als Zielunternehmen in Deutschland, Frankreich und den Niederlanden beteiligt. Aus diesen Beteiligungen erzielten die Fonds Dividenden, Zinsen und Gewinne aus der Veräußerung ihrer Anteile, die sie über die Carry-Gesellschaft sukzessive an die Initiatoren anteilig weiterleiteten.

b) Die Carry-Gesellschaft und die Fonds waren nach ihrem Unternehmensgegenstand zwar rein vermögensverwaltend tätig, nach den Feststellungen des FG aber gewerblich geprägt.[457]

Die organschaftliche Geschäftsführungsbefugnis der Fonds stand jeweils einer ausländischen Personengesellschaft als unbeschränkt haftender Gesellschafterin (GP) zu.

Für die Anlageentscheidungen und die Geschäftsführung der Fonds war hingegen eine externe Management-Gesellschaft auf rein schuldrechtlicher Grundlage verantwortlich, auf deren Ebene die Initiatoren tätig waren. Für diese Anlageentscheidungen stand den Initiatoren nach den Regelungen des Fonds-Gesellschaftsvertrags ein Carried Interest zu, den sie als mittelbare Gesellschafter der Fonds über die Carry-Gesellschaft zugewiesen bekamen. Die Carry-Gesellschaft schuldete dem Fonds selbst keinerlei anlageberatende Tätigkeiten.

---

453 Zum ausführlicheren Tatbestand siehe erstinstanzliches Urteil: Hessisches FG, Urteil v. 7.12.2015, 7 K 2482/10.

454 Als natürliche Personen.

455 Bei den Fonds handelte es sich um *Limited Partnerships*, die nach dem Recht Jerseys sowie dem US-Bundesstaat Delaware gegründet worden waren.

456 Dabei handelte es sich ebenfalls um nach dem Recht Jerseys gegründete *Limited Partnership*, vergleichbar einer deutschen KG. Diese unterhielt in Deutschland keine Betriebsstätte. An der Carry-Gesellschaft war zudem eine ebenfalls nach dem Recht Jerseys gegründete Kapitalgesellschaft als unbeschränkt haftender *General Partner* beteiligt.

457 § 15 Abs. 3 Nr. 2 EStG.

c) Grundlage der Gewinnverteilung war eine typische *Waterfall*-Regelung:[458] Zunächst erhielten die Investoren ihre geleisteten Bareinlagen samt einer festgelegten Verzinsung zurück. Sodann erhielten die Investoren 80% und die Initiatoren 20% des verbleibenden Restgewinns. Damit bekamen die Initiatoren über die Carry-Gesellschaft einen kapitaldisproportionalen Gewinnanteil zugewiesen, der im Verhältnis weit über den Betrag reichte, der der Carry-Gesellschaft als Gesellschafterin des Fonds auf Grundlage ihrer geleisteten Bareinlage zugestanden hätte.

2. Vorinstanz

a) Die Kläger begehrten für ihren anteiligen Bezug des Carried Interest auf Ebene der Carry-Gesellschaft die Feststellung von gewerblichen Gewinnanteilen[459] und die damit einhergehende Anwendung des Halbeinkünfteverfahrens,[460] soweit in dem Carried Interest Dividenden und Gewinne aus der Veräußerung von Kapitalgesellschaftsanteilen enthalten waren.

Das Finanzamt stellte für die Carry-Gesellschaft zwar Einkünfte aus Gewerbebetrieb fest, lehnte die Anwendung des Halbeinkünfteverfahrens aber ab: Bei dem Carried Interest handele es sich nicht um kapitaldisproportionale Gewinnanteile, sondern um eine (verdeckte) gewerbliche Tätigkeitsvergütung, für die das Halbeinkünfteverfahren nicht gelte.

b) Nach erfolglosem Einspruch erhoben die Initiatoren vor dem FG Hessen Klage. Im Rahmen des Klageverfahrens qualifizierte das Finanzamt die Einkünfte der Carry-Gesellschaft nunmehr als Einkünfte aus selbstständiger Arbeit (§ 18 Abs. 1 Nr. 4 EStG). Das Finanzamt blieb aber bei der Ablehnung des Halbeinkünfteverfahrens, da diesem dessen zeitlicher Anwendungsbereich entgegenstand, was zwischen den Beteiligten unstreitig war.[461]

Das FG Hessen schloss sich der Rechtsauffassung des Finanzamtes an: Der Carried Interest stelle eine verdeckte Tätigkeitsvergütung dar, weil „Quelle“ des Carried Interest zwar (insbesondere) die Veräußerungsgewinne aus Kapitalgesellschaftsanteilen seien, der „Grund“ für die Auszahlung

---

458 Vgl. Erstes Kapitel D. III. 3.

459 § 15 Abs. 1 S. 1 Nr. 2 S. 1 Hs. 1 EStG.

460 § 3 Nr. 40 S. 1 lit. a) und d) EStG.

461 Nach § 52 Abs. 4c EStG a.F. waren eine Fonds-Gründung nach dem 31.3.2002 oder Vergütungen im Zusammenhang mit der Veräußerung von Kapitalgesellschaftsanteilen erforderlich, die nach dem 7.11.2003 erworben wurden. Diese Voraussetzungen waren nicht erfüllt.

des Carried Interest sei aber in der Vergütung der besonderen Leistungen der Initiatoren zu sehen.

3. Entscheidungsgründe

Die materiell-rechtlichen Hinweise, die der VIII. Senat dem FG Hessen für den zweiten Rechtsgang mit an die Hand gegeben hat, geben den Klägern recht:[462]

a) Auch bei ausländischen doppelstöckigen Personengesellschaften sei für die Einkünftequalifikation auf den Fonds (als Untergesellschaft) und Einkünfteerzielungssubjekt abzustellen.

Erziele der Fonds – als gewerblich geprägte Personengesellschaft – Einkünfte aus Gewerbebetrieb, so seien diese Einkünfte der Carry-Gesellschaft als Mitunternehmerin (Obergesellschaft), unabhängig davon, ob die Carry-Gesellschaft einer eigenen Tätigkeit nachgehe, als gewerbliche *Gewinnanteile* zuzurechnen.[463]

b) Die Gewinnanteile des Fonds seien der Carry-Gesellschaft auf Grundlage der gesellschaftsrechtlichen Gewinnverteilungsabrede zuzurechnen und sodann an die Initiatoren (als Obergesellschafter) „durchzureichen“. Dies betreffe auch den Carried Interest als kapitaldisproportionalen Gewinnanteil. Dementsprechend finde auf den Carried Interest das (damalige) Halbeinkünfteverfahren Anwendung, soweit in dem Carried Interest Gewinne aus der Veräußerung von Kapitalgesellschaftsanteilen oder Dividenden enthalten seien.[464]

c) Es sei keine Umqualifizierung des Carried Interest in eine Tätigkeitsvergütung nach § 18 Abs. 1 Nr. 4 EStG vorzunehmen, da weder originär gewerblich tätige noch fiktiv gewerbliche Fonds[465] als „vermögensverwaltende Gesellschaften“ im Sinne der Vorschrift qualifizierten. Für die Frage, wann ein Fonds im Sinne des § 18 Abs. 1 Nr. 4 EStG als „vermögensverwaltend“ qualifiziere, sei allein darauf abzustellen, welche Einkünfte der Fonds erziele:

---

462 Siehe BFH, Urteil v. 11.12.2018, VIII R 11/16, BFHE 263, 418, DStR 2019, 1136 unter „Gründe“ II. 3.

463 § 15 Abs. 1 S. 1 Nr. 2 S. 1 Hs. 1 EStG.

464 § 3 Nr. 40 S. 1 lit. a) und d) EStG, d.h. nicht das „besondere“ HEV nach § 3 Nr. 40a EStG.

465 § 15 Abs. 3 Nr. 1 und 2 EStG.

(i) Der Wortlaut („vermögensverwaltende Gesellschaft“) ließe zwar auch eine sog. „tätigkeitsbezogene Auslegung“ zu, nach der der Fonds (nur) eine vermögensverwaltende Tätigkeit ausübe, im Übrigen aber fiktiv gewerblich sein könne.[466]

(ii) Der Wille des Gesetzgebers gebiete aber eine sog. „einkünftebezogene Auslegung“, da historisch nur die Notwendigkeit bestanden habe, die Besteuerungslücke für Gewinnanteile aus vermögensverwaltenden Fonds zu schließen. Dementsprechend habe sich der PE-Erlass auch nur für die kapitaldisproportionalen Ergebnisanteile vermögensverwaltender Fonds für eine Umqualifikation in eine Tätigkeitsvergütung ausgesprochen, an den § 18 Abs. 1 Nr. 4 EStG anknüpfe.

(iii) Da sowohl die kapitalproportionalen als auch die kapitaldisproportionalen Gewinnanteile originär gewerblicher Fonds allesamt dem regulären Halb- bzw. Teileinkünfteverfahren unterfielen, sei auch in systematischer Hinsicht nicht anzunehmen, dass der Gesetzgeber den Initiatoren im Übrigen eine einheitliche Handhabung weiter habe erschweren wollen, indem bei fiktiv gewerblichen Fonds – je nachdem, ob kapitalproportionale oder kapitaldisproportionale Gewinnanteile bezogen würden – auf „normale“ Gewinnanteile das Teileinkünfteverfahren nach § 3 Nr. 40 S. 1 EStG, auf den Carried Interest hingegen das Teileinkünfteverfahren nach § 3 Nr. 40a EStG Anwendung fände.

(iv) Daher schließe § 18 Abs. 1 Nr. 4 Hs. 2 EStG auch nur für den Carry-Holder als „Beteiligten“ die Anwendung des § 15 Abs. 3 EStG aus. Hierdurch werde – ausweislich der Gesetzesbegründung – sichergestellt, dass Einkünfte, die ein Carry-Holder über einen vermögensverwaltenden Fonds beziehe, nicht deswegen aus dem Anwendungsbereich der Norm fielen, weil der Carry-Holder selbst fiktiv gewerblich sei. Dagegen solle der Ausschluss nicht erreichen, dass der Fonds „entfärbt“ oder „entprägt“ werde.

d) Es finde zudem keine Umqualifizierung der gewerblichen Gewinnanteile in Einkünfte aus freiberuflicher oder gewerblicher Tätigkeit „aufgrund besonderer Umstände“ bei der Carry-Gesellschaft als Mitunternehmerin statt.

(i) Zwar träfen die Initiatoren über ihre Tätigkeit für die Management-Gesellschaft die Anlageentscheidungen für den Fonds, wobei diese Tätigkeit im Wesentlichen über den Carried Interest vergütet würde. An-

466 Nach den Feststellungen des Hessischen FG war der Fonds – wie dargestellt – rein vermögensverwaltend tätig, aber gewerblich geprägt.

lageberater erzielten aber „unabhängig von ihrer Ausbildung und der näheren Ausgestaltung der Tätigkeit keine freiberuflichen, sondern gewerbliche Einkünfte".[467]

(ii) Eine gewerbliche Tätigkeitsvergütung scheide aus. Zwar könne im Gesellschaftsvertrag grundsätzlich auch eine schuldrechtliche Tätigkeitsvergütung vereinbart werden. Hierfür müsse die Vergütung zum einen (i) handelsrechtlich auf Ebene des Fonds als Ausgabe behandelt und zum anderen (ii) erfolgsunabhängig gewährt werden. Beides sei jedoch vorliegend nicht gegeben.

III. Bewertung

Der BFH erkennt für gewerbliche Fonds – ebenso wie das dargestellte FG München-Urteil zu vermögensverwaltenden Fonds[468] – den Carried Interest seiner Rechtsnatur nach als kapitaldisproportionalen Gewinnanteil an.

Dieses Ergebnis entnimmt er im Wesentlichen dem folgenden „Dreiklang", d.h.:

(i) der Anerkennung des gewerblichen Fonds als Steuerrechtssubjekt für Zwecke der Einkünftequalifikation,

(ii) der Zurechnung der auf Fonds-Ebene festgestellten Gewinnanteile an die Carry-Gesellschaft als Mitunternehmerin (und die Initiatoren) nach Maßgabe des § 15 Abs. 1 S. 1 Nr. 2 S. 1 EStG und

(iii) der Ablehnung einer Umqualifizierung des Carried Interest als von dem Fonds bezogener Gewinnanteile in eine (verdeckte) Tätigkeitsvergütung wegen fehlender besonderer Umstände auf Gesellschafterebene.

1. Einheitsbetrachtung auch bei gewerblichen Fonds

a) Ebenso wie bei vermögensverwaltenden Personengesellschaften geht der BFH zur Bestimmung der Rechtsnatur des Carried Interest i.S.d. Einheitsbetrachtung von der Ebene des (gewerblichen) Fonds aus.[469]

---

467 Siehe BFH, Urteil v. 11.12.2018, VIII R 11/16, BFHE 263, 418, DStR 2019, 1136 unter „Gründe" II. 3. a) cc) (1).

468 Vgl. Zweites Kapitel unter B. V. 2.

469 Vgl. Zweites Kapitel unter B. II.

Der VIII. Senat folgt so der ständigen BFH-Rechtsprechung, nach der auch bei einer gewerblichen Mitunternehmerschaft die Mitunternehmer in gesamthänderischer Verbundenheit den jeweiligen Einkünftetatbestand erfüllen.[470] Damit ist auch für gewerbliche Fonds darauf abzustellen, ob der Fonds Einkünfte erzielt und wie diese Einkünfte auf dessen Ebene zu qualifizieren sind.

b) Anknüpfend an die Bestimmung der Einkunftsart auf Fonds-Ebene (gewerbliche Gewinnanteile) nimmt der BFH zunächst eine korrespondierende Einkünftezurechnung der gewerblichen (kapitalproportionalen und kapitaldisproportionalen) Gewinnanteile an die Carry-Gesellschaft allein auf Grundlage ihrer Mitunternehmer-Eigenschaft an. Dies ist sachgerecht, da im Rahmen doppel- oder mehrstöckiger Personengesellschaftsstrukturen auch Personengesellschaften Mitunternehmer sein können, denen die Gewinnanteile gemäß § 15 Abs. 1 S. 1 Nr. 2 S. 1 Hs. 1 EStG zuzurechnen sind.[471] Mitunternehmer ist grundsätzlich, wer Unternehmerrisiko trägt und Unternehmerinitiative entfaltet.[472]

Für die Carry-Gesellschaft und Initiatoren bedeutet dies, dass beide regelmäßig „entlang der Beteiligungskette" als Mitunternehmer anzusehen sind, da die Carry-Gesellschaft und die Initiatoren[473] – wie auch im Urteilsfall – in der Praxis mit einer (wenn auch geringen) Kapitaleinlage an dem Fonds beteiligt sind, sodass sie am Erfolg und Misserfolg des Fonds teilnehmen, d.h. Mitunternehmerrisiko tragen. Darüber hinaus haben die Initiatoren über die Carry-Gesellschaft – im Vergleich zu gewöhnlichen Kommanditisten – besonders ausgeprägte Einflussnahmemöglichkeiten auf die Unternehmensentwicklung des Fonds, entfalten also Mitunternehmerinitiative.

c) Anders als bei vermögensverwaltenden Fonds[474] stellt der BFH damit für die Einkünftezurechnung nicht unmittelbar auf die zugrunde liegende Gewinnverteilungsabrede ab.

---

470 BFH, Beschluss v. 3.7.1995, GrS 1/93, BFHE 178, 86, BStBl. II 1995, 617, DStR 1995, 1339 (1341).

471 BFH, Urteil v. 25.2.1991, GrS 7/89, BFHE 163, 1, BStBl. II 1991, 691, DStR 1991, 506.

472 *Hennrichs* in: Tipke/ Lang, Kap. 10. Rn. 10.35.

473 Die Initiatoren sind in dem Fall Mitunternehmer der gewerblich infizierten Carry-Gesellschaft. Die Initiatoren stehen als Obergesellschafter und mittelbare Gesellschafter der Untergesellschaft der unmittelbar beteiligten Obergesellschaft (Carry-Gesellschaft) gleich, § 15 Abs. 1 S. 1 Nr. 2 S. 2 EStG. Dies gilt aber nur, wenn beide als Mitunternehmer anzusehen sind, vgl. R 15.8 (2) EStR 2012.

474 Vgl. Zweites Kapitel unter B. III. 2. a).

Vielmehr weist der BFH der Carry-Gesellschaft[475] deren kapitaldisproportionalen Gewinnanteile allein nach Maßgabe des § 15 Abs. 1 S. 1 Nr. 2 S. 1 Hs. 1 EStG zu, woraus sich aber mittelbar die Maßgeblichkeit des handels- und gesellschaftsvertraglichen Gewinnverteilungsschlüssels aus dem Fonds-Vertrag ergibt.[476]

Dem ist bei der Bewertung des Carried Interest bei gewerblichen Fonds uneingeschränkt zuzustimmen, da bereits der Wortlaut der Norm[477] auf die handelsrechtliche Gewinnverteilung verweist, die es mangels steuerlich abweichender Bestimmungen des EStG zu berücksichtigen gilt.[478]

Daher kommt es auch für die Einkünftezurechnung der gewerblichen Gewinnanteile an die Carry-Gesellschaft – wie bei vermögensverwaltenden Personengesellschaften auch[479] – nicht darauf an, ob die Carry-Gesellschaft einer eigenen Tätigkeit nachgeht; die Carry-Gesellschaft wird allein aufgrund ihrer Mitunternehmer-Eigenschaft und den Bezug gewerblicher Gewinnanteile gewerblich infiziert.[480]

d) Eine besondere Angemessenheitsprüfung nimmt der VIII. Senat für die Frage nach der steuerlichen Anerkennung einer kapitaldisproportionalen Gewinnverteilungsabrede bei gewerblichen Fonds bezeichnender Weise gerade nicht vor.[481]

Zwar entspricht es auch der ständigen BFH-Rechtsprechung zu gewerblichen Mitunternehmerschaften, kapitaldisproportionale Gewinnver-

---

475 Daran anschließend findet eine entsprechende Einkünftezurechnung an die Initiatoren statt.

476 BFH, Beschluss v. 10.11.1980, GrS 1/79, BFHE 132, 244, BStBl. II 1981, 164.

477 § 15 Abs. 1 S. 1 Nr. 2 S. 1 Hs. 1 EStG.

478 BFH, Beschluss v. 10.11.1980, GrS 1/79, BFHE 132, 244, BStBl. II 1981, 164-170, unter Entscheidungsgründe C. I. 2. a) („Da der Ausdruck Gewinnanteile der Gesellschafter einer OHG, einer KG (…) auf die handelsrechtliche Gewinnverteilung der Personenhandelsgesellschaften verweist und das Steuergesetz darüber allgemein keine Vorschriften enthält, ist nach ständiger BFH-Rspr. der handelsrechtliche Gewinnverteilungsschlüssel maßgebend. (…) Handelsrechtlich sind die Anteile der Kommanditisten am Gewinn und Verlust der Gesellschaft i.d.R. im Gesellschaftsvertrag bestimmt."); vgl. BFH, Urteil v. 19.8.1999, I R 77/96, BFHE 189, 342, BStBl. II 2001, 43, DStR 1999, 1849.

479 Vgl. Zweites Kapitel unter B. II. 1. b).

480 § 15 Abs. 3 Nr. 1 S. 1 Hs. 2 EStG, wohingegen bei vermögensverwaltenden Personengesellschaften allein aus dem für alle Personengesellschaften geltenden Transparenzprinzip folgt, dass die Beteiligungserträge als solche unverändert „durchgereicht" werden.

481 Vgl. Zweites Kapitel unter B. IV. 3.

teilungsabreden unter den Vorbehalt besonderer einkommensteuerlicher Bestimmungen zu stellen.[482]

Auch bei Mitunternehmerschaften erkennen BFH und Finanzverwaltung aber die unter fremden Dritten zustande gekommene Gewinnverteilungsabrede grundsätzlich an, wenn der Angemessenheit der Gewinnabrede keine konkreten Anhaltspunkte im Einzelfall entgegenstehen. Dementsprechend ist auch der VIII. Senat in dem Urteilsfall zu Recht davon ausgegangen, dass dies bei den Beteiligten nicht der Fall war.

2. Umqualifizierung des Carried Interest als Gewinnanteil in eine Tätigkeitsvergütung

Im Rahmen seiner Prüfung, ob der Carried Interest als kapitaldisproportionaler Gewinnanteil ausnahmsweise in eine (verdeckte) Tätigkeitsvergütung umzuqualifizieren ist, lehnt der VIII. Senat eine mögliche „Umqualifizierung" des Carried Interest aufgrund der Systematik des Sondertatbestand des § 18 Abs. 1 Nr. 4 EStG[483] ebenso ab wie eine Umqualifizierung in eine freiberufliche oder gewerbliche Tätigkeitsvergütung nach allgemeinen Grundsätzen.

Der VIII. Senat trägt mit seiner Prüfung einer möglichen Umqualifizierung des Carried Interest den dargestellten Grundsätzen des Großen Senats Rechnung, nach denen im Rahmen einer Gesamtbetrachtung zu bewerten ist, ob die auf Fonds-Ebene festgestellten gewerblichen Gewinnanteile aufgrund besonderer Umstände bei der Carry-Gesellschaft anderweitig zu qualifizieren sind.[484] Dies wäre nach Ansicht des VIII. Senats der

---

482 BFH, Urteil v. 29.5.2001, VIII R 10/00, BFHE 195, 486, BStBl. II 2001, 747, DStRE 2001, 1225. Hierzu gehören auch die – eingangs bei vermögensverwaltenden Fonds dargelegten (Zweites Kapitel unter B. IV. 1. und 2.) – Verbote der rückwirkenden Gewinnverteilungsabrede und des Abzugs privater Zuwendungen (Einkommensverwendung), siehe *Schenke* in: BeckOK EStG, K/ K/ R, § 15 Rn. 1613.

483 Der BFH lehnt dies – wie dargelegt – ab, da auch ein gewerblich geprägter Fonds keine „vermögensverwaltende Gesellschaft" i.S.d. § 18 Abs. 1 Nr. 4 EStG sein könne. Ob die Norm ihrer systematischen Stellung nach aber überhaupt eine „Umqualifizierung" des Carried Interest in eine Tätigkeitsvergütung enthält, ist Untersuchungsgegenstand des nachfolgenden Dritten Kapitels.

484 BFH, Beschluss v. 3.7.1995, GrS 1/93, BFHE 178, 86, BStBl. II 1995, 617, DStR 1995, 1339 (1341).

Fall, wenn *außerhalb* des Fonds als Gemeinschaft bei der Carry-Gesellschaft besondere Umstände verwirklicht würden.[485]

a) Freiberufliche Tätigkeitsvergütung

aa) Zwar spricht es aus Sicht des VIII. Senats für das Vorliegen einer freiberuflichen Tätigkeitsvergütung, dass die Initiatoren im Streitfall „auf Ebene der Management-Gesellschaft anlageberatend für die Fondsgesellschaften *tätig* waren und *diese Tätigkeiten*[486] lediglich mittels der Gewinnanteile vergütet wurden, die der S-LP (Anm.: Carry-Gesellschaft) von den Fondsgesellschaften gewährt wurden". Der VIII. Senat scheint also davon auszugehen, dass dem Carried Interest eine gewöhnliche, anlageratende Tätigkeit zugrunde liegt.

Wie aber bereits im Rahmen der Bewertung des Carried Interest bei vermögensverwaltenden Fonds dargelegt,[487] kann es für die Einkünftequalifikation des Carried Interest – wie nun auch der BFH im Ergebnis zu Recht bei gewerblichen Fonds feststellt – nicht darauf ankommen, welche Art von Leistung dem Carried Interest zugrunde liegt, da ein Gesellschafterbeitrag auch in einer herkömmlichen Dienstleistung bestehen kann.[488]

bb) Der VIII. Senat nimmt daher die Abgrenzung des Carried Interest als eines Gewinnanteils von einer (freiberuflichen) Tätigkeitsvergütung allein auf Basis der Parteivereinbarung vor. Für den Senat ist entscheidend, ob die dem Carried Interest zugrunde liegende Vereinbarung *inner- oder außerhalb* des Gesellschafterverhältnisses liegt:

Leistungen der Initiatoren, die diese vereinbarungsgemäß auf *gesellschaftsvertraglicher* Grundlage zum Bezug des Carried Interest berechtigten, waren daher im Urteilsfall von den Leistungen abzugrenzen, die sie gegenüber der (externen) Management-Gesellschaft auf *schuldrechtlicher* Grundlage erbrachten.[489]

Aufgrund dieser Trennung und der alleinigen Maßgeblichkeit der Gewinnverteilungsabrede gelangt der BFH sogar trotz des Umstands, dass die Initiatoren ihre Tätigkeit auf Ebene der Management-Gesellschaft gerade

485 D.h. auch bei gewerblichen Mitunternehmerschaften kann nur auf Ebene des Gesellschafters abschließend festgestellt werden, welche Einkünfte vorliegen.

486 Hervorhebung durch den Verfasser.

487 Vgl. Zweites Kapitel unter B. VI. 2. a).

488 § 706 Abs. 3 BGB.

489 So *Buge*, Ubg 2019, 432 (437).

nicht schuldrechtlich vergütet bekamen, zu der Einordnung des Carried Interest als eines Gewinnanteils. Dies ist nur konsequent, da auch bei gewerblichen Mitunternehmerschaften unter dem Rückgriff auf die Gewinnverteilungsabrede dem steuerlichen Leistungsfähigkeitsprinzip Rechnung zu tragen ist.[490]

Der Vollständigkeit halber weist der Senat zutreffend darauf hin, dass eine Qualifikation als Anlageberater bereits deswegen ausscheide, weil Anlageberater gewerbliche und keine freiberuflichen Einkünfte erzielten.

b) Gewerbliche Tätigkeitsvergütung

aa) Auch für die Frage nach dem Vorliegen einer *gewerblichen* Tätigkeitsvergütung stellt der VIII. Senat zu Recht auf die Vereinbarung aus dem Fonds-Vertrag und nicht auf die dem Carried Interest zugrunde liegende Leistung ab.

Bei einer gewerblichen Tätigkeitsvergütung handelt es sich im Ergebnis um eine sog. Sondervergütung. Darunter fallen all jene Bezüge, die der einzelne Mitunternehmer *außerhalb* der Gesellschaft dafür erhält, dass er an die Gesellschaft besondere Leistungen erbringt, d.h. z.B. besondere Dienste leistet.[491] Ebenso wie bei vermögensverwaltenden Fonds ist auch bei gewerblichen Fonds im Grundsatz bei Fehlen besonderer Umstände nicht vom Vorliegen einer außergesellschaftlichen Leistungsbeziehung zwischen den Initiatoren und dem Fonds auszugehen.[492] Auch insoweit ergeben sich also keine wertungsmäßigen Unterschiede zu vermögensverwaltenden Fonds.

Dies folgt – wie dargelegt – nicht nur aus deren gesellschaftsvertraglicher Gebundenheit, sondern auch daraus, dass die Initiatoren gewerblicher Fonds ein- und dieselben Leistungsbeiträge zugunsten des Fonds erbringen, die – wie bei vermögensverwaltenden Fonds – auf Leistungsver-

490 Vgl. Zweites Kapitel unter B. III. 1.

491 § 15 Abs. 1 S. 1 Nr. 2 S. 1 Hs. 2 EStG; siehe hierzu *Hennrichs* in: Tipke/ Lang, Kap. 10 Rn. 10.106. Die Sondervergütungen werden nicht durch das TEV nach § 3 Nr. 40 S. 1 EStG begünstigt.

492 So auch *Herzig/ Gocksch*, DB 2002, 600 (604f.). Die Autoren verneinen ebenfalls das Vorliegen eines gesonderten Leistungsaustausches zwischen den Initiatoren und dem Fonds. Beim Carried Interest fehle es für dessen Einordnung als gewerbliche Tätigkeitsvergütung u.a. an einer „bestimmten Vergütung für eine bestimmte Leistung."

einigung bei dem Fonds gerichtet und damit durch das Gesellschaftsverhältnis veranlasst sind.[493]

bb) Konsequenterweise prüft der VIII. Senat daher nur, ob ausnahmsweise aufgrund besonderer Umstände in dem Carried Interest eine (verdeckte) Tätigkeitsvergütung zu sehen ist.

Eine verdeckte Tätigkeitsvergütung liegt nach ständiger BFH-Rechtsprechung vor, wenn eine (verdeckt) schuldrechtliche Tätigkeitsvergütung im Gesellschaftsvertrag vereinbart wird, die von der Gesellschaft handelsrechtlich als Aufwand behandelt und – insbesondere im Gegensatz zu einem Gewinnvorab[494] – erfolgsunabhängig an die Gesellschafter gezahlt wird.[495] Da diese Voraussetzungen – wie bei PE Fonds üblich – im Urteilsfall nicht gegeben waren, lehnte der Senat auch eine Umqualifizierung des Carried Interest in eine gewerbliche Tätigkeitsvergütung ab.

IV. Zwischenergebnis

Der Carried Interest, den die Initiatoren mittelbar über eine gewerbliche Fonds-KG beziehen, ist daher – wie bei vermögensverwaltenden Personengesellschaften – seiner Rechtsnatur nach ein kapitaldisproportionaler Gewinnanteil.[496] Soweit der Carried Interest daher anteilig auf Veräußerungs-

493 *Behrens*, FR 2004, 1211 (1216); vgl. zudem Zweites Kapitel unter B. VI. 3. a) und b).

494 Ein Gewinnvorab liegt vor, wenn einem Gesellschafter auf Grundlage des Gesellschaftsvertrags „Vergütungen" für von ihm erbrachte Dienstleistungen als Gesellschafterbeiträge vorweg aus dem Gewinn gewährt werden (*Tiede* in: H/ H/ R, EStG, § 15 Rn. 480). *Töben/ Schrepp* ist zuzustimmen, dass der – insoweit missverständliche – Begriff „Gewinnvorab" der Rechtsnatur des Carried Interest nicht gerecht wird (*Töben/ Schrepp*, DStR 2019, 526 (530). Denn auch wenn der Gewinnvorab von der Rspr. i.E. wie ein Gewinnanteil behandelt wird, so handelt es sich hierbei um einen Gewinnanteil, der dem Gesellschafter *zeitlich vorweg* aus dem Gesellschaftsgewinn für eine *Dienstleistung* gewährt wird (BFH, Urteil v. 23.1.2001, VIII R 30/99, BFHE 194, 403, BStBl. II 2001, 261, DStRE 2001, 646, zur Abgrenzung eines Dienstleistungsentgelts von einem Gewinnvorab). Hierdurch wird der Carried Interest zu Unrecht in die Nähe einer schuldrechtlichen Tätigkeitsvergütung gerückt, da der Carried Interest weder „vorweg" gewährt wird noch eine Dienstleistung i.e.S. vergütet.

495 BFH, Urteil v. 23.1.2001, VIII R 30/99, BFHE 194, 403, BStBl. II 2001, 621, DStRE 2001, 646.

496 Die Abgrenzung zwischen der vermögensverwaltenden und gewerblichen Tätigkeit eines VC Fonds hat auf die grundsätzliche Einkünftequalifikation als

gewinne von Kapitalgesellschaftsanteilen oder Dividenden entfällt, ist er regulär dem Teileinkünfteverfahren zu unterwerfen.[497]

D. Ergebnisse des Zweiten Kapitels

Das zweite Kapitel hat gezeigt, dass sich die Einordnung und damit die Besteuerung des Carried Interest nicht im „steuerrechtsfreien Raum“ bewegt, sondern sich seine Rechtsnatur grundsätzlich anhand allgemeiner Steuergrundsätze ermitteln lässt. Seiner Rechtsnatur nach ist der Carried Interest bei vermögensverwaltenden und gewerblichen Fonds-Strukturen gleichermaßen ein rein kapitaldisproportionaler Gewinnanteil.

Steuerlich teilen kapitaldisproportionale Gewinnanteile dem Grunde nach das einkommensteuerliche „Einzelschicksal“[498] der auf Fonds-Ebene zu bestimmenden Einkünfte. Diese Auffassung war bis etwa zur Jahrtausendwende in Deutschland herrschend.[499] Der PE-Erlass[500] hat dieses allgemeine steuerliche Selbstverständnis – wie dargelegt – zu Unrecht ins Wanken gebracht. Auch der BFH hat sich in seiner Entscheidung zu dieser Thematik jedenfalls bei gewerblichen Fonds-Strukturen für die Einordnung des Carried Interest als steuerlich anzuerkennenden kapitaldisproportionalen Gewinnanteil ausgesprochen. Eine Reaktion durch die Finanzverwaltung steht noch aus.

Abzuwarten bleibt, ob der BFH den Carried Interest auch bei vermögensverwaltenden Fonds als inkongruenten Gewinnanteil anerkennt. Die Aussagen, die der VIII. Senat zu gewerblichen Fonds getroffen hat, bei denen er eine mögliche „Umqualifizierung“ des Carried Interest als Gewinnanteil in eine Tätigkeitsvergütung nach § 18 Abs. 1 Nr. 4 EStG ablehnt, deuten auf eine entsprechende Bewertung auch bei vermögensverwaltenden Fonds hin. Das FG München hat hierfür jüngst in Fortsetzung der höchstrichterlichen Rechtsprechung den Weg geebnet.

Beteiligungsertrag keinen Einfluss. Sie gibt nur Aufschluss über die Intensität der Marktteilnahme des VC Fonds und seiner Gesellschafter.

497 § 3 Nr. 40 S. 1 lit. a) und d) EStG.

498 *Herzig/ Gocksch*, DB 2002, 600 (602).

499 Vgl. Fn. 9.

500 BMF v. 16.12.2003, IV A 6-S 2240-153/03, BStBl. I 2004, 40, FR 2004, 177.

Drittes Kapitel: Zur Systematik des § 18 Abs. 1 Nr. 4 EStG und dessen Geltungsgrund

Die Rechtsnatur des Carried Interest als eines kapitaldisproportionalen Gewinnanteils wirft die Frage nach den Beweggründen des Gesetzgebers auf, den Carried Interest – anknüpfend an die (überholte) Rechtsauffassung des BMF aus dem PE-Erlass[501] – systematisch bei den Einkünften aus selbstständiger Arbeit zu verorten (§ 18 EStG).

A. *Ausgangsproblematik*

Läge der Grund für die gesetzliche Zuordnung des Carried Interest zu den Einkünften aus selbstständiger Arbeit darin, dass der historische Gesetzgeber bei der Einordnung des Carried Interest (zu Unrecht) davon ausging, dass dieser seiner Rechtsnatur nach eine Tätigkeitsvergütung sei, so beschränkte sich § 18 Abs. 1 Nr. 4 EStG auf einen rein deklaratorischen Regelungsgehalt.[502] Dieses Rechtsverständnis strahlte dann auf die Anwendbarkeit und Reichweite der einzelnen Tatbestandsmerkmale aus;[503] zugleich würfe es die Frage nach der Daseinsberechtigung der Norm auf.

Erkannte der historische Gesetzgeber den Carried Interest aber (nach Auffassung des Verfassers) zutreffender Weise als kapitaldisproportionalen Gewinnanteil und ordnete diesen nur vor dem Hintergrund der damaligen Besteuerungslücke[504] konstitutiv den Einkünften aus selbstständiger Arbeit zu,[505] so hätte auch dies Auswirkungen auf die Auslegung des § 18 Abs. 1 Nr. 4 EStG. Gleichzeitig stellte sich mit Blick auf die eingeführte Abgeltungssteuer[506] aber auch dann die Frage nach dem heutigen Geltungsgrund von § 18 Abs. 1 Nr. 4 EStG.

---

501 BMF v. 16.12.2003, IV A 6-S 2240-153/03, BStBl. I 2004, 40, FR 2004, 177; vgl. auch Zweites Kapitel unter A. II sowie B. V. 1. und VI. 1.

502 Fn. 22.

503 Vgl. Einleitung unter B. I.

504 Vgl. Zweites Kapitel unter A. I. 1. a) aa).

505 Fn. 25.

506 § 20 i.V.m. § 32d Abs. 1 S. 1 EStG.

Auflösen ließe sich dieses „Dilemma“ durch ein Verständnis der Norm dergestalt, dass die Norm einerseits die Frage nach der Rechtsnatur des Carried Interest als eines kapitaldisproportionalen Gewinnanteils unberührt ließe; dass die andererseits aber systematisch überraschende Einordnung einem besonderen, über die Schließung der Besteuerungslücke hinausgehenden Zweck diente, der einen noch heute angemessenen Geltungsgrund in sich trüge. Dies wäre insbesondere dann der Fall, wenn die „Sondernorm“ des § 18 Abs. 1 Nr. 4 EStG für die Praxis eine auf den Carried Interest zugeschnittene belastungsgerechte Besteuerung der Initiatoren ermöglichen soll.

B. Bestimmung des Regelungsgehalts der Norm

Ausgangspunkt ist die Gesetzeshistorie. Nur sie kann Licht in das Dunkel des gesetzgeberischen Regelungsverständnisses bringen, das der Norm historisch zugrunde liegt.

I. Gesetzeshistorie

1. Gesetzesinitiativen

Die gesetzliche Regelung des Carried Interest wurde durch eine Gesetzesinitiative des Bundesrates angestoßen.[507] Die Bundesländer Bayern, Hamburg, Hessen, Sachsen und Sachsen-Anhalt drangen auf eine gesetzliche Regelung für den Carried Interest, nachdem das BMF im Frühjahr 2001 „unter vehementer Kritik“ erste Entwürfe des PE-Erlasses zur steuerlichen Behandlung des Carried Interest veröffentlicht hatte.[508] In diesen ersten Entwürfen brachte das BMF bereits seine geänderte Rechtsauffassung

507 Gesetzentwurf des Bundesrates v. 9.7.2003, BT.-Drs. 15/1405.

508 Hauptkritikpunkte waren das Vorhaben des BMF, die generelle Gewerblichkeit von PE Fonds durchzusetzen und den Carried Interest als Tätigkeitsentgelt voll zu versteuern (*Watrin/ Wittkowski/ Pott*, DB 2007, 1939). Während das BMF von der generellen Gewerblichkeit von PE Fonds absah, hielt das BMF in seinem späteren PE-Erlass dennoch an seiner Rechtsauffassung zur steuerlichen Qualifikation des Carried Interest als „verdecktes Entgelt“ fest (*Bauer/ Gemmeke*, DStR 2004, 1470 (1471).

zum Ausdruck, den Carried Interest – entgegen der bisherigen Praxis[509] – nicht mehr als steuerlichen Gewinnanteil, sondern nunmehr als (voll steuerpflichtige) Tätigkeitsvergütung zu qualifizieren, um damit die Besteuerungslücke des Carried Interest bei vermögensverwaltenden Fonds zu schließen.[510]

a) Gesetzentwurf des Bundesrates

Die Gesetzesinitiative der genannten Bundesländer zielte daher mit Blick auf die drohende neue Besteuerungspraxis durch die Finanzverwaltung darauf ab, die Rechtsunsicherheit der PE Branche über die mögliche Vollversteuerung des Carried Interest zu beseitigen.[511] Gleichzeitig sollte aber auch die bei vermögensverwaltenden Fonds bestehende Besteuerungslücke geschlossen werden.[512] Diesen Zielsetzungen entsprechend setzte der Bundesratsentwurf an zwei Stellen an:

(i) Ein neuer § 2c EStG sollte für die Initiatoren „vermögensverwaltender Gesellschaften oder Gemeinschaften“ klarstellen, dass alle den Initiatoren zugewiesenen „erhöhten“, d.h. kapitaldisproportionalen Gewinnanteile wie ihre kapitalproportionalen Gewinnanteile zu behandeln sind.[513]

(ii) § 17 EStG a.F. sollte um den Absatz 1a erweitert werden, wonach Absatz 1 auch in den Fällen Anwendung finden sollte, in denen die Initiatoren durchgerechnet mit weniger als einem Prozent an dem Kapital des Zielunternehmens beteiligt waren, aber Gewinnanteile oberhalb

---

509 Die steuerliche Behandlung des Carried Interest als eines kapitaldisproportionalen Gewinnanteils entsprach in den meisten Bundesländern der Verwaltungspraxis (*Bauer/ Gemmeke*, DStR 2004, 1470 (1471).

510 Vgl. Zweites Kapitel unter A. I. 1. a) und II.

511 BT.-Drs. 15/1405, 6.

512 BT.-Drs. 15/1405, 6.

513 BT.-Drs. 15/1405, 6. Da also die „normalen“ kapitalproportionalen Gewinnanteile (Veräußerungsgewinne, Dividenden) dem damaligen HEV unterfielen, sollten auch die „erhöhten“ kapitaldisproportionalen Gewinnanteile (Carried Interest) ihrer Quelle entsprechend hälftig steuerbefreit werden, vgl. § 3 Nr. 40 S. 1 lit. a) und d) EStG a.F.; Zinsen sollten weiterhin von dem HEV ausgeschlossen bleiben; vgl. Zweites Kapitel unter A. I. 1.

der 1%-Schwelle bezogen.[514] Unterhalb der 1%-Schwelle sollte es bei der Steuerfreiheit privater Veräußerungsgewinne bleiben.

b) Gesetzentwurf der Koalitionsfraktionen

Die Koalitionsfraktionen der damaligen Bundesregierung (SPD, Bündnis 90/ Die Grünen) griffen die Initiative des Bundesrates mit einem Gegenentwurf auf.[515] Auch sie wollten einerseits die bestehende Besteuerungslücke bei vermögensverwaltenden Fonds schließen und andererseits die Vollversteuerung des Carried Interest vermeiden.[516] Diese Ziele sollten aber auf einem anderen Weg erreicht werden:

Während der Bundesratsentwurf der bis dahin herrschenden Literaturauffassung und der vormaligen Verwaltungspraxis folgte,[517] die den Carried Interest als steuerlichen Gewinnanteil verstanden, sattelte der Gesetzentwurf der Koalitionsfraktionen steuersystematisch auf dem zwischenzeitlich ergangenen PE-Erlass auf.[518] Kern des Entwurfes war somit das vom PE-Erlass übernommene Verständnis des Carried Interest als eines „verdeckten Entgeltes". Der Entwurf sah aber nicht wie der Bundesratsentwurf die Schaffung eines neuen Steuertatbestands vor;[519] man wollte stattdessen lediglich die Qualifizierung des Carried Interest als einer Tätigkeitsvergütung deklaratorisch absichern, indem man den – über vermögensverwaltende Fonds bezogenen – Carried Interest als sog. „Vergütung" auf Rechtsfolgenebene ebenfalls dem Halbeinkünfteverfahren unterwerfen wollte.[520]

Dies sollte durch einen neuen § 3 Nr. 40 S. 1 lit. k) EStG geschehen, der die hälftige Steuerbefreiung des Carried Interest an die Voraussetzung knüpfte, dass dieser aus Veräußerungsgewinnen von Kapitalgesellschafts-

514 BT.-Drs. 15/1405, 5, 6. Dabei sah dessen Hs. 2 vor, erhöhte Veräußerungsgewinne an derselben Kapitalgesellschaft innerhalb eines Zeitraumes von fünf Jahren zusammen zu rechnen, um Umgehungsgestaltungen zu vermeiden. Spiegelbildlich zum neuen Abs. 1a sollte zudem ein neu eingefügter Satz 2 in § 17 Abs. 2 EStG die Geltendmachung von erhöhten Veräußerungsverlusten unter die Bedingung stellen, dass die Voraussetzungen für die Erfassung eines Gewinns seit mindestens fünf Jahren gegeben waren.

515 Gesetzentwurf der Fraktionen SPD und Bündnis 90/ Die Grünen v. 25.5.2004, BT.-Drs. 15/3189.

516 BT.-Drs. 15/3189, 1.

517 Vgl. Zweites Kapitel unter A. I.

518 *Bauer/ Gemmeke*, DStR 2004, 1470 (1471).

519 I.S.d. § 2c EStG.

520 *Bauer/ Gemmeke*, DStR 2004, 1470 (1471).

anteilen stammte.[521] Die Gewinnanteile gewerblicher Fonds sollten nicht dem neuen Halbeinkünfteverfahren unterfallen.[522]

2. Beschlussfassung des Bundestages

Der Bundestag legte beide Gesetzentwürfe dem Finanzausschuss zur federführenden Beratung und dem Ausschuss für Wirtschaft und Arbeit zur Mitberatung vor.[523] Diese holten zunächst die Stellungnahme der Bundesregierung,[524] von Einzelsachverständigen, Verbänden und Institutionen ein.

a) Anhörung

Im Mittelpunkt stand bei allen Beteiligten das Bedürfnis, den Carried Interest im Sinne der Rechtssicherheit gesetzlich zu definieren. So werde verhindert, dass der betreffende Gesetzesentwurf durch die jeweils „im Raum stehende" gegenteilige Rechtsauffassung verdrängt werden könne und damit ins Leere liefe.[525] Es obliege dem Gesetzgeber, eine – im Idealfall systemgetreue – Grundentscheidung über die steuerliche Qualifikation des Carried Interest zu treffen, die es sowohl den Initiatoren als auch den Investoren erlaube, Investitionen in deutsche Unternehmen langfristig zu planen.

Die hinzugezogenen Sachverständigen unterstützten im Ergebnis den Bundesratsentwurf:[526] Nur dieser erkenne den Carried Interest im Einklang mit den allgemeinen Steuergrundsätzen als steuerlichen Gewinnanteil für die immateriellen Gesellschafterbeiträge der Initiatoren an.[527] Der

---

521 Dividenden sollten daher anders als nach dem Bundesratsentwurf nicht unter das HEV fallen, ebenso wenig Zinsen.

522 BT.-Drs. 15/3189, 3.

523 Beschlussempfehlung und Bericht des Finanzausschusses v. 16.6.2004, BT.-Drs. 15/3336, 4.

524 BT.-Drs. 15/3336, 5.

525 Dt. BT. 15. Wahlperiode, Finanzausschuss, Wortprotokoll v. 14.6.2004 (Protokoll Nr. 15/62), 62. Sitzung (nicht öffentliche Anhörung) (einzusehen im Parlamentsarchiv des Deutschen Bundestags), *Witt*, S. 13, 14 und *Haarmann*, S. 27; im Folgenden als „Nr. 15/62" zitiert.

526 *Seibel*, Nr. 15/62, 19; *Schmitz*, Nr. 15/62, 21, 22; *Haarmann*, Nr. 15/62, 23.

527 *Witt*, Nr. 15/62, 13; *Rodin*, Nr. 15/62, 20, wonach der Carried Interest schlicht eine gesellschaftsvertraglich vereinbarte Ergebnisabrede darstelle; zustimmend

Koalitionsentwurf verzichte demgegenüber auf eine gesetzliche Definition. Überdies begründe er den Verdacht einer steuerlichen Bevorzugung der PE Branche,[528] da er den Initiatoren damit das Halbeinkünfteverfahren für eine nach dem Verständnis des Koalitionsentwurfes an sich voll steuerpflichtige Tätigkeitsvergütung gewähren würde.[529]

Die Hauptkritikpunkte der Sachverständigen waren:

aa) Die Qualifikation des Carried Interest als Tätigkeitsvergütung stehe im Widerspruch zur internationalen Steuerpraxis. Der Carried Interest werde u.a. in den USA, Großbritannien und Frankreich als *capital gain* (Veräußerungsgewinn) anerkannt.[530] Deutschland dürfe keinen Sonderweg einschlagen. Anderenfalls entstünden Qualifikationskonflikte bei grenzüberschreitenden Sachverhalten, die zu einer Doppel- bzw. Nichtbesteuerung des Carried Interest führen könnten.[531]

bb) Der Koalitionsentwurf belaste steuerlich auch die Investoren. Gerade die Investoren gelte es mit Blick auf die allgemeine Förderung von VC in Deutschland steuerlich zu entlasten.[532] So sei fraglich, ob der Carried Interest von den übrigen Investoren für den Fall, dass dieser als Tätigkeitsentgelt gewertet werde, als Betriebsausgabe/ Werbungskosten ergebnismindernd abgezogen werden könne.[533] Genau dies sei nach der Wertung des PE-Erlasses notwendig: Der Carried Interest werde den Investoren als erhöhter Gewinnanteil zugerechnet; die anschließende Weiterreichung an die Initiatoren stelle für sie eine grundsätzlich steuerlich unbeachtliche Einkommensverwendung dar.[534]

cc) Der Koalitionsentwurf knüpfe lediglich an den Gewinn aus der Veräußerung von Kapitalgesellschaftsanteilen an. Hierdurch würden zum einen Dividenden als potenzieller Bestandteil des Carried Interest von dem Halbeinkünfteverfahren ausgeschlossen.[535] Zum anderen könne nach

---

Haarmann, Nr. 15/62, 27, wonach es gesellschaftsrechtlich zulässig sei, „immaterielle Dinge" wie Dienstleistungen einzulegen; so auch *Lupberger*, Nr. 15/62, 31.

528 *Friederichs*, Nr. 15/62, 12; *Haarmann*, Nr. 15/62, 24.

529 *Friederichs*, Nr. 15/62, 15.

530 *Kühr,* Nr. 15/62, 16, 17; *Phillips*, Nr. 15/62, 18; *Rodin*, Nr. 15/62, 20.

531 *Friederichs*, Nr. 15/62, 12; zust. *Haarmann,* Nr. 15/62, 24.

532 *Seibel,* Nr. 15/62, 19; *Schmitz,* Nr. 15/62, 21, 22.

533 *Rodin,* Nr. 15/62, 30 (mit einem Beispielsfall).

534 *Gloede*, Nr. 15/62, 33.

535 *Rodin*, Nr. 15/62, 30 („Carry ist letztlich eine Erfolgsbeteiligung, die sich aus allen Erfolgskomponenten zusammensetzt, aus denen der Fonds seine Rendite speist, und der Entwurf der Koalitionsfraktionen nimmt nur einen Splitterteil sozusagen in die gesetzliche Regelung auf und alle anderen Erfolgskomponenten sind einfach nicht erfasst.")

der *Waterfall-Distribution-Method* der Fall eintreten, dass eine Beteiligungsveräußerung durch den Fonds zwar Liquidität generiere und folglich zu einer Auszahlung von Carried Interest führe, aber in dem betreffenden Veranlagungszeitraum in einem handels- und steuerrechtlichen *Verlust* des Fonds münde.

Beide Punkte seien mit dem Wesen des Carried Interest unvereinbar: Zum einen speise sich der Carried Interest nicht nur aus Veräußerungsgewinnen, sondern aus unterschiedlichen Quellen;[536] zum anderen sei die liquiditätsbasierte Auszahlungsmethode des Carried Interest gerade nicht mit dem tatbestandlichen Anknüpfungspunkt des *Gewinns* zu vereinbaren.[537]

dd) Die Sachverständigen äußerten auch praktische Zweifel an dem Bundesratsentwurf. Dieser knüpfe in § 17 EStG an das dort Anwendung findende Realisationsprinzip an.[538] Danach müssten die Initiatoren den Carried Interest bereits in dem Zeitpunkt versteuern, in dem die Fonds ihre Beteiligungen veräußerten.

Zu diesem Zeitpunkt hätten die Initiatoren allenfalls einen (bedingten) Anspruch, jedenfalls aber keinen tatsächlichen Zugriff auf den Carried Interest. Dieser hänge vom endgültigen Gesamtgewinn des Fonds ab, der zu dem Zeitpunkt der Beteiligungsveräußerung (dem Grunde und der Höhe nach) noch nicht feststehe. Insofern müsse die Steuer entweder gestundet oder der Carried Interest nach dem Zuflussprinzip im Rahmen des § 18 EStG besteuert werden.[539] Letzteres bewirke der Koalitionsentwurf.

ee) Ein weiterer wesentlicher Unterschied liege zudem in der angestrebten Schließung der Besteuerungslücke für private Veräußerungsgewinne aus Kapitalgesellschaftsbeteiligungen. Hier könne es für die Initiatoren bei Zugrundelegung des Bundesratsentwurfs weiterhin zu steuerfreien Carried Interest Zahlungen kommen.[540] Dadurch würden die Initiatoren mit den übrigen Investoren gleichgestellt, sodass Veräußerungsgewinne unterhalb der 1%-Schwelle weiter steuerfrei vereinnahmt werden könnten. Dies sei

---

536 *Phillips*, Nr. 15/62, 17.

537 *Friederichs*, Nr. 15/62, 12 (Ist Carried Interest „das, wo es zuletzt herkam, oder ist es das, was der Grund dafür ist, dass sie Geld bekommen, also ist es der Gewinn aus den früheren Investments?")

538 Schreiben *Witt* v. 10.6.2004 an den Finanzausschuss des Deutschen Bundestages, S. 4 (ebenfalls einzusehen im Parlamentsarchiv des Deutschen Bundestages).

539 *Friederichs*, Nr. 15/62, 15.

540 *Rodin*, Nr. 15/62, 21.

dann allerdings keine rechtliche, sondern vielmehr eine rein politische Entscheidung des Gesetzgebers.[541]

b) Änderungsantrag durch den BT-Finanzausschuss

Der Finanzausschuss gelangte zu der Empfehlung, den Bundesratsentwurf abzulehnen und stattdessen den Koalitionsentwurf – allerdings unter einigen wesentlichen Modifikationen – anzunehmen.[542]

Ausgehend von den allgemeinen Zielsetzungen, die Besteuerungslücke für Ergebnisanteile vermögensverwaltender Fonds außerhalb der §§ 17, 20 und 23 EStG a.F. zu schließen und im Übrigen VC in Deutschland zu fördern, ging der Änderungsantrag des Finanzausschusses strikt ergebnisorientiert vor:

(i) Zum einen sollte der Carried Interest durch einen neuen § 18 Abs. 1 Nr. 4 EStG als grundsätzlich voll steuerpflichtige „Vergütung" qualifiziert und bei den Einkünften aus selbstständiger Arbeit eingeordnet werden.[543] Auf diese Weise sollten die rechtliche Würdigung des PE-Erlasses gesetzlich abgesichert sowie damit verbundene Zweifel ausgeräumt werden.[544]

(ii) Zum anderen sollte – anders als nach dem PE-Erlass – auf den Carried Interest das Halbeinkünfteverfahren im Wege eines neuen § 3 Nr. 40a EStG Anwendung finden.[545] Das Halbeinkünfteverfahren sei mit dem Wesen des Carried Interest als „*erfolgsabhängiger*[546] Tätigkeitsvergütung" zu rechtfertigen[547] und dementsprechend tatbestandlich

541 *Rodin*, Nr. 15/62, 21.

542 BT-Drs. 15/3336, 5, diese Ausschussempfehlung wurde von den Koalitionsfraktionen gegen die Stimmen der Fraktion der FDP unter Stimmenthaltung der Fraktion der CDU/ CSU ausgesprochen. Damit widersetzte sich der Finanzausschuss den Empfehlungen der Sachverständigen, die sich im Ergebnis für den Bundesratsentwurf ausgesprochen hatten.

543 BT.-Drs. 15/3336, 7.

544 BT.-Drs. 15/3336, 7.

545 Die Einfügung des § 3 Nr. 40a EStG sollte die Einbeziehung von Kapitalgesellschaften als Carry-Holder ermöglichen, BT.-Drs. 15/3336, 5.

546 Hervorhebung durch den Verfasser.

547 BT.-Drs. 15/3336, 6. „Dies(es) (Wesen) unterscheide den Carried Interest auch von anderen Tätigkeits- oder Geschäftsführervergütungen und stelle den eigentlichen Anlass für die hälftige Steuerbefreiung dar".

an die vollständige Kapitalrückzahlung aller übrigen Investoren gekoppelt.

3. Gesetzesfassung

Der Änderungsantrag des Finanzausschusses wurde vom Bundestag mit den Stimmen der Koalitionsfraktionen, denen der CDU/ CSU sowie vom Bundesrat ohne weitere Änderungen angenommen.[548] Zwar stellte die Fraktion der CDU/ CSU fest, dass die Qualifizierung des Carried Interest als Einnahme aus selbstständiger Tätigkeit in der Wissenschaft strittig sei.[549] Dennoch befürwortete sie das übergeordnete Anliegen der Rechtssicherheit und Planungssicherheit, sodass der steuersystematische Weg insoweit nicht vorrangig sei. Vor diesem Hintergrund einigten sich die Parteien im Bundestag am Ende auf § 18 Abs. 1 Nr. 4 EStG:

> „Einkünfte, die ein Beteiligter an einer vermögensverwaltenden Gesellschaft oder Gemeinschaft, deren Zweck im Erwerb, Halten und in der Veräußerung von Anteilen an Kapitalgesellschaftsanteilen besteht, als Vergütung für Leistungen zur Förderung des Gesellschafts- oder Gemeinschaftszwecks erzielt, wenn der Anspruch auf die Vergütung unter der Voraussetzung eingeräumt worden ist, dass die Gesellschafter oder Gemeinschafter ihr eingezahltes Kapital vollständig zurückerhalten haben; § 15 Abs. 3 ist nicht anzuwenden."

Die Norm wurde korrespondierend mit § 3 Nr. 40a EStG durch Art. 1 Nr. 2 des Gesetzes zur Förderung von Wagniskapital vom 30.7.2004 (Änderungsgesetz) in das EStG eingefügt.[550]

548 Nur die FDP stellte sich gegen den Änderungsantrag. Auch wenn die FDP das Anliegen der Gesetzentwürfe „in der Sache begrüßte", empfand sie den Bundesratsentwurf als „klarer und rechtssystematisch deutlicher", BT.-Drs. 15/3336, 6.

549 BT.-Drs. 15/3336, 6.

550 § 18 Abs. 1 Nr. 4 EStG sah keine besondere Anwendungsbestimmung vor, sodass die Norm aufgrund des Inkrafttretens des Änderungsgesetzes am 6.8.2004 (Art. 2 des Gesetzes v. 30.7.2004, BGBl. 2004 I, 2013) i.V.m. § 52 Abs. 1 EStG a.F. ab dem VZ 2004 gilt. Dagegen sollte für § 3 Nr. 40a EStG nach einem neu eingefügten § 52 Abs. 4c EStG ein eigenständiger zeitlicher Anwendungsbereich gelten. Dieser sah die Anwendung des HEV für Gesellschaften vor, die dem Anwendungsbereich des § 18 Abs. 1 Nr. 4 EStG unterfallen und nach dem 31.3.2002 gegründet wurden, oder soweit die Vergütungen in Zshg. mit der Veräußerung von Anteilen an Kapitalgesellschaften standen, die nach dem 7.11.2003 erworben wurden (*Levedag* in: BeckOK EStG, K/ K/ R, § 18 Rn. 526);

4. Formalsystematische Bewertung des § 18 Abs. 1 Nr. 4 EStG

§ 18 Abs. 1 Nr. 4 EStG stellt einen systematischen „Fremdkörper" innerhalb der Einkünftetatbestände dar:[551] Zum einen ist der Carried Interest grundsätzlich – wie das Zweite Kapitel gezeigt hat[552] – als kapitaldisproportionaler Gewinnanteil des Initiators zu qualifizieren. Als Gewinnanteil kann der Carried Interest aber folglich nur unter die §§ 15, 17, 20 und 23 EStG subsumiert werden;[553] zum anderen wäre die Anwendung des Teileinkünfteverfahrens nicht gerechtfertigt, wenn der Carried Interest nach der Maxime der Parteivereinbarung[554] ausnahmsweise als schuldrechtliche Tätigkeitsvergütung zu qualifizieren wäre.[555]

Die Norm kann mit Blick auf die Rechtslage vor Einführung der Abgeltungssteuer[556] daher nur als rechtspolitischer Kompromiss gesehen werden, da der Carried Interest nach herrschender Meinung außerhalb der §§ 17, 20 und 23 EStG nicht steuerbar war:[557]

a) Diese Besteuerungslücke sollte § 18 Abs. 1 Nr. 4 EStG – anders als der Bundesratsentwurf es vorsah – auch für die Fälle schließen, in denen die Initiatoren den Carried Interest über vermögensverwaltende Fonds bezogen und durchgerechnet sowohl eine Kapitalbeteiligung unterhalb der Beteiligungsschwelle von einem Prozent an dem Zielunternehmen hielten als auch Gewinnanteile *unterhalb* der 1%-Grenze zugewiesen bekamen. Gleichzeitig sollte der Carried Interest aber durch die Anwendung des Halb- bzw. Teileinkünfteverfahrens nicht voll besteuert werden, wie die Finanzverwaltung es auf Grundlage des PE-Erlasses anstrebte.[558]

---

zur heutigen Anwendung des HEV nach a.F. v. 6.8.2004 siehe § 52 Abs. 4 S. 12 EStG; zur aktuellen Fassung v. 19.8.2008 und der Anwendung des heutigen TEV siehe § 52 Abs. 4 S. 13 EStG.

551 *Korn* in: Korn, EStG, § 18 Rn. 103.2.

552 Vgl. Zweites Kapitel unter B.

553 Vgl. Übersicht unter Fn. 440 über die Meinungen in der Literatur, die den Carried Interest als steuerlichen Gewinnanteil anerkennen.

554 Vgl. Zweites Kapitel unter B. VI. 2. b).

555 *Anzinger/Jekerle*, IStR 2008, 821 (826); *Weber-Grellet*, DStR 2018, 992 (994).

556 Vgl. Zweites Kapitel unter A. I.

557 Als „Kompromiss" bezeichnen die folgenden Autorinnen und Autoren § 18 Abs. 1 Nr. 4 EStG: *Anzinger/ Jekerle*, IStR 2008, 821; *Behrens*, FR 2004, 1211 (1219); *Geerling/ Ismer*, DStR 2005, 1596; *Güroff* in: L/ B/ P, EStG, § 18 Rn. 367; *Korn* in: Korn, EStG, § 18 Rn. 103.2; *Friederichs/ Köhler*, DB 2004, 1638; *Levedag* in: BeckOK EStG, K/ K/ R, § 18 Rn. 508.

558 BMF v. 16.12.2003, IV A 6-S 2240-153/03, BStBl. I 2004, 40, FR 2004, 177-180.

b) Der sich aus der Gesetzeshistorie ergebende politische Kompromisscharakter der Norm bedingt, dass allein aus dem Umstand, dass der Gesetzgeber den Carried Interest – entgegen seiner Rechtsnatur als Gewinnanteil – den Einkünften aus selbstständiger Arbeit zugeordnet hat, gerade nicht auf einen deklaratorischen Regelungsgehalt der Norm (im Sinne eines rein klarstellenden gesetzgeberischen Bekenntnisses zur Rechtsnatur des Carried Interest als Tätigkeitsvergütung) geschlossen werden kann.[559]

c) Der in § 18 Abs. 1 Nr. 4 EStG zum Ausdruck kommende Kompromiss spiegelt sich auch in der rechtlichen Bewertung des Carried Interest wider, wenn der Carried Interest in den zugrunde liegenden Gesetzesmaterialien als „erfolgsabhängige Tätigkeitsvergütung"[560] definiert wird. Diese politisch motivierte Terminologie ist mitausschlaggebend dafür, dass das Ziel, mit der gesetzlichen Regelung Rechtssicherheit zu schaffen, verfehlt wurde.[561] Hierzu hätte es einer dogmatisch sauberen Lösung wie der des Bundesratsentwurfes bedurft.[562] Dieser stellte – entsprechend dem Ergebnis des Zweiten Kapitels und anders als der Koalitionsentwurf – die steuersystematisch gebotene Gleichbehandlung zwischen kapitalproportionalen und kapitaldisproportionalen Gewinnanteilen klar und erkannte somit den Carried Interest seiner Rechtsnatur nach als Gewinnanteil an.

d) Die gesetzgeberische Entscheidung, sich nicht – oder zumindest nicht ausdrücklich – zugunsten der Rechtsnatur des Carried Interest als eines (erfolgsabhängigen) Gewinnanteils *oder* als einer Tätigkeitsvergütung auszusprechen, trägt dazu bei, dass sich die Diskussion über die Rechtsnatur des Carried Interest (insbesondere) außerhalb des Anwendungsbereiches der Norm aufs Neue entlädt. Denn (spätestens) außerhalb des normativen Anwendungsbereichs des § 18 Abs. 1 Nr. 4 EStG kann die Frage nach der Rechtsnatur des Carried Interest nicht im Sinne eines Kompromisses unbeantwortet bleiben, wenn es darum geht, ob ein Carried Interest als

---

559 So aber *Anzinger/ Jekerle*, IStR 2008, 821 (826) („Subventionscharakter"); *Desens/ Kathstede*, FR 2005, 863 (868) („echte Steuervergünstigung"); *Geerling/ Ismer*, DStR 2005, 1596 (1597); wohl auch *Hutter* in: Blümich, EStG, § 18 Rn. 198, 199.

560 BT.-Drs. 15/3336, 6.

561 Auch wenn – wie dargelegt – der historische Gesetzgeber vielmehr davon ausging, mit der gesetzlichen Regelung „alle Zweifel ausgeräumt" zu haben, BT.-Drs. 15/3336, 7.

562 *Bauer/ Gemmeke*, DStR 2004, 1470 (1472); *Korn* in: Korn, EStG, § 18 Rn. 103.2.

Gewinnanteil für einen immateriellen Gesellschafterbeitrag oder als Tätigkeitsvergütung zu besteuern ist.[563]

II. Bestimmung des gesetzlichen Regelungsgehalts der Norm nach den klassischen Auslegungsmethoden

Der Kompromisscharakter des § 18 Abs. 1 Nr. 4 EStG wirft damit die Frage auf, (i) ob der historische Gesetzgeber den Carried Interest dem Grunde nach – trotz seiner formalsystematischen Stellung bei den Einkünften aus selbstständiger Arbeit – als kapitaldisproportionalen Gewinnanteil anerkennt, und wenn ja, (ii) ob und inwieweit die Norm nach Einführung der Abgeltungssteuer heute noch einen Geltungsgrund besitzt,[564] indem sie für die Initiatoren vermögensverwaltender Fonds eine belastungsgerechte(re) Besteuerung des Carried Interest ermöglicht, die dem zugrunde liegenden wirtschaftlichen Sachverhalt angemessen Rechnung trägt.

a) Vergleicht man § 18 Abs. 1 Nr. 4 EStG zur Bestimmung seines gesetzgeberischen Regelungsgehalts mit den beiden Gesetzentwürfen des Bunderats und der Koalitionsfraktionen, die einmal von der Rechtsnatur des Carried Interest als Gewinnanteil (Bundesrat)[565] und einmal von der Rechtsnatur des Carried Interest als Tätigkeitsvergütung (Koalitionsfraktionen)[566] ausgehen, so fällt auf, dass sich § 18 Abs. 1 Nr. 4 EStG zunächst sprachlich eng am Wortlaut des Koalitionsentwurfes orientiert. Dort heißt es in § 3 Nr. 40 lit. k) EStG:

> (Steuerfrei ist die Hälfte) „der *Vergütung*,[567] die ein Beteiligter an einer vermögensverwaltenden Gesellschaft oder Gemeinschaft *für Leistungen an die Gesellschafter oder Gemeinschafter* zur Förderung des Gesellschafts- oder Gemeinschaftszwecks *erhält*, soweit dafür der Gewinn aus der Veräußerung von Anteilen der Gesellschaft oder Gemeinschaft an einer Kapitalgesellschaft verwandt wird."

---

563 Siehe z.B. *Anzinger/Jekerle*, IStR 2008, 821 (826), die den Carried Interest für die Initiatoren vermögensverwaltender und gewerblicher Fonds außerhalb des § 18 Abs. 1 Nr. 4 EStG unter dessen Nr. 3 subsumieren wollen.

564 *Levedag*, HFR 2019, 759 (766).

565 BT.-Drs. 15/1405.

566 BT.-Drs. 15/3189.

567 Hervorhebungen in dem Zitat durch den Verfasser.

§ 18 Abs. 1 Nr. 4 EStG übernimmt also den Begriff der „Vergütung“ und umreißt durch diesen den sachlichen Anwendungsbereich der Norm.[568]

Andererseits weicht die Gesetzesfassung an mehreren Stellen von dem Wortlaut des Koalitionsentwurfes entscheidend ab:

(i) Die Gesetzesfassung spricht – im Einklang mit dem Entwurf des Bundesrates – von einer Vergütung, die „für Leistungen zur Förderung des Gesellschaftszwecks erzielt“ wird. Das Gesetz bezieht sich dadurch ausdrücklich auf einen dem Carried Interest zugrunde liegenden Gesellschafterbeitrag[569] und rückt insoweit von dem Koalitionsentwurf ab, als der Koalitionsentwurf (unter Außerachtlassung der Gesellschafterstellung der Initiatoren) einen gegenseitigen Leistungsaustausch suggerierte, indem er von einer Vergütung der Initiatoren „für Leistungen *an die Gesellschafter*“ sprach.[570]

(ii) Die Initiatoren „erhalten“ den Carried Interest auch nicht von den anderen Gesellschaftern i.S. eines Entgelts.[571] Vielmehr konstatiert § 18 Abs. 1 Nr. 4 EStG, dass die Initiatoren den Carried Interest nach allgemeinen Grundsätzen der Einkünftequalifikation durch ihre jeweiligen Gesellschafterbeiträge „erzielen“.

(iii) Die Gesetzesfassung knüpft die (steuerbegünstigte) Vergütung der Initiatoren an die Voraussetzung einer vollständigen Kapitalrückzahlung an die Initiatoren, wodurch das Gesetz ebenfalls auf die Rechtsnatur des Carried Interest als erfolgsabhängige Gewinnbeteiligung Bezug nimmt.[572]

b) Es fragt sich daher, warum der Gesetzgeber davon abgesehen hat, den Wortlaut des Bundesratsentwurfes, der den Carried Interest als Gewinnanteil anerkennt, zu übernehmen. In dem Bundesratsentwurf hieß es (§ 2c EStG):

---

568 *Levedag* in: BeckOK EStG, K/ K/ R, § 18 Rn. 588.

569 So auch *Baumgartner,* DStR 2021, 1858, 1862f.); *Töben/ Schrepp*, DStR 2019, 526 (533).

570 Schreiben *Witt* v. 10.6.2004 an den Finanzausschuss des Deutschen Bundestages, S. 4.

571 Damit nimmt der Koalitionsentwurf auf den (fiktiven) „abgekürzten Zahlungsweg“ des PE-Erlasses Bezug, BMF v. 16.12.2003, IV A 6-S 2240-153/03, BStBl. I 2004, 40, FR 2004, 177-180 (Rz. 24).

572 *Baumgartner,* DStR 2021, 1858, 1862f.); *Levedag* in: BeckOK EStG, K/ K/ R, § 18 Rn. 588.

„Ein *erhöhter Gewinnanteil*[573] an gemeinsamen Einkünften und Bezügen, den ein Beteiligter an einer vermögensverwaltenden Gesellschaft oder Gemeinschaft wegen seiner *Leistungen für die Gesellschaft oder Gemeinschaft* erhält, ist in vollem Umfang ebenso zu behandeln wie ein seiner Beteiligung entsprechender Anteil."[574]

Damit hätte der Gesetzgeber den Carried Interest in § 18 Abs. 1 Nr. 4 EStG als („erhöhten") Gewinnanteil definieren können. Dies gälte allerdings nicht, wenn der historische Gesetzgeber über das Tatbestandsmerkmal der „Vergütung" ein besonderes, an das Wesen des Carried Interest geknüpftes Regelungsanliegen verfolgt hätte, das über die Schaffung einer „gewöhnlichen" gesetzlichen Definition für den Carried Interest hätte hinausgehen sollen.

aa) Ein solches Regelungsanliegen ist (ausweislich des Abschlussberichtes des Finanzausschusses) darin zu sehen, dass die Auszahlung des Carried Interest – wie dargelegt[575] – gerade nicht vom handelsrechtlichen *Gewinn* des Fonds abhängig ist, sodass der Terminus „Gewinnanteil" insoweit missverständlich wäre.[576]

bb) Des Weiteren setzt sich der Carried Interest zwar wirtschaftlich aus Veräußerungsgewinnen, Dividenden und Zinsen zusammen, die grundsätzlich jeweils für sich einem bestimmten Einkünftetatbestand des EStG zugeordnet werden können. Die Ausführungen des Zweiten Kapitels haben aber gezeigt, dass die reine liquiditätsbasierte Auszahlungsmethode des Carried Interest (*Waterfall-Distribution-Method*) dazu führt, dass sich die steuerliche Zuordnung des Carried Interest anhand seiner Einzelbestandteile in der Praxis als schwierig erweisen kann,[577] da der Carried Interest rechnerisch „nur" den Saldo aus dem Gesamtüberschuss abzüglich der den Investoren zustehenden Vorabausschüttungen bildet und dem „Empfänger

573 Hervorhebungen in dem Zitat durch den Verfasser.

574 BT.-Drs. 15/1405, 5.

575 Vgl. Zweites Kapitel unter B. VII. 1.

576 „Auch sind Fälle denkbar, in denen der Carried Interest erst bei Liquidierung der letzten Beteiligung zu zahlen ist, bei Veräußerung der letzten Beteiligung aber ein Gewinn nicht entsteht und daher auch nicht zur Zahlung des Carried Interest verwandt werden kann. Der Rechtsgrund für die Zahlung eines Carried Interest wurde hier schon mit den erfolgreichen vorangegangenen Anteilsveräußerungen gesetzt.", BT.-Drs. 15/3336, 7.

577 Vgl. Zweites Kapitel unter B. VII. 1.

des Carried Interest (Initiator) häufig gar nicht bekannt" ist, woraus sich dieser im Einzelnen speist.[578]

cc) Mit dem Begriff der „Vergütung" (anstelle „erhöhter Gewinnanteile") koppelt der Gesetzgeber den Carried Interest daher für Besteuerungszwecke einerseits vom handelsrechtlichen Jahresgewinn ab,[579] andererseits verzichtet er unter praktischen Vereinfachungsgesichtspunkten auf die Zuordnung des Carried Interest zu einer bestimmten Einkunftsquelle (Veräußerungsgewinne, Dividenden und Zinsen).[580] Der Gesetzgeber trug damit den Bedenken der hinzugezogenen Sachverständigen Rechnung, den Carried Interest anderenfalls in der Praxis für die anteilige Steuerbefreiung in jedem Fall „nachhalten" zu müssen.[581]

c) Damit zeigt die grammatikalische und systematische Auslegung der Gesetzesfassung im Spiegel der Gesetzeshistorie, dass mit dem Terminus „Vergütung" nicht die Charakterisierung des Carried Interest durch den PE-Erlass („verdecktes Entgelt") übernommen werden sollte.

Etwas anderes folgt auch nicht daraus, dass § 18 Abs. 1 Nr. 4 EStG die „rechtliche Würdigung" des PE-Erlasses gesetzlich absichern sollte.[582] Denn hierdurch sollte wie dargelegt nur „die grundsätzliche Steuerpflicht des Carried Interest sichergestellt" werden, indem der Carried Interest

578 „Die hälftige Steuerbefreiung solle auch nicht davon abhängig gemacht werden, dass der Gewinn aus der Veräußerung von Anteilen der Gesellschaft oder Gemeinschaft an einer Kapitalgesellschaft für die Zahlung des Carried Interest verwandt wird. Nach Auffassung der Koalitionsfraktionen und der Fraktion der CDU/ CSU kann die Steuerbefreiung nicht von einer rein auf Liquidität abstellenden Betrachtung abhängig gemacht werden, weil dem Empfänger des Carried Interest (Initiator) häufig nicht bekannt sei, aus welchen Mitteln der Fonds diese Forderung begleicht." (BT.-Drs. 15/3336, 5 und 6).

579 *Töben/ Schrepp*, DStR 2019, 526 (529); *Levedag* in: BeckOK EStG, K/ K/ R, § 18 Rn. 609.

580 *Levedag* in: BeckOK EStG, K/ K/ R, § 18 Rn. 507 („Carry als eigenständige Einnahme"); vgl. hingegen *Desens/ Kathstede*, FR 2005, 863 (868), die aus Gesetzgebersicht in der Ausgestaltung des § 18 Abs. 1 Nr. 4 i.V.m. § 3 Nr. 40a EStG eine „echte Steuervergünstigung" sehen, da der Carried Interest unabhängig davon begünstigt werde, ob er sich aus Mitteln speist, auf die das HEV anwendbar wäre. Dem ist nicht zuzustimmen, da der Gesetzgeber – wie dargelegt – den praktischen Zuordnungsproblemen mit Blick auf die besondere Auszahlungsmethode des Carried Interest begegnen wollte.

581 *Friederichs*, Nr. 15/62, 12.

582 BT.-Drs. 15/3336, 7.

„zukünftig *kraft Gesetzes* im Rahmen einer selbstständigen Tätigkeit vereinnahmt wird.“[583]

So wie der Gewinnanteil der Investoren deren erfolgsabhängige „Vergütung“ für die Überlassung von Kapital ist (materieller Gesellschafterbeitrag), so ist der Carried Interest daher die „Vergütung“ für die immateriellen Gesellschafterbeiträge der Initiatoren.[584] Aus diesem Grund hat der historische Gesetzgeber auch nicht auf das Entgelt für eine *Tätigkeit* Bezug genommen, sondern den allgemeinen Begriff der „Vergütung“ für eine *Leistung* gewählt. Der Leistungsbegriff steht dabei kennzeichnend für den *erfolgsabhängigen* Gesellschafterbeitrag, über den Carried Interest erzielt wird (Bsp.: Werkvertrag), während die Erfolgsbezogenheit bei einer geschuldeten Tätigkeit gerade fehlt (Bsp.: Dienstvertrag).

Der historische Gesetzgeber erkennt den Carried Interest daher seiner originären Rechtsnatur nach als Gewinnanteil an. Der dargelegte Kompromisscharakter der Norm („erfolgsabhängige Tätigkeitsvergütung“)[585] drückt sich normativ darin aus, dass der Gesetzgeber den Carried Interest zwar trotz seiner Rechtsnatur als eines kapitaldisproportionalen Gewinnanteils den Einkünften aus selbstständiger Arbeit zuordnet, den Carried Interest aber gleichzeitig dem Halb- bzw. Teileinkünfteverfahren unterwirft.[586] Daraus folgt für die Bestimmung des Regelungsgehalts des § 18 Abs. 1 Nr. 4 EStG, dass es sich um eine konstitutiv regelnde Sondernorm handelt, die den Carried Interest als Gewinnanteil nur innerhalb seines besonderen Anwendungsbereichs in Einkünfte aus selbstständiger Arbeit umqualifiziert.[587]

d) Dieses Rechtsverständnis teilt auch das FG München, das sich mit Urteil vom 17.11.2020 ebenfalls für den konstitutiven Charakter (und da-

---

583 BT.-Drs. 15/3336, 7. I.Ü. verweist der Finanzausschuss auf S. 6 auf die Ausführungen der Koalitionsfraktionen zu ihrem Gesetzesentwurf, wonach vereinbart werde, „dass das Einbringen der immateriellen Leistungen durch die Fonds-Initiatoren, z.B. des Know-how, zu einem überproportionalen *Gewinnanteil* (Carried Interest) führt.“

584 So auch *Töben/ Schrepp*, DStR 2019, 526 (533).

585 Vgl. Drittes Kapitel unter B. I. 4.

586 *Levedag* in: BeckOK EStG, K/ K/ R, § 18 Rn. 511.

587 *Behrens*, FR 2004, 1211 (1211); *Baumgartner*, DStR 2021, 1858, 1862f.); *Brandt* in: H/ H/ R, § 18 Rn. 277; *Figna/ Goldacker/ Mayta*, DB 2005, 966 (970); *Korn* in: Korn, EStG, § 18 Rn. 103.2; *Levedag* in: BeckOK EStG, K/ K/ R, § 18 Rn. 511; *Mihm*, RdF 2020, 113 (117); *Töben/ Schrepp*, DStR 526 (530); *Watrin/ Struffert*, BB 2004, 1888 (188f.); *Weber-Grellet*, DStR 2018, 992 (993).

mit gegen den rein klarstellenden Charakter) des § 18 Abs. 1 Nr. 4 EStG ausgesprochen hat.[588]

Zur Begründung führt das FG München zum einen den Carried Interest als kapitaldisproportionalen Gewinnanteil an, den das Gesetz entgegen seiner Rechtsnatur den Einkünften aus selbstständiger Arbeit zuweise; zum anderen verweist auch das FG München auf den Gesetzeswortlaut, da i.R.d. § 18 Abs. 1 Nr. 4 EStG auf Einkünfte eines Beteiligten abgestellt werde, die dieser als Vergütung für Leistungen zur Förderung des Gesellschaftszwecks erziele. Diese Leistungen zur Förderung des Gesellschaftszwecks könnten i.d.R. nur Gesellschafterbeiträge sein, wobei die dafür gewährte Vergütung regelmäßig im Wege eines (kapitalproportionalen oder kapitaldisproportionalen) Anteils am Gewinn erfolge.[589]

e) Von diesem Rechtsverständnis geht auch der BFH aus. Der VIII. Senat hat sich in seinem Urteil vom 11.12.2018[590] zwar nur am Rande zur Besteuerung des Carried Interest i.R.d. § 18 Abs. 1 Nr. 4 EStG geäußert, dabei aber die Auffassung vertreten, dass gewerbliche Fonds nicht i.S. einer „vermögensverwaltenden Gesellschaft" in den besonderen Anwendungsbereich der Norm fielen.[591] Das systematische Vorgehen des BFH, den Carried Interest in einem ersten Schritt als steuerlichen Gewinnanteil der Carry-KG als Mitunternehmerin anzuerkennen und in einem zweiten Schritt eine „Umqualifizierung" des Carried Interest als gewerbliche Gewinnanteile[592] in Einkünfte aus selbstständiger Arbeit gem. § 18 Abs. 1 Nr. 4 EStG zu prüfen, zeigt, dass auch der VIII. Senat der Norm einen konstitutiven Regelungsgehalt beimisst.[593]

f) Im Ergebnis geht der Telos des § 18 Abs. 1 Nr. 4 EStG damit über einen reinen Fiskalzweck[594] hinaus: Das Tatbestandsmerkmal der „Vergütung" setzt auch heute noch – nach Einführung der Abgeltungssteuer – das besondere Regelungsanliegen des historischen Gesetzgebers um, den Carried Interest mit Blick auf die *Waterfall-Distribution-Method* einer sach-

588 FG München, Urteil v. 17.11.2020, 12 K 2334/18 (Rev. eingelegt, Az. BFH: VIII R 3/21), DStRE 2021, 587.

589 FG München, Urteil v. 17.11.2020, 12 K 2334/18 (Rev. eingelegt, Az. BFH: VIII R 3/21), DStRE 2021, 587 (unter Entscheidungsgründe II. 1. b).

590 BFH, Urteil v. 11.12.2018, VIII R 11/16, BFHE 263, 418, DStR 2019, 1136.

591 Vgl. Zweites Kapitel unter C. II.

592 § 15 Abs. 1 S. 1 Nr. 2 S. 1 Hs. 1 EStG.

593 BFH, Urteil v. 11.12.2018, VIII R 11/16, BFHE 263, 418, DStR 2019, 1136 (unter Entscheidungsgründe II. 3. a) bb).

594 D.h. die Schließung der Besteuerungslücke des Carried Interest außerhalb der §§ 17, 20 und 23 EStG.

gerechten Besteuerung zuzuführen, die die Initiatoren einer angemessenen Besteuerung unterwirft, diese aber zugleich praktisch handhabbar macht (Geltungsgrund).[595]

III. Grundsätzliche Folgerungen aus dem konstitutiven Regelungsgehalt der Norm

Die Auslegung des § 18 Abs. 1 Nr. 4 EStG hat gezeigt, dass der Gesetzgeber den Carried Interest – trotz seiner Bezeichnung als „Vergütung" und seiner Stellung bei den Einkünften aus selbstständiger Arbeit – als kapitaldisproportionalen Gewinnanteil für einen immateriellen Gesellschafterbeitrag begreift.

Erkennt der Gesetzgeber den Carried Interest seinem Wesen nach als kapitaldisproportionalen Gewinnanteil an, ordnet diesen aber dennoch konstitutiv den Einkünften aus selbstständiger Arbeit zu,[596] so fragt sich, (i) wie sich die Umqualifikation des Carried Interest auf seine Besteuerung im Übrigen auswirkt und (ii) ob die sich hieraus ergebenden Besteuerungsfolgen sowohl für die Initiatoren als auch die Investoren belastungsgerecht sind.

1. Zuflussprinzip

a) Ein besonderes Regelungsanliegen dürfte vor dem Hintergrund der Empfehlungen der Sachverständigen[597] für den historischen Gesetzgeber bei der gesetzlichen Zuordnung des Carried Interest zu den Einkünften aus selbstständiger Arbeit gewesen sein, für die Initiatoren das Zuflussprinzip zu sichern.[598] Denn auch wenn § 18 Abs. 1 Nr. 4 EStG keine ausdrückliche, von den allgemeinen Grundsätzen abweichende Regelung für

595 So auch *Töben/ Schrepp*, DStR 2019, 573 (581).

596 Für den konstitutiven Regelungsgehalt der Norm, vgl. auch *Behrens*, FR 2004, 1211 (1211f.), der insoweit in § 18 Abs. 1 Nr. 4 EStG eine neue Einkünftekategorie sieht; ebenso *Buge*, Ubg 2019, 432 (438f.); *Levedag* in: BeckOK EStG, K/ K/ R, § 18 Rn. 511f.

597 Vgl. Drittes Kapitel unter B. I. 2. a).

598 *Töben/ Schrepp*, DStR 2019, 573 (576); zust. *Mihm*, RdF 2020, 113 (116); vgl. Sachverständigen-Anhörung (Drittes Kapitel unter B. I. 2. a) dd).

die zeitliche Zurechnung des Carried Interest beinhaltet,[599] so hat doch die Auslegung des Tatbestandsmerkmals der (erzielten) „Vergütung" gezeigt,[600] dass es dem Gesetzgeber darauf ankam, den Carried Interest unter Vereinfachungsgesichtspunkten als „eigenständige Einnahme"[601] (erst) am Ende der Fonds-Laufzeit, d.h. im Zeitpunkt des tatsächlichen Zuflusses zu besteuern.

Bei diesem Verständnis des gesetzgeberischen Willens kann auf die konkrete Zuordnung des Carried Interest zur jeweiligen Einkunftsquelle verzichtet werden. Denn die Besteuerung beim Initiator findet dann erst statt, wenn der Initiator über den Carried Interest auch tatsächlich wirtschaftlich verfügen kann.[602] Dabei würde hingenommen, dass dadurch die steuerliche Zuordnung des Carried Interest aufgrund der *Waterfall-Distribution-Method* erschwert wird.

Im Umkehrschluss führt das dargelegte Verständnis des Regelungsgehalts des § 18 Abs. 1 Nr. 4 EStG zum Ausschluss des Realisationsprinzips. Anderenfalls – bspw. im Falle des § 17 EStG – käme es für den Initiator zu einer frühzeitigen steuerlichen Belastung im Zeitpunkt einer Beteiligungsveräußerung durch den Fonds, wenn der Initiator zwar einen (auflösend oder aufschiebend) bedingten Anspruch[603] auf den Carried Interest erwirbt, aber noch nicht abschließend feststeht, ob der Gesamtgewinn des Fonds am Ende der Laufzeit die Auszahlung eines Carried Interest in entsprechender Höhe zulässt.[604]

---

599 Siehe *Korn* in: Korn, EStG, § 18 Rn. 103.14; *Levedag* in: BeckOK EStG, K/ K/ R, § 18 Rn. 610; *Töben/ Schrepp*, DStR 2019, 573 (576).

600 Vgl. Drittes Kapitel unter B. II.

601 *Levedag* in: BeckOK EStG, K/ K/ R, § 18 Rn. 507.

602 Vgl. BT.-Drs. 15/3336, 7, wo der gesetzgeberische Wille, möglichst spät auf den Carried Interest steuerlich zuzugreifen, verdeutlicht wird: „Auch sind Fälle denkbar, in denen das Carried Interest erst bei Liquidierung der letzten Beteiligung zu zahlen ist, bei der Veräußerung der letzten Beteiligung aber ein Gewinn nicht entsteht und daher auch nicht zur Zahlung verwandt werden kann. Der Rechtsgrund für die Zahlung eines Carried Interest wurde hier schon mit den erfolgreichen vorangegangenen Anteilsveräußerungen gesetzt. Dieses Beispiel verdeutlicht, dass eine rein liquiditätsmäßige Betrachtung zu unterschiedlichen Ergebnissen in wirtschaftlich vergleichbaren Sachverhalten führen würde.")

603 *Veith* in: P/ R/ W, § 11 Rn. 146.

604 *Töben/ Schrepp*, DStR 2019, 573 (576); vgl. Drittes Kapitel unter B. I. 2. a) dd). In der Praxis werden für den Fall einer (unerwartet) frühzeitigen Besteuerung der Initiatoren Klauseln im Fonds-Vertrag installiert, die den Initiator vor vorläufigen Steueransprüchen schützen sollen, indem der Fonds den Steueranspruch stellvertretend für den Initiatoren vorerst bedient. Unbeschadet hiervon kann es

b) Die vorstehenden Ausführungen zur Anwendung des Zuflussprinzips beim Initiator gelten nur, wenn am Ende einer steuerlich transparenten Beteiligungskette der Initiator als natürliche Person steht, der die vereinfachte Einnahmen-Überschuss-Rechnung[605] in Anspruch nimmt. In dem Fall erzielt der Initiator zwar über § 18 Abs. 1 Nr. 4 EStG Gewinneinkünfte,[606] die für den Initiator die Gewinnermittlung durch Betriebsvermögensvergleich nach sich ziehen.[607]

Der Betriebsvermögensvergleich kommt aber nur zur Anwendung, wenn die Initiatoren *freiwillig* Bücher führen, da sie i.R.d. Einkünfte aus § 18 EStG anderenfalls nicht der steuerlichen Buchführungs- und Bilanzierungspflicht unterliegen.[608] Tun die Initiatoren dies nicht, so können sie für die Gewinnermittlung von der Einnahmen-Überschuss-Rechnung Gebrauch machen, die die Anwendung des Zuflussprinzips vorsieht.

Dies wird in der Praxis aus den genannten Gründen regelmäßig geschehen,[609] sodass es für den Zufluss des Carried Interest bei dem jeweiligen Initiator auf die Erlangung der wirtschaftlichen Verfügungsmacht über den Carried Interest ankommt.[610] Das bedeutet, dass der Carried Interest den Initiatoren in dem Zeitpunkt zufließt, in dem der Carried Interest dem Initiator auf dessen Konto gutgeschrieben oder ausgezahlt wird.[611] Dabei reicht es aus, wenn der Carried Interest der vorgeschalteten Carry-KG zufließt, da eine zwischengeschaltete Carry-KG den Zuflusszeitpunkt nicht hinausschieben kann.[612]

---

sich hierbei aber nur um zivilrechtliche Sicherungsmechanismen handeln, die die grundsätzliche Notwendigkeit einer sachgerechten zeitlichen Besteuerung unberührt lassen.

605 § 4 Abs. 3 S. 1 EStG.

606 § 2 Abs. 2 S. 1 Nr. 1 EStG.

607 § 4 Abs. 1 S. 1 EStG; beim BV-Vergleich bestimmt sich der zu ermittelnde Gewinn oder Verlust unabhängig von dem Zeitpunkt der Zahlungen nach dem Realisationsprinzip, § 252 Abs. 1 Nr. 4 und 5 HGB (*Hey* in: Tipke/ Lang, Kap. Rn. 8.190). Im Übrigen setzt eine Aktivierung des Anspruchs auf einen Carried Interest aber voraus, dass dieser tatsächlich schon – wenn auch bedingt – besteht. Eine reine Chance reichte dafür nicht aus, sodass die Aktivierungspflicht von den konkreten Umständen des Einzelfalles abhängt.

608 § 141 AO; vgl. *Korn* in: Korn, EStG, § 18 Rn. 103.14.

609 *Töben/ Schrepp*, DStR 2019, 573 (576).

610 *Hey* in: Tipke/ Lang, Kap. 8 Rn. 8.58.

611 Vgl. auch *Faigle*, S. 77, der bei der Errichtung von Escrow Accounts auf die Grundsätze über Zahlungen auf Treuhandkonten abstellt. Bei einer aufschiebenden Bedingung des Carried Interest liege kein Zufluss vor.

612 *Töben/ Schrepp*, DStR 2019, 573 (576).

2. Rechtsgrund- vs. Rechtsfolgeänderung

Die Feststellung eines konstitutiven Regelungsgehalts des § 18 Abs. 1 Nr. 4 EStG[613] führt zu der Frage, ob die Norm nur auf die – dem Carried Interest als kapitaldisproportionalem Gewinnanteil an sich zugedachten – Rechtsfolgen ausstrahlt („Rechtsfolgeänderung“)[614] oder ob die Norm den Carried Interest auch in seinem Rechtsgrund, d.h. in seinem Wesen als Gewinnanteil ändert („Rechtsgrundänderung“):[615]

Eine Rechtsfolgeänderung bewirkte für den Carried Interest als eines kapitaldisproportionalen Gewinnanteils (nur) die Anwendung der besonderen Rechtsfolgen,[616] die mit dessen spezialgesetzlicher Zuordnung zu den Einkünften aus selbstständiger Arbeit verbunden sind; eine Rechtsgrundänderung negierte hingegen auch die dem Carried Interest zugrunde liegende inkongruente Gewinnverteilungsabrede und stellte den Carried Interest für Besteuerungszwecke konstitutiv einer Tätigkeitsvergütung gleich.

Wiese man § 18 Abs. 1 Nr. 4 EStG also einen rechtsgrundändernden Regelungsgehalt zu, so träte man mit der gesetzlichen Anordnung des Carried Interest als Tätigkeitsvergütung alle die steuerlichen Folgewirkungen los, die mit der Annahme einer solchen Tätigkeitsvergütung durch die Investoren (Einkommensverwendung) einhergingen. Demnach fände auf Fonds-Ebene zunächst eine kapitalproportionale Ergebnisverteilung statt: Der Carried Interest würde – entsprechend der Argumentation des PE-Erlasses[617] – in einem ersten Schritt den Investoren zugerechnet und

613 D.h. die Umqualifikation des Carried Interest als eines kapitaldisproportionalen Gewinnanteils in eine Tätigkeitsvergütung.

614 Hierzu tendierend *Weber-Grellet*, DStR 2018, 992 (993f.), der zwar § 18 Abs. 1 Nr. 4 EStG insgesamt *nicht* als umqualifizierende Norm begreift, gleichzeitig aber mit den – seiner Ansicht nach normativ verankerten – „drei Grundannahmen“ davon ausgeht, dass der Carried Interest einerseits Gewinnanteil sei und seiner Rechtsnatur entsprechend zu einer kapitaldisproportionalen Gewinnverteilung führe, andererseits aber beim Initiator zu Einkünften aus selbstständiger Arbeit führe; ähnlich *Töben/ Schrepp*, DStR 2019, 526 (530).

615 Hierzu tendierend *Behrens*, FR 2004, 1211 (1217) und *Veith* in: P/ R/ W, § 11 Rn. 132f. Die Autoren legen § 18 Abs. 1 Nr. 4 EStG dahingehend aus, dass die Norm den Carried Interest als Gewinnanteil in eine Tätigkeitsvergütung umqualifiziere, mit u.a. der Folge, dass bspw. auch ein *schuldrechtlich* vereinbarter Carried Interest (als „echte“ Tätigkeitsvergütung) in den Regelungsbereich der Norm falle (vgl. hierzu Drittes Kapitel unter C. III.)

616 § 18 Abs. 1 Nr. 4 i.V.m. § 3 Nr. 40a EStG.

617 BMF v. 16.12.2003, IV A 6-S 2240-153/03, BStBl. I 2004, 40, FR 2004, 177.

anschließend (fiktiv) an die Initiatoren als (verdecktes) Entgelt weitergeleitet werden („verkürzter Zahlungsweg").[618]

Bei einem alternativen Verständnis über die rechts*folge*ändernde Wirkung des § 18 Abs. 1 Nr. 4 EStG würde die kapitaldisproportionale Gewinnverteilung auf Fonds-Ebene dagegen anerkannt und der Carried Interest nur auf Ebene der Initiatoren in Einkünfte aus selbstständiger Arbeit umqualifiziert werden.

a) Keine Rechtsgrundänderung

Zu Gunsten einer Rechtsgrundänderung lässt sich argumentieren, dass die „rechtliche Würdigung" des PE-Erlasses durch § 18 Abs. 1 Nr. 4 EStG rechtlich abgesichert werden sollte und dem Gesetzgeber laut *Levedag* „das Bild eines Gewinnverzichts durch die Mitgesellschafter vorgeschwebt haben" mag.[619]

Hiergegen steht aber das – in dem Wortlaut der Norm zum Ausdruck kommende („Leistung zur Förderung des Gesellschaftszwecks") – gesetzgeberische Bekenntnis, den *Rechtsgrund* für die hälftige Steuerbefreiung in der Erfolgsabhängigkeit des Carried Interest und damit in seiner Rechtsnatur als Gewinnanteil zu sehen.[620] Wie dargelegt „erzielt" der Initiator mittels seiner die Gesellschaft fördernden Leistung selbst den Carried Interest als „Vergütung". Der Gesetzeswortlaut nimmt damit in Anlehnung an § 2 Abs. 1 S. 1 EStG[621] auf die allgemeinen Grundsätze der Einkünftezurechnung Bezug.

Tastete man das Wesen des Carried Interest daher als Gewinnanteil an und negierte die sich aus der kapitaldisproportionalen Gewinnabrede ergebende Einkünftezurechnung auf Fonds-Ebene, so bliebe für die steuer-

---

618 Im Ergebnis würde damit eine kapitaldisproportionale Gewinnverteilung auf Fonds-Ebene negiert werden, die anderenorts durch die Rspr. und FinanzV allgemein anerkannt wird, vgl. BFH, Urteil v. 25.9.2018, IX R 35/17, BFHE 262, 418, BStBl. II 2019, 167, DStR 2019, 94; vgl. Zweites Kapitel unter B. III. 2. d) und IV.

619 *Levedag* in: BeckOK EStG, K/ K/ R, § 18 Rn. 596, der sich i.E. aber auch für eine inkongruente Einkünftezurechnung auf Fonds-Ebene ausspricht.

620 BT.-Drs. 15/3336, 7; vgl. zudem vorstehenden Ausführungen zum Wortlaut der Norm (Drittes Kapitel unter B. II.)

621 „Der Einkommensteuer unterliegen die Einkünfte (...), die der Steuerpflichtige (...) erzielt."

liche Begünstigung des Carried Interest als Gewinnanteil kein Raum.[622] In diesem Fall wäre der gegen § 18 Abs. 1 Nr. 4 EStG erhobene Einwand einer „echten Steuerbegünstigung" berechtigt.[623] Zwar entsprach es durchaus dem gesetzgeberischen Willen, den Carried Interest zur Förderung von VC dem (begünstigenden) Halbeinkünfteverfahren zu unterwerfen. Dabei sollte aber das zum Halbeinkünfteverfahren berechtigende Wesen des Carried Interest als Gewinnanteil (Rechtsgrund) – wie der Gesetzeswortlaut zeigt – tatbestandlich gerade nicht in Frage gestellt werden. Vielmehr sollte der Carried Interest nur deshalb den Einkünften aus selbstständiger Arbeit zugeordnet werden, um bei der *Rechtsfolge* (i) die Besteuerungspflicht des Carried Interest,[624] (ii) das Zuflussprinzip[625] für die Initiatoren zu sichern sowie (iii) den Carried Interest mit Blick auf das Tatbestandsmerkmal der „Vergütung" einer sachgerechten Besteuerung zuzuführen.[626]

Die Einordnung als einer reinen Rechtsfolgeänderung deckt sich im Übrigen nicht nur mit dem Gesetzeszweck, PE und VC in Deutschland zu fördern, sondern setzt diesen auch systemkongruent um: Der Carried Interest unterfällt seiner Rechtsnatur entsprechend als originärer Gewinnanteil beim Initiator dem (für Gewinnanteile vorgesehenen) Teileinkünfteverfahren; gleichzeitig wird er aber auch nicht systemwidrig den Investoren „in Rechnung gestellt" wird.[627] Denn mit Blick auf die fehlende Abzugsfähigkeit des Carried Interest als Werbungskosten[628] bei den Einkünften aus Kapitalvermögen liefe es dem Gesetzeszweck zuwider, die Investoren mit der Zurechnung des Carried Interest steuerlich zu belasten.

b) Reine Rechtsfolgeänderung

aa) Gegen eine Umqualifikation des Carried Interest in eine Tätigkeitsvergütung insgesamt – sei es in Form einer Rechtsfolge- *oder* einer Rechts-

---

622 *Weber-Grellet*, DStR 2018, 992 (994).

623 *Desens/ Kathstede*, FR 2005, 863 (868); so auch *Anzinger/ Jekerle*, IStR 2008, 821 (826) („Subventionscharakter").

624 Vgl. Drittes Kapitel unter B. I. 2. b).

625 Vgl. Drittes Kapitel unter B. III. 1.

626 So i.E. auch *Töben/ Schrepp*, DStR 2019, 526 (530); vgl. zudem Drittes Kapitel unter B. II.

627 BT.-Drs. 15/3336, 4 und 5.

628 Vgl. § 20 Abs. 9 S. 1 EStG sowie *Töben/ Schrepp*, DStR 2019, 573 (579); *Buge*, Ubg 2019, 432 (439); *Levedag* in: BeckOK EStG, K/ K/ R, § 18 Rn. 598; vgl. Sachverständigen-Anhörung Drittes Kapitel unter B. I. 2. a).

grundänderung – wird geltend gemacht, die „Vergütung“ finde sich auf der Tatbestands- und nicht der Rechtsfolgeseite des § 18 Abs. 1 Nr. 4 EStG wieder.[629] Die Norm regele aber nicht, wann eine solche „Vergütung“ vorliege. Gesetzestechnisch hätte es daher einer Fiktion bedurft, um klarzustellen, dass der Carried Interest unter den genannten Voraussetzungen als Vergütung *gelte.* Da der Carried Interest aber keine „Vergütung“, sondern ein Gewinnanteil sei, liefe die Vorschrift ins Leere.[630]

Dem kann nicht gefolgt werden, da der gesetzlich definierte Terminus „Vergütung“ nach der dargelegten Ratio des § 18 Abs. 1 Nr. 4 EStG Tatbestand und Rechtsfolge in sich vereint: Tatbestandliche Voraussetzung ist demnach die Vereinbarung eines gesellschaftsrechtlich vereinbarten Gewinnanteils, der gewinnabhängig für die Gesellschaft fördernde Leistungen gewährt wird („Vergütung“), wobei diejenigen Einkünfte, die auf Ebene des Fonds in Form von Beteiligungserträgen erzielt werden, losgelöst von der im Einzelnen zugrunde liegenden Einkunftsquelle als „Vergütung“ für den Initiator begünstigt werden.[631]

bb) Das FG München sieht in § 18 Abs. 1 Nr. 4 EStG im Ergebnis ebenfalls eine rechtsfolgeändernde Norm.[632] Folglich sei die kapitaldisproportionale Gewinnverteilung auf Fonds-Ebene anzuerkennen und der Carried Interest werde erst nachfolgend – beim „Beteiligten“ – (in seiner Rechtsfolge) in eine Tätigkeitsvergütung umqualifiziert.[633]

Dies ergebe sich daraus, dass der Carried Interest den Initiatoren zustünde, mit der Folge, dass die übrigen Investoren auch nur um den Carried Interest geminderte Einkünfte erzielten. Dem Gesetzeswortlaut sei nicht zu entnehmen, dass der Carried Interest als Gewinnanteil nicht anerkannt werde. Dies werde insbesondere dadurch verdeutlicht, dass die Initiatoren „Leistungen zur Förderung des Gesellschaftszwecks“ und damit gerade keine „Leistung zugunsten der Investoren“ erbrachten.

Damit sieht das FG München auch keinen Raum für eine Auslegung des § 18 Abs. 1 Nr. 4 EStG dahingehend, die Einkünftezurechnung auf Fonds-Ebene nach Maßgabe des PE-Erlasses („abgekürzter Zahlungsweg“) vorzunehmen.

---

629 *Buge*, Ubg 2019, 432 (438); *Mihm*, RdF 2020, 113 (117).

630 *Mihm*, RdF 2020, 113 (117).

631 Ebenfalls gegen die Annahme einer gesetzlichen Fiktion, *Levedag* in: BeckOK EStG, K/ K/ R, § 18 Rn. 588, 589.

632 Auch wenn das FG München nicht ausdrücklich von einer Rechtsfolgewirkung des § 18 Abs. 1 Nr. 4 EStG spricht.

633 FG München, Urteil v. 17.11.2020, 12 K 2334/18 (Rev. eingelegt, Az. BFH: VIII R 3/21), DStRE 2021, 587 (unter II. 1. b).

cc) Der BFH äußert sich in seinem Urteil vom 11.12.2018[634] zwar nicht näher zu der Reichweite einer „Umqualifizierung“ des Carried als gewerbliche Gewinnanteile in Einkünfte aus selbstständiger Arbeit. Das Abstellen des VIII. Senats auf die Entstehungsgeschichte des § 18 Abs. 1 Nr. 4 EStG deutet aber darauf hin, dass der VIII. Senat die Norm vor dem Hintergrund der damaligen Besteuerungslücke als überwiegend fiskalisch motiviert betrachtet und damit die konstitutiv regelnde Anordnung darin erschöpft sieht, den Carried Interest als Gewinnanteil den Einkünften aus selbstständiger Arbeit mit der Folge zuzuordnen, dass die kapitaldisproportionale Gewinnverteilung auf Fonds-Ebene anzuerkennen ist.

dd) Im Ergebnis sprechen damit die überzeugenderen Argumente dafür, § 18 Abs. 1 Nr. 4 EStG als eine rechts*folge*ändernde Norm zu begreifen:[635] Die Rechtsfolgenanordnung besteht – wie dargelegt – darin, (i) den Carried Interest bei den Einkünften aus selbstständiger Arbeit zu verorten, um die damalige Besteuerungslücke für private Veräußerungsgewinne zu schließen und (ii) für den Carried Interest mit Blick auf das zu sichernde Zuflussprinzip sowie einer vereinfachenden Zuordnungsmethodik eine praxisgerechte Besteuerung zu gewährleisten.

C. *Bedeutung des konstitutiven Regelungsgehalts („Rechtsfolgeänderung“) für die Anwendung und Reichweite der Norm*

Ordnet § 18 Abs. 1 Nr. 4 EStG den originär als kapitaldisproportionalen Gewinnanteil zu bewertenden Carried Interest hinsichtlich der Rechtsfolgen den Einkünften aus selbstständiger Arbeit zu, so stellt sich die Anschlussfrage, inwieweit der insoweit die Rechtsfolge konstitutiv ändernde Charakter des § 18 Abs. 1 Nr. 4 EStG auf das Verständnis der Tatbestandsmerkmale sowie die weitere Anwendung und Reichweite der Norm ausstrahlt.[636]

---

634 BFH, Urteil v. 11.12.2018, VIII R 11/16, BFHE 263, 418, DStR 2019, 1136.

635 Vgl. *Buge*, Ubg 2019, 432 (439), der insoweit für die Initiatoren eine den „Zebra-Gesellschaften“ vergleichbare Situation annimmt.

636 Auf weitere – im Einzelfall streitige – Aspekte der einzelnen Tatbestandsmerkmale wird dabei wegen der beschränkten Thematik der Arbeit nachstehend nicht näher eingegangen.

I. „Beteiligter"

Das Tatbestandsmerkmal des „Beteiligten" regelt, wer in persönlicher Hinsicht Einkünfte nach § 18 Abs. 1 Nr. 4 EStG bezieht. Nach dem Regelungszweck sind dies die Initiatoren als natürliche Personen, die den Carried Interest als „Vergütung" über den Fonds zugewiesen bekommen.[637]

Ob der „Beteiligten"-Begriff eine Gesellschafterstellung und auch eine Kapitaleinlage an der vermögensverwaltenden Gesellschaft erfordert, wird in der Literatur kontrovers diskutiert: Gegen das Erfordernis einer Gesellschafterstellung lässt sich einwenden, dass der Wortlaut – anders als in Bezug auf die übrigen Investoren – gerade keine „Gesellschafter"-Stellung fordert und der Regelungszweck PE und VC zu fördern, auch dann erfüllt würde, wenn die Initiatoren den Carried Interest auf schuld- oder dienstvertraglicher Grundlage erhielten.[638]

Dem steht jedoch der konstitutive Regelungsgehalt der Norm entgegen, der auf Tatbestandsebene an den Carried Interest als Gewinnanteil für einen immateriellen *Gesellschafter*beitrag anknüpft und diesen lediglich in seiner Rechtsfolge für die Initiatoren den Einkünften aus selbstständiger Arbeit zuordnet (Rechtsfolgeänderung).[639] Das Gesetz spricht folgerichtig von dem Beteiligten „an" einer Gesellschaft, fordert also eine gesellschaftsvertragliche Beziehung zwischen dem „Beteiligten" und der „vermögensverwaltenden Gesellschaft oder Gemeinschaft".[640] Denn ein (kapitaldisproportionaler) Gewinnanteil kann seiner Rechtsnatur nach als einem Gesellschaftsrecht nur einem Gesellschafter zustehen, erfordert also eine Gesellschafterstellung und schließt damit einen Carried Interest auf schuld- oder dienstvertraglicher Grundlage von der Anwendung des § 18 Abs. 1 Nr. 4 EStG aus. Die Rechtsnatur des Carried Interest (Gewinnanteil) schließt also einen Carried Interest auf schuld- oder dienstvertraglicher Grundlage auch dann aus, wenn die vergütete Tätigkeit zugunsten von

---

637 Zur Frage, ob auch die Carry-KG selbst „Beteiligter" i.S.d. § 18 Abs. 1 Nr. 4 EStG sein kann, siehe nachstehend unter Zweites Kapitel D. I. 2.

638 *Behrens*, FR 2004, 1211 (1212f.); *Veith* in: P/ R/ W, § 11 Rn. 131; dagegen für das Erfordernis einer Gesellschafterstellung s. *Carle*, ErbStB, 2005, 246 (248); *Elser/ Dürrschmidt*, FR 2010, 1075 (1076); *Geeb* in: K/ K/ B, EStG, § 18 Rn. 268; *Korn* in: Korn, EStG, § 18 Rn. 103.1; *Levedag* in: BeckOK EStG, K/ K/ R, § 18 Rn. 572; *Stuhrmann* in: K/ S/ M, EStG, § 18 Rn. B 256a; *Weber-Grellet*, DStR 2018, 992 (995).

639 Vgl. Drittes Kapitel unter B. III. 2.

640 So auch *Elser/ Dürrschmidt*, FR 2010, 1075 (1076); *Levedag* in: BeckOK EStG, K/ K/ R, § 18 Rn. 572; *Pöllath + Partner*, Private Equity Fonds, S. 180.

Wagniskapital erbracht wird, das nach der gesetzgeberischen Intention an sich forderungswürdig wäre.[641]

Eine Kapitalbeteiligung ist dagegen nicht zu fordern. Dies liefe dem gesetzgeberischen Willen zuwider, den Carried Interest auf Basis der zivilrechtlichen Wertung (§ 706 Abs. 3 BGB) als Gegenleistung für einen immateriellen Gesellschafterbeitrag anzuerkennen und den materiellen Kapitalbeiträgen der Investoren gleichzustellen.[642] Entscheidend ist die Gesellschafterstellung: Auch einem Gesellschafter ohne Kapitaleinlage kann ein Gewinnanteil zugeordnet werden, ohne dass dafür ein materieller Gesellschafterbeitrag erforderlich ist.[643]

II. „Vermögensverwaltende Gesellschaft oder Gemeinschaft, deren Zweck im Erwerb, Halten und der Veräußerung von Kapitalgesellschaftsanteilen besteht"

1. Entsprechend dem gesetzgeberischen Telos („Förderung von Wagniskapital")[644] rückt § 18 Abs. 1 Nr. 4 EStG den Fonds als Kapitalgeber in den Mittelpunkt. Das Gesetz umschreibt diesen als „vermögensverwaltende Gesellschaft oder Gemeinschaft, deren Zweck im Erwerb, Halten und in der Veräußerung von Anteilen an Kapitalgesellschaften" besteht. Durch diese Formulierung werden andere vermögensverwaltende Gesellschaften, die nicht als Wagniskapitalgeber fungieren, aus dem Anwendungsbereich der Norm ausgeschlossen.[645] Der Gesetzgeber hat mit dem ausdrücklichen Zweckverfolgungserfordernis eine Einschränkung normiert, die sich weder in dem Bundesrats- noch in dem Koalitionsentwurf fand.[646]

2. Mit Blick auf das gesetzgeberische Regelungsanliegen, beim Carried Interest nicht nur die seinerzeit bestehende Besteuerungslücke zu schließen (*primäres* Anliegen), sondern – wie dargelegt – eine insgesamt sachgerechte Besteuerung des Carried Interest zu ermöglichen, drängt sich die Frage auf, ob auch gewerbliche Fonds in den Anwendungsbereich des § 18 Abs. 1 Nr. 4 EStG einzubeziehen sind. Denn auch bei gewerblichen Fonds

---

641 So auch *Herrmann*, S. 79; A.A. *Behrens*, FR 2004, 1211 (1212); *Veith* in: P/ R/ W, § 11 Rn. 131.

642 So auch *Veith* in: P/ R/ W, § 11 Rn. 130; a.A. *Güroff* in: L/ B/ P, EStG, § 18 Rn. 371; *Wacker* in: Schmidt, EStG, § 18 Rn. 286.

643 Vgl. Zweites Kapitel unter B. III. 2. c).

644 BT.-Drs 15/3336, 4.

645 BT.-Drs 15/3336, 7.

646 Vgl. Drittes Kapitel unter B. I. 1.

besteht das Bedürfnis bei der Besteuerung eine Abkopplung vom handelsrechtlichen Gewinn zu ermöglichen sowie das Zuflussprinzip beim Initiator und eine vereinfachte Zuordnungsmethodik einzuführen (*sekundäres* Anliegen).

a) Die Beantwortung dieser Frage hängt zunächst davon ab, wie sich das Tatbestandsmerkmal der *Vermögensverwaltung* zur *Zweckverfolgung* verhält. Einigkeit besteht nur dahingehend, dass sich die Alternativität („oder") auf die „Gesellschaft" und die „Gemeinschaft" beschränkt; diskutiert wird aber, ob die beiden Tatbestandsmerkmale[647] isoliert voneinander zu betrachten sind und daher kumulativ vorliegen müssen[648] oder ob die Zweckverfolgung die „vermögensverwaltende Gesellschaft oder Gemeinschaft" normspezifisch definiert.[649] Im Falle einer normspezifischen Definition sei eine Gesellschaft (oder Gemeinschaft) demnach „vermögensverwaltend", wenn ihr Zweck darauf gerichtet sei, Anteile an Kapitalgesellschaften zu erwerben, halten und zu veräußern.[650]

Konsequenz einer normspezifischen Auslegung des Tatbestandsmerkmals der „vermögensverwaltenden Gesellschaft oder Gemeinschaft" wäre, dass auch diejenigen Gesellschaften als vermögensverwaltend qualifizierten, die den normspezifisch definierten Zweck verfolgen, im Übrigen aber nach den allgemeinen Regeln der Einkünftequalifikation gewerblich infiziert oder geprägt oder sogar originär gewerblich tätig sind.[651]

647 D.h. die Tatbestandsmerkmale der Vermögensverwaltung und der Zweckverfolgung.

648 *Stuhrmann* in: K/ S/ M, EStG, § 18 Rn. B 257; *Wacker* in: Schmidt, EStG, § 18 Rn. 286; *Weber-Grellet*, DStR 2018, 992 (995).

649 *Brandt* in: H/ H/ R, EStG, § 18 Rn. 282; *Hutter* in: Blümich, § 18 Rn. 203; *Korn* in: Korn, EStG, § 18 Rn. 103.4.1.

650 Für ein entsprechend weites Verständnis *Anzinger/ Jekerle*, IStR 2008, 821 (826); *Behrens*, FR 2004, 1211 (1213); *Levedag* in: BeckOK EStG, K/ K/ R, § 18 Rn. 541f.; *Töben/ Schrepp*, DStR 2019, 573 (574ff.); *Veith* in: P/ R/ W, § 11 Rn. 116ff.; *Weber-Rey/ Behrens*, AG 2004, R336.

651 Vgl. vorstehende Fn.; zudem *Töben/ Schrepp*, DStR 2019, 573 (575), wonach insb. auch die Gewerblichkeitsfiktionen überwiegend fiskalisch motiviert und mit der Zielsetzung des § 18 Abs. 1 Nr. 4 EStG nicht zu vereinbaren seien. Dies zeige sich bei Auslandssachverhalten, bei denen inländische Initiatoren an fiktiv gewerblichen ausländischen Fonds beteiligt seien. Den ausländischen Fonds seien z.B. die Folgen einer fiktiven gewerbesteuerlichen Prägung nicht bekannt, sodass sie inländischen Initiatoren oftmals keine Einkünfte nach § 18 Abs. 1 Nr. 4 EStG vermittelten; a.A., sog. „einkünftebezogene Betrachtung", *Friederichs/ Köhler*, DB 2004, 1638 (1640); *Geeb* in: K/ K/ B, EStG, § 18 Rn. 267; *Wacker* in: Schmidt, EStG, § 18 Rn. 286; *Weber-Grellet*, DStR 2018, 992 (995).

Für eine normspezifische Auslegung[652] des Tatbestandsmerkmals der „Vermögensverwaltung" spricht die gebotene Gleichbehandlung vermögensverwaltender und gewerblicher Fonds, die nach dem gesetzgeberischen Telos (Förderung von Wagniskapital) gleichermaßen förderungswürdig sind.[653] Denn auch wenn der Carried Interest für die Initiatoren gewerblicher Fonds außerhalb des § 18 Abs. 1 Nr. 4 EStG ebenfalls als kapitaldisproportionaler Gewinnanteil besteuert und dem „normalen" Teileinkünfteverfahren unterworfen wird,[654] – wofür sich der BFH nun in seinem Urteil vom 11.12.2018 ausgesprochen hat,[655] – so haben die obigen Ausführungen zu den Folgewirkungen des konstitutiven Regelungsgehalts doch gezeigt, dass das Regelungsanliegen des historischen Gesetzgebers über den primären, reinen Fiskalzweck (Schließung einer Besteuerungslücke) hinausgeht.[656]

Es ist kein sachlicher Grund erkennbar, weswegen diese (sekundären) Zweckmäßigkeitserwägungen zur sachgerechten Besteuerung des Carried Interest (Abkopplung vom handelsrechtlichen Gewinn, vereinfachte Zuordnungsmethodik,[657] Zuflussprinzip) nicht ebenso für gewerbliche Fonds gelten sollten.[658] Eine entsprechende Gleichbehandlung trüge auch dem gesetzgeberischen Willen Rechnung, durch die gesetzliche Regelung Rechtssicherheit zu schaffen.[659]

b) Demgegenüber hat sich der BFH jüngst gegen eine normspezifische Auslegung (und für die sog. „einkünftebezogene Betrachtung") der „vermögensverwaltenden Gesellschaft oder Gemeinschaft" ausgesprochen:[660]

---

652 Auch „tätigkeitsbezogene Betrachtung".

653 *Korn* in: Korn, EStG, § 18 Rn. 103.4, der eine Diskriminierung der übrigen Initiatoren sieht, die den Carried Interest über gewerbliche Fonds beziehen; so auch *Behrens*, FR 2004, 1211 (1216); *Veith* in: P/ R/ W, § 11 Rn. 120.

654 Vgl. § 3 Nr. 40 S. 1 lit. a) und d) EStG. Dementsprechend unterfällt der Carried Interest auch nur insoweit dem TEV, wie er sich aus Veräußerungsgewinnen oder Dividenden speist.

655 BFH, Urteil v. 11.12.2018, VIII R 11/16, BFHE 263, 418, DStR 2019, 1136.

656 Vgl. Drittes Kapitel unter B. II. und III. 1.

657 Durch die vereinfachte Zuordnungsmethodik des § 18 Abs. 1 Nr. 4 EStG, der es erlaubt, den Carried Interest als „eigenständige Einnahme" (*Levedag* in: BeckOK EStG, K/ K/ R, § 18 Rn. 507) zu versteuern, findet das TEV in der Folge auch auf – ansonsten voll steuerpflichtige – Zinsen statt. Hierdurch werden die Initiatoren gewerblicher Fonds ebenfalls ungerechtfertigt benachteiligt, *Behrens*, FR 2004, 1211 (1219).

658 *Behrens*, FR 2004, 1211 (1216); *Levedag* in: BeckOK EStG, K/ K/ R, § 18 Rn. 523.

659 BT.-Drs 15/3336, 7.

660 BFH, Urteil v. 11.12.2018, VIII R 11/16, BFHE 263, 418, DStR 2019, 1136; vgl. Zweites Kapitel unter C. II.

Ohne weitere gegenteilige Anhaltspunkte in den Gesetzesmaterialien sei der Gesetzeswortlaut der *vermögensverwaltenden* Gesellschaft entsprechend dem herkömmlichen Verständnis des EStG zur Einkünftequalifikation von Personengesellschaften nur schwer mit der Einbeziehung – jedenfalls originär gewerblicher – Mitunternehmerschaften zu vereinbaren. Seien also originär gewerbliche Fonds aufgrund des eindeutig entgegenstehenden Wortlautes nicht einzubeziehen, so verbiete sich aus systematischen Gründen auch die Einbeziehung fiktiv gewerblicher Fonds. Anderenfalls werde die Anwendung des § 18 Abs. 1 Nr. 4 EStG unnötig erschwert.

Der PE-Erlass habe sich auch nur mit Blick auf die für vermögensverwaltende Fonds bestehende Besteuerungslücke für die Umqualifikation von kapitaldisproportionalen Gewinnanteilen vermögensverwaltender Fonds ausgesprochen, sodass für den Gesetzgeber auch nur insoweit Handlungsbedarf bestanden habe.

c) Auch wenn dem Ausschluss gewerblicher Fonds – seien es fiktiv gewerbliche oder originär gewerbliche – gewichtige Zweckmäßigkeitserwägungen entgegenstehen, so ist dem BFH zuzustimmen, dass die Einbeziehung gewerblicher Fonds im Spiegel der Gesetzeshistorie keinen Anklang findet: Weder der Bundesrats- noch der Koalitionsentwurf griffen gewerbliche Fonds tatbestandlich auf. Vielmehr sollten gewerbliche Fonds nach dem Koalitionsentwurf ausdrücklich von der Anwendung des Halbeinkünfteverfahrens „insoweit" ausgeschlossen werden.[661]

Da der Abschlussbericht des Finanzausschusses gewerbliche Fonds gar nicht erörtert,[662] kann nicht davon ausgegangen werden, dass gewerbliche Fonds nunmehr unter die neue Vorschrift fallen sollten, auch wenn dies sachgerechter Weise angezeigt wäre.[663]

d) Aufgrund der sog. einkünftebezogenen Auslegung des Tatbestandsmerkmals der „vermögensverwaltenden Gesellschaft" erfasst § 18 Abs. 1 Nr. 4 EStG auch keine Fonds-Gesellschaften in der Rechtsform von Kapitalgesellschaften. Denn Kapitalgesellschaften erzielen bereits per gesetzlicher Anordnung Einkünfte aus Gewerbebetrieb (§ 8 Abs. 2 KStG), sodass das Tatbestandsmerkmal der „vermögensverwaltenden Gesellschaft" bei der hier befürworteten Auslegung nicht erfüllt werden kann.[664]

661 BT.-Drs. 15/3189, 3.

662 BT.-Drs 15/3336.

663 A.A. *Veith* in: P/ R/ W, § 11 Rn. 120.

664 *Geerling/ Kost*, IStR 2005, 757 (760); *Weber-Grellet*, DStR 2018, 992 (996); a.A. *Levedag* in: BeckOK EStG, K/ K/ R, § 18 Rn. 583 (unter Einbeziehung des BFH-Urteils v. 11.12.2018, VIII R 11/16); s. auch *Anzinger/ Jekerle*, IStR 2008, 821

Ebenso wie bei gewerblichen Fondspersonengesellschaften sprechen zwar die zuvor dargelegten Zweckmäßigkeitserwägungen dafür, auch Kapitalgesellschaften mit in den Anwendungsbereich der Norm einzubeziehen. Auch hier streiten aber sowohl Gesetzeswortlaut („vermögensverwaltende Gesellschaft“) als auch Gesetzeshistorie (Schließung der Besteuerungslücke) dafür, dass der Gesetzgeber allein vermögensverwaltende Personengesellschaften im herkömmlichen einkommensteuerlichen Sinne erfassen wollte. Soweit der Gesetzgeber im Rahmen der Gesetzesmaterialien auf Kapitalgesellschaften Bezug genommen hat, so betrifft dies ausdrücklich nur die Einbeziehung von Kapitalgesellschaften als Empfänger des Carried Interest.[665] Allein auf Grundlage des Gesetzeswortlautes der „Gesellschaft“, der insoweit einen Restinterpretationsspielraum lässt, ist daher keine zwingende gegenteilige Schlussfolgerung angezeigt.[666]

e) Damit fallen allein vermögensverwaltende Personengesellschaften in den Anwendungsbereich des § 18 Abs. 1 Nr. 4 EStG, während gewerbliche Fonds-Personengesellschaften – seien es originär oder fiktiv gewerbliche – sowie Kapitalgesellschaften nicht darunter subsumiert werden können.

III. „Vergütung für Leistungen zur Förderung des Gesellschaftszwecks“

Das Gesetz definiert den Carried Interest als „Vergütung für Leistungen zur Förderung des Gesellschafts- oder Gemeinschaftszwecks“.[667] Dabei geht das Gesetz – wie dargelegt – mit dem umfassenden Begriff „Vergütung“ beim Carried Interest inzidenter von einem erhöhten Gewinnanteil aus, den die Initiatoren auf Grundlage des Fonds-Gesellschaftsvertrags dafür erhalten, dass sie über ihren Kapitalanteil hinaus immaterielle Leistungen für den Fonds erbringen.[668]

---

(826); *Elser/ Dürrschmidt,* FR 2010, 1075 (1077); *Weber-Rey/ Behrens*, AG 2004, R336.

665 BT.-Drs 15/3336, 5.

666 So aber *Veith* in: P/ R/ W, § 11 Rn. 122; a.A. *Pöllath + Partner*, Private Equity Fonds, S. 180, wonach der Begriff der „Gesellschaft“ nicht als Oberbegriff für Personen- und Kapitalgesellschaften im EStG üblich sei.

667 Dem Vergütungs-Begriff kommt, wie dargelegt, aus Vereinfachungsgründen die Funktion zu, den Carried Interest TEV zu unterwerfen, unabhängig davon, ob dieser aus Veräußerungsgewinnen von Kapitalgesellschaftsanteilen oder sonstigen Mitteln stammt (BT.-Drs 15/3336, 7); vgl. Drittes Kapitel unter B. II.

668 BT.-Drs 15/3336 v. 16.6.2004, 6 („Darüber hinaus werde vereinbart, dass das Einbringen der immateriellen Leistungen durch die Fonds-Initiatoren, z.B.

Carried Interest, der nicht als Gegenleistung für einen immateriellen Gesellschafterbeitrag gewährt wird, sondern auf *dienstvertraglicher* Grundlage beruht, fällt somit mangels gesellschaftsrechtlicher Causa nicht in den Anwendungsbereich der Norm.[669] Letzteres wäre nur bei Annahme eines rechtsgrundändernden Regelungsgehalts der Norm (Wegfall des Erfordernisses einer Gesellschafterstellung) anzunehmen. § 18 Abs. 1 Nr. 4 EStG ändert aber nur die dem Carried Interest als gesellschaftsrechtlichem Gewinnanteil an sich zuerkannten Rechtsfolgen und nicht dessen Charakter als erfolgsabhängige *gesellschaftsvertragliche* Gewinnbeteiligung.[670]

Der kapitalproportionale Gewinnanteil, den die Initiatoren für ihre Mindest-Kapitaleinlage erhalten (*Skin in the game*), wird nicht von § 18 Abs. 1 Nr. 4 EStG erfasst.[671] Dies folgt zum einen aus dem (primär fiskalischen) Regelungszweck der Norm, nur für den Carried Interest als eines kapitaldisproportionalen Gewinnanteils eine gesetzliche Grundlage zur Schließung der Besteuerungslücke zu schaffen.[672] Zum anderen ergibt sich dies aus dem Gesetzeswortlaut: Dieser knüpft nicht an eine kapitalmäßige Beteiligung, sondern an die zweckfördernde (immaterielle) *Leistung* eines Gesellschafters an;[673] auch steht der konditionale Zusatz des Wortes „wenn" einer Einbeziehung des kapitalproportionalen Gewinnanteils entgegen.[674] Denn der kapitalproportionale Gewinnanteil steht gerade nicht unter der Bedingung, dass die Investoren ihr Kapital zurückerhalten haben.[675]

---

des Know-how, zu einem überproportionalen Gewinnanteil (Carried Interest) führt.")

669 *Korn* in: Korn, EStG, § 18 Rn. 103.1; *Levedag* in: BeckOK EStG, K/ K/ R, § 18 Rn. 590; *Weber-Grellet*, DStR 2018, 992 (995); a.A. *Behrens*, FR 2004, 1211 (1217); *Elser/ Dürrschmidt*, FR 2010, 1075 (1080); *Stuhrmann* in: K/ S/ M, EStG, § 18 Rn. B 258.

670 Vgl. Drittes Kapitel unter B. III. 2.

671 *Brandt* in: H/ H/ R, EStG, § 18 Rn. 285; *Friederichs/ Köhler*, DB 2004, 1638 (1640); *Güroff* in: L/ B/ P, EStG, § 18 Rn. 388; *Hutter* in: Blümich, EStG, § 18 Rn. 198; *Pfirrmann* in: Kirchhof, EStG, § 18 Rn. 102; *Pöllath + Partner*, Private Equity Fonds, S. 189; *Weber-Grellet*, DStR 2018, 992 (997).

672 So auch *Brandt* in: H/ H/ R, EStG, § 18 Rn. 285.

673 *Brandt* in: H/ H/ R, EStG, § 18 Rn. 285, wonach die Leistung nicht schon in der kapitalmäßigen Beteiligung am Fonds bestehen könne, da anderenfalls das Merkmal der „Vergütung für Leistungen" keine eigenständige Bedeutung habe.

674 *Brandt* in: H/ H/ R, EStG, § 18 Rn. 285.

675 A.A. *Altfelder*, FR 2005, 6 (14 Fn. 66), da auch eine Kapitaleinlage eine „Leistung zur Förderung" des Gesellschaftszwecks sei. Dem kann mit Blick auf die Gesetzeshistorie und den allgemeinen Sprachgebrauch wie dargelegt nicht gefolgt werden.

IV. Vollständige Kapitalrückzahlung

Weitere Voraussetzung für die Anwendung des § 18 Abs. 1 Nr. 4 EStG ist, dass der „Anspruch (auf die Vergütung) unter der Voraussetzung eingeräumt worden ist, dass die Gesellschafter oder Gemeinschafter ihr Kapital vollständig zurückerhalten haben".

Auch diese Voraussetzung ist gesetzgeberischer Ausdruck der *nur* rechtsfolgeändernden Anordnung des § 18 Abs. 1 Nr. 4 EStG: Der Gesetzgeber rechtfertigt die begünstigte Besteuerung des Carried Interest mit dessen Charakter als einem erfolgsabhängigen Gewinnanteil, sodass die Investoren ihr eingezahltes Kapital auch tatsächlich vollständig zurückerhalten müssen;[676] gleichzeitig trägt der Gesetzgeber mit diesem Tatbestandsmerkmal dem Umstand Rechnung, dass sich die Höhe des zu zahlenden Carried Interest in Abhängigkeit des Gesamtgewinns des Fonds danach bestimmt, in welcher Höhe die Investoren Kapitaleinlagen eingezahlt und (zzgl. einer Mindestverzinsung) vollständig wieder zurückerhalten haben.[677]

In der Praxis sind mit diesem gesetzlichen Erfordernis zumindest bei der – in Europa gängigen – *Whole-of-Fund-Method*[678] keine besonderen Schwierigkeiten verbunden, da der Carried Interest erst ab dem Zeitpunkt an die Initiatoren ausgezahlt wird, ab dem die Investoren ihre Kapitaleinlagen vollständig zurückerhalten haben.[679]

V. Ausschluss von § 15 Abs. 3 EStG

Nach § 18 Abs. 1 Nr. 4 Hs. 2 EStG ist die Anwendung des § 15 Abs. 3 EStG ausgeschlossen.

---

676 BT.-Drs 15/3336, 7.

677 *Brandt* in: H/ H/ R, EStG, § 18 Rn. 286.

678 Vgl. Erstes Kapitel unter D. III. 4.

679 *Veith* in: P/ R/ W, § 11 Rn. 141. Fraglich ist nur, inwieweit die Norm frühzeitige Carry-Zahlungen auf Grundlage der *Deal-by-Deal*-Abrede erlaubt. Hier reicht es nach überwiegender (zutreffender) Ansicht aus, dass vertraglich sichergestellt wird, dass Abschlagszahlungen auf den Carried Interest, die nach Ablauf der Fonds-Laufzeit zu korrigieren sind, anteilig zurückgezahlt werden müssen (zur steuerlichen Handhabung von überhöhten Carry-Zahlungen instruktiv *Töben/ Schrepp*, DStR 2019, 573 (578f.); s. zum Meinungsstreit *Levedag* in: BeckOK EStG, K/ K/ R, § 18 Rn. 616f.

1. Geht man mit dem BFH[680] entsprechend den obigen Ausführungen zum Tatbestandsmerkmal der „vermögensverwaltenden Gesellschaft oder Gemeinschaft“ im Spiegel der insoweit eindeutigen Gesetzeshistorie davon aus, dass – trotz der dargelegten, dem Gesetzestelos entsprechenden Zweckmäßigkeitserwägungen – nur vermögensverwaltende Fonds unter die Norm fallen, die nach den herkömmlichen Einkünftequalifikationsregeln als vermögensverwaltend qualifizieren,[681] so kann sich der Ausschluss von § 15 Abs. 3 EStG im Umkehrschluss nur auf die (in der Regel zwischengeschaltete) Carry-KG beziehen.[682]

Diese Betrachtungsweise deckt sich mit dem rechtsfolgeändernden Regelungsgehalt des § 18 Abs. 1 Nr. 4 EStG, da durch den – bei der Carry-KG Anwendung findenden – Ausschluss von § 15 Abs. 3 EStG nach dem gesetzgeberischen Telos sichergestellt werden soll, dass der Carried Interest für den Initiator vorrangig auch dann den Einkünften aus selbstständiger Arbeit zugeordnet wird, wenn der Initiator den Carried Interest über eine fiktiv gewerbliche Carry-KG bezieht.[683] Dies wäre für den Initiator nämlich bei fehlendem Ausschluss des § 15 Abs. 3 EStG nicht möglich, wenn die Carry-KG selbst auch einer eigenen gewerblichen Tätigkeit nachginge[684] oder gewerblich geprägt[685] wäre. In diesem Fall vermittelte sie dem Initiator gewerbliche Gewinnanteile.[686]

2. In der Literatur wurde früher zum Teil vertreten, der Ausschluss von § 15 Abs. 3 EStG beziehe sich nicht nur auf die Carry-KG, sondern auch auf den Fonds.[687] Folglich nehme der Ausschluss von § 15 Abs. 3 EStG auch auf das Tatbestandsmerkmal der *vermögensverwaltenden* Gesellschaft Einfluss,[688] sodass ein Fonds auch dann vermögensverwaltend sein könne, wenn dieser fiktiv gewerblich sei. Der Ausschluss von § 15 Abs. 3 EStG werde nämlich uneingeschränkt angeordnet und setze überdies

680 BFH, Urteil v. 11.12.2018, VIII R 11/16, BFHE 263, 418, DStR 2019, 1136; vgl. Zweites Kapitel unter C. II.

681 BMF v. 16.12.2003, IV A 6-S 2240-153/03, BStBl. I 2004, 40, FR 2004, 177.

682 So im Ergebnis auch *Herrmann*, S. 117.

683 BT.-Drs. 15/3336, 7; so auch Levedag in: BeckOK EStG, K/ K/ R, § 18 Rn. 624.

684 § 15 Abs. 3 Nr. 1 EStG.

685 § 15 Abs. 3 Nr. 2 EStG.

686 BFH, Urteil v. 11.12.2018, VIII R 11/16, BFHE 263, 418, DStR 2019, 1136.

687 Hierzu instruktiv zu den unterschiedlichen Auslegungsvarianten *Geerling/ Ismer*, DStR 2005, 1596.

688 *Behrens*, FR 2004, 1211 (1214f.).

denklogisch eine Personengesellschaft voraus: Als solche werde tatbestandlich nur der Fonds als „vermögensverwaltende Gesellschaft“ genannt.[689]

Der BFH hat dieser Ansicht nun – wie dargelegt – zu Recht einen Riegel vorgeschoben.[690] Aus historischen Gesichtspunkten (Fiskalzweck des § 18 Abs. 1 Nr. 4 EStG) kommt es für die Frage, ob ein Fonds als vermögensverwaltend qualifiziert, nicht auf dessen Tätigkeit, sondern auf die allgemeine Einkünftequalifikation an. Nach zutreffender Ansicht des BFH kommt dem Ausschluss von § 15 Abs. 3 EStG daher auch nicht die Funktion zu, einen fiktiv gewerblichen Fonds zu „entfärben“ oder zu „entprägen“.

VI. Zwischenergebnis

Da die Umqualifikation des § 18 Abs. 1 Nr. 4 EStG allein rechtsfolge- und nicht rechtsgrundändernd wirkt, sind die Tatbestandsmerkmale tendenziell eng auszulegen:

(i) „Beteiligter“ kann nur sein, wer zum einen *Gesellschafter* des Fonds ist und zum anderen den Carried Interest als „Vergütung“ für einen *gesellschaftsvertraglich* vereinbarten immateriellen Gesellschafterbeitrag erhält.[691]

(ii) Die Norm erfasst nur den Carried Interest als kapitaldisproportionalen Gewinnanteil. Der Gewinnanteil, den die Initiatoren für ihre Kapitalbeteiligung erhalten, ist ebenso zu behandeln wie die den Investoren zustehenden Gewinnanteile. Danach unterfallen die dem Kapitalbeitrag entsprechenden Gewinnanteile i.d.R. den Einkünften aus Kapitalvermögen nach § 20 Abs. 1 Nr. 1, 7 und Abs. 2 Nr. 1 EStG.[692]

(iii) Gewerbliche Fonds-Personengesellschaften – gleich, ob fiktiv oder originär gewerblich[693] – fallen nicht in den Anwendungsbereich des § 18 Abs. 1 Nr. 4 EStG. Die Initiatoren beziehen als Mitunternehmer

---

689 Vgl. *Geerling/ Ismer*, DStR 2005, 1596 (1598), wobei die Verfasser zu dem Schluss gelangen, dass a.E. die besseren Argumente dafürsprechen, den Ausschluss nur auf die Ebene der Carry-KG zu begrenzen.

690 BFH, Urteil v. 11.12.2018, VIII R 11/16, BFHE 263, 418, DStR 2019, 1136.

691 A.A. *Elser/ Dürrschmidt*, FR 2010, 1075 (1079), die zwar eine Gesellschafterstellung der Initiatoren fordern, gleichzeitig aber einen schuldrechtlich vereinbarten Carried Interest als i.S.d. § 18 Abs. 1 Nr. 4 EStG ausreichend erachten; so auch *Stuhrmann* in: K/ S/ M, EStG, § 18 Rn. B 256a und B 258.

692 Soweit der Initiator nicht seine Beteiligung ausnahmsweise im steuerlichen Betriebsvermögen hält.

693 BFH, Urteil v. 11.12.2018, VIII R 11/16, BFHE 263, 418, DStR 2019, 1136.

gewerblicher Fonds einheitlich gewerbliche Gewinnanteile.[694] Etwas anderes gilt nur für – ggf. zwischengeschaltete – fiktiv gewerbliche Carry-KGs; diese können den Initiatoren aufgrund des Ausschlusses von § 15 Abs. 3 EStG Einkünfte aus selbstständiger Arbeit (§ 18 Abs. 1 Nr. 4 EStG) vermitteln.

(iv) Kapitalgesellschaften fallen wegen der einkünftebezogenen Auslegung des Tatbestandsmerkmals „vermögensverwaltende Gesellschaft“ (vgl. § 8 Abs. 2 KStG) ebenfalls nicht unter § 18 Abs. 1 Nr. 4 EStG. Dies gilt somit auch dann, wenn ihr Gesellschaftszweck in dem – gesetzlich vorgesehenen – Erwerb, Halten und in der Veräußerung von Kapitalgesellschaftsanteilen besteht.[695]

D. Rechtsfolgen für die Besteuerung des Carried Interest

I. Rechtsfolgen bei Anwendbarkeit des § 18 Abs. 1 Nr. 4 EStG

1. Teileinkünfteverfahren

§ 18 Abs. 1 Nr. 4 EStG ordnet den Carried Interest als kapitaldisproportionalen Gewinnanteil für die Initiatoren konstitutiv, d.h. „kraft Gesetzes“,[696] den Einkünften aus selbstständiger Arbeit zu.[697]

Hieraus folgt gemäß § 18 Abs. 1 Nr. 4 i.V.m. §§ 3 Nr. 40a, 3c Abs. 2 EStG die Anwendung des Teileinkünfteverfahrens.[698] Danach ist der Carried Interest bei den Initiatoren zu 60% steuerpflichtig. Auf den steuerpflichtigen Anteil findet der persönliche Steuersatz des jeweiligen Initiators Anwendung. Korrespondierend hierzu kann der Initiator auch nur 60% derjenigen Kosten in Abzug bringen, die dem Initiator im Zusammenhang mit dem Carried Interest entstehen. Die Investoren erzielen – aufgrund der bereits auf Fonds-Ebene zur Geltung kommenden kapitaldisproportiona-

---

694 § 15 Abs. 1 S. 1 Nr. 2 S. 1 i.V.m. § 3 Nr. 40 S. 1 lit. a) und d) EStG; vgl. vorstehende Fn.

695 So auch *Korn* in: Korn, EStG, § 18 Rn. 103.19.2; a.A. *Levedag* in: BeckOK EStG, K/ K/ R, § 18 Rn. 584.

696 BT.-Drs. 15/3336, 7.

697 So auch *Brandt* in: H/ H/ R, EStG, § 18 Rn. 287; *Levedag* in: BeckOK EStG, K/ K/ R, § 18 Rn. 627.

698 Zur Anwendung siehe § 52 Abs. 4 S. 12 und 13 EStG; vgl. zur näheren Anwendung des TEV *Desens/ Kathstede*, FR 2005, 863-871 und *Korn* in: Korn, EStG, § 18 Rn. 103.16.

len Gewinnabrede – um den Carried Interest geminderte Einkünfte aus Kapitalvermögen.[699]

Da der Carried Interest gesetzlich als „Vergütung" definiert ist, kommt es für die anteilige Steuerbefreiung entsprechend dem gesetzgeberischen Regelungsanliegen nicht darauf an, woraus sich der Carried Interest im Einzelnen speist.[700] Damit unterfällt der Carried Interest auch insoweit dem Teileinkünfteverfahren, als er sich aus – anderenfalls stets voll steuerpflichtigen – Zinsen speist.[701] Die Anwendung des Teileinkünfteverfahrens ist damit nicht auf Veräußerungsgewinne aus Kapitalgesellschaftsanteilen und Dividenden beschränkt, wie dies nach Ansicht des BFH für die Initiatoren gewerblicher Fonds der Fall ist.[702]

2. Ebene der Umqualifikation

Die vorstehenden Ausführungen haben gezeigt, dass § 18 Abs. 1 Nr. 4 EStG den Carried Interest für die Initiatoren kraft Gesetzes (rechts*folge*ändernd) den Einkünften aus selbstständiger Arbeit zuordnet.[703]

Es fragt sich, ob diese Umqualifikation erst auf (letzter) Ebene des Initiators stattfindet oder auch die – in der Praxis zwischengeschaltete – Carry-KG Einkünfte nach § 18 Abs. 1 Nr. 4 EStG gesetzlich zugewiesen bekommt.[704] Die Beantwortung dieser Frage entscheidet für die Initiatoren darüber, ob sie als Gesellschafter der Carry-KG als deren Mitunternehmer anzusehen sind und ihre Beteiligungen steuerliches Betriebsvermögen sind.[705] Darüber hinaus könnte sich die Frage in grenzüberschreitenden Sachverhalten für im Ausland ansässige Initiatoren darauf auswirken, ob

---

699 FG München, Urteil v. 17.11.2020, 12 K 2334/18 (Rev. eingelegt, Az. BFH: VIII R 3/21), DStRE 2021, 587.

700 BT.-Drs. 15/3336, 7.

701 *Behrens*, FR 2004, 1211 (1219); *Levedag* in: BeckOK EStG, K/ K/ R, § 18 Rn. 507; *Veith* in: P/ R/ W, § 11 Rn. 150; *Wacker* in: Schmidt, EStG, § 18 Rn. 287.

702 Vgl. § 3 Nr. 40 S. 1 lit. a) und d) EStG; BFH, Urteil v. 11.12.2018, VIII R 11/16, BFHE 263, 418, DStR 2019, 1136.

703 Vgl. Drittes Kapitel unter B. II. und III. 2.

704 Eine Umqualifikation des Carried Interest *auf Ebene der Fonds-KG* kommt nicht in Betracht, da nur der „Beteiligte" und nicht die Fonds-KG als gesetzlich definierte „vermögensverwaltende Gesellschaft oder Gemeinschaft" Einkünfte aus selbstständiger Arbeit erzielt. Bei der Fonds-KG bleibt es bei der einheitlichen Erzielung von Kapitaleinkünften.

705 Vgl. § 18 Abs. 4 S. 2 i.V.m. § 15 Abs. 1 S. 1 Nr. 2 EStG. Diese Frage hätte bspw. Bedeutung, wenn die Initiatoren ihren Mitunternehmeranteil bzw. ihre priva-

die inländische Carry-KG eine Betriebsstätte und damit eine beschränkte Steuerpflicht für die ausländischen Initiatoren begründet (sog. *Inbound*-Fall).[706]

a) Ebene der Carry-KG

aa) Eine gesetzliche Umqualifikation des Carried Interest (bereits) auf Ebene der Carry-KG ließe sich unmittelbar aus § 18 Abs. 1 Nr. 4 EStG herleiten. Danach werden die Einkünfte aus selbstständiger Arbeit von dem „Beteiligten" erzielt, der (unter den weiteren tatbestandlichen Voraussetzungen) eine Leistung zur Förderung des Gesellschafts- oder Gemeinschaftszwecks erbringt.

Da die Carry-KG Gesellschafterin des Fonds ist und die Initiatoren ihre immateriellen Gesellschafterbeiträge über die Carry-KG für den Fonds erbringen, könnte man die Carry-KG als „Beteiligte" i.S.d. § 18 Abs. 1 Nr. 4 EStG betrachten, mit der Folge, dass es bereits auf Ebene der Carry-KG zur Umqualifizierung des Carried Interest käme.[707]

bb) Gegen eine Carry-KG als „Beteiligter" spricht der allgemeine Sprachgebrauch, nach dem unter einem „Beteiligten" und dessen (persönlicher) Leistungserbringung eine natürliche Person zu verstehen ist.[708] Gleichermaßen streitet in systematischer Hinsicht die Stellung der Nr. 4 innerhalb der Einkünfte aus selbstständiger Arbeit für die Sichtweise, nach der „Beteiligte" nur Initiatoren als natürliche Personen sein können, nicht aber die Carry-KG als Gesellschaft:

Zum einen kennzeichnen sich die Einkünfte aus selbstständiger Arbeit durch die *persönliche* Leistung des Steuerpflichtigen; zum anderen handelt es sich bei der Carry-KG um ein reines Bündelungsvehikel, dem allein die Funktion zukommt, die sachgerechte Verteilung des Carried Interest

---

ten Anteile in eine Kapitalgesellschaft einbringen wollten (vgl. § 20 UmwStG und § 20 Abs. 4a EStG).

706 Vgl. § 49 Abs. 1 Nr. 3 EStG. Dieser Frage wird im Vierten Kapitel nachgegangen.

707 *Buge*, Ubg 2019, 432 (439); wohl auch *Levedag* in: BeckOK EStG, K/ K/ R, § 18 Rn. 628.

708 Vgl. auch *Wacker* in: Schmidt, EStG, § 18 Rn. 286, der insoweit auch nur auf den Initiator als natürliche Person für den Bezug des Carried Interest nach § 18 Abs. 1 Nr. 4 EStG abstellt.

gesellschafts- und steuerrechtlich zu koordinieren.[709] Mit Blick auf die fehlende Substanz der Carry-KG einerseits (Büroräume, Angestellte) sowie das fehlende gemeinsame Handeln über die Carry-KG andererseits wäre es daher nicht sachgerecht, allein unter Rückgriff auf die allgemeinen Regeln der Einkünftequalifikation ein (fiktives) gesamthänderisches Handeln auf Carry-KG-Ebene anzunehmen.[710]

Buge lehnt dies unter Verweis auf die Grundsätze der „Zebra-Rechtsprechung" ab und leitet daraus für die Carry-KG Einkünfte aus selbstständiger Arbeit ab.[711] Diese Argumentation überzeugt indessen nicht: Die „Zebra-Rechtsprechung"[712] greift – wie das Zweite Kapitel gezeigt hat[713] – bei der grundsätzlich auf Ebene der Personengesellschaft stattfindenden Einkünftequalifikation nur in den Fällen korrigierend ein, in denen die Besteuerung des Gesellschafters (als natürliche Person und Steuerschuldner) mit Blick auf dessen persönliche Verhältnisse nicht sachgerecht wäre („Vielheit der Gesellschafter"). Da die Carry-KG (anders als die Initiatoren) selbst aber keinerlei zum Carried Interest berechtigenden Leistungen erbringt, die eine unterschiedliche Einkünftequalifikation auf Ebene der Carry-KG rechtfertigen könnten, kann für die Carry-KG keine Umqualifikation des Carried Interest als Gewinnanteil in Einkünfte aus selbstständiger Arbeit nach allgemeinen Steuergrundsätzen angenommen werden.

cc) In der Folge ließe sich eine Umqualifikation des Carried Interest als Gewinnanteil in Einkünfte aus selbstständiger Arbeit auf Ebene der Carry-KG allenfalls unmittelbar aus § 18 Abs. 1 Nr. 4 EStG herleiten.[714] Der Blick auf die Gesetzeshistorie zeigt, dass der Gesetzgeber grundsätzlich auch Personengesellschaften als „Carry-Holder" im Blick hatte. Anderenfalls hätte der Gesetzgeber nicht den Ausschluss von § 15 Abs. 3 EStG in den zweiten Halbsatz aufgenommen. In der Abschlussempfehlung des Finanzausschusses heißt es hierzu:

> „Carried Interest wird zukünftig kraft Gesetzes stets im Rahmen einer selbstständigen Tätigkeit vereinnahmt. Dies gilt selbst in den Fällen,

---

709 So auch *Veith* in: P/ R/ W, § 11 Rn. 140; zur Carry-KG als reines „Bündelungsvehikel" s. auch *Töben/ Schrepp*, DStR 2019, 573 (576).

710 Ähnlich *Veith* in: P/ R/ W, § 11 Rn. 140.

711 *Buge*, Ubg 2019, 432 (439).

712 BFH, Beschluss v. 3.7.1995, GrS 1/93, BFHE 178, 86, BStBl. II 1995, 617, DStR 1995, 1339.

713 Vgl. Zweites Kapitel unter B. I. 2. b).

714 A.A. *Buge*, Ubg 2019, 432 (439); *Levedag* in: BeckOK EStG, K/ K/ R, § 18 Rn. 628.

> in denen der sog. Carry-Holder eine Personengesellschaft ist, die die Voraussetzungen des § 15 Abs. 3 Nr. 2 EStG erfüllt (gewerblich geprägte Personengesellschaft). Die Anwendung des § 15 Abs. 3 EStG wurde aus diesem Grund ausgeschlossen, und so sichergestellt, dass auch im Falle einer gewerblich geprägten Initiatoren-GmbH & Co. KG die Steuerbefreiung nach § 3 Nr. 40a EStG zur Anwendung kommt".[715]

Der BFH leitet in seinem Urteil vom 11.12.2018 aus dem zitierten Gesetzespassus ab, dass für die Carry-KG grundsätzlich die Möglichkeit besteht, Einkünfte aus selbstständiger Arbeit gemäß § 18 Abs. 1 Nr. 4 EStG zu beziehen:[716]

> „Auch aus § 18 Abs. 1 Nr. 4 Hs. 2 EStG ergibt sich nichts anderes. Diese Regelung soll nach der Gesetzesbegründung (BT-Drs. 15/3336, 7) auf Ebene einer Personengesellschaft verhindern, dass selbstständige Einkünfte, die nach Anwendung des § 18 Abs. 1 Nr. 4 EStG für die Empfänger-Gesellschaft festzustellen wären, wegen einer anderweitigen gewerblichen Tätigkeit der Gesellschaft gemäß § 15 Abs. 3 Nr. 1 EStG oder aufgrund einer gewerblichen Prägung der Gesellschaft gemäß § 15 Abs. 3 Nr. 2 EStG doch als gewerbliche Einkünfte zu behandeln sind und die Anwendung des besonderen Halbeinkünfteverfahrens gemäß § 3 Nr. 40a EStG vereiteln."

Der BFH ist damit der Ansicht, dass der Ausschluss von § 15 Abs. 3 EStG verhindern solle, dass – an sich auf Ebene der Carry-KG nach § 18 Abs. 1 Nr. 4 EStG festzustellende Einkünfte – als gewerbliche Einkünfte festge-

---

715 BT.-Drs. 15/3336, 7.

716 BFH, Urteil v. 11.12.2018, VIII R 11/16, BFHE 263, 418, DStR 2019, 1136 (unter Gründe II. 3. a) bb) ccc). Im Übrigen geht der Senat verfahrensrechtlich zunächst davon aus, dass die Einkünfte auf Ebene der ausländischen, gewerblich geprägten Carry-LP (aufgrund mehrerer in Deutschland unbeschränkt steuerpflichtiger Gesellschafter) gesondert und einheitlich festzustellen seien (§ 180 Abs. 1 S. 1 Nr. 2 lit a) AO). Da für die ausländische, ebenfalls gewerbliche Fonds-LP hingegen kein gesondertes und einheitliches Feststellungsverfahren durchzuführen sei, sei für die Carry-LP inzidenter das Vorliegen steuerfreier Einnahmen zu prüfen gewesen. Diese Frage richte sich danach, ob die gewerblichen Gewinnanteile der Fonds-LP an die Carry-LP „durchzureichen" oder aber nach § 18 Abs. 1 Nr. 4 EStG in Einkünfte aus selbstständiger Arbeit umzuqualifizieren seien, da die Feststellung der Einkunftsart mit der Frage anteilig steuerfreier Bezüge untrennbar verbunden sei. Diese – allein materiell rechtlich maßgebliche – Frage hat der Senat vorliegend verneint, da ein gewerblicher Fonds keine „vermögensverwaltende Gesellschaft" i.S.d. § 18 Abs. 1 Nr. 4 EStG sein könne (vgl. Zweites Kapitel unter C. II.)

stellt würden, damit für die Carry-KG das besondere Halbeinkünfteverfahren nach § 3 Nr. 40a EStG Anwendung finden könne.

dd) Wie der betreffende Passus aus der Beschlussempfehlung des Finanzausschusses zeigt, ist diese Schlussfolgerung aber nicht zwingend, da man den Passus auch so auslegen kann, dass der „Carried Interest (*durch den Initiator*[717]) zukünftig kraft Gesetzes stets im Rahmen einer selbstständigen Tätigkeit vereinnahmt wird. Dies gilt selbst in den Fällen, in denen der *Carry-Holder* eine Personengesellschaft ist, die die Voraussetzungen des § 15 Abs. 3 Nr. 2 erfüllt (...)."[718]

Es fällt auf, dass der Finanzausschuss in Bezug auf die Carry-KG von dem „Carry-Holder" spricht, während im darauffolgenden Absatz von dem „Empfänger des Carried Interest (=Initiator)" die Rede ist.[719] Dies deutet darauf hin, dass der Gesetzgeber nur den Initiator – dem wirtschaftlichen Sachverhalt entsprechend – als endgültigen Empfänger des Carried Interest ausweist und deshalb auch nur dem Initiator die Einkünfte aus § 18 Abs. 1 Nr. 4 EStG gesetzlich zuweist, während sich die Carry-KG als „Carry-Holder" ihrem Zweck entsprechend auf die passive Weiterleitung des Carried Interest als eines Gewinnanteils beschränkt.

§ 18 Abs. 1 Nr. 4 Hs. 2 EStG kann daher auch so ausgelegt werden, dass bei dem „Beteiligten" (= Initiator), der *an* einer vermögensverwaltenden Fonds-Gesellschaft nur mittelbar über eine fiktiv gewerbliche Carry-KG beteiligt ist, die „Abfärbe- und Prägewirkung" des § 15 Abs. 3 EStG keine Anwendung findet, sodass der Initiator den Carried Interest auch in diesen Fällen im Rahmen der Einkünfte aus selbstständiger Arbeit vereinnahmen und somit von dem besonderen Teileinkünfteverfahren[720] profitieren kann.

Das hieße, dass auch eine Carry-KG, die zwar Einkünfte aus Kapitalvermögen erzielte, daneben aber selbst auch einer gewerblichen Tätigkeit nachginge und somit gewerblich infiziert oder gewerblich geprägt wäre, dem Initiator für Zwecke der Besteuerung des Carried Interest Einkünfte aus selbstständiger Arbeit vermitteln könnte; diese Einkünfte stellten für den Initiator anderenfalls gewerbliche Gewinnanteile dar (§ 15 Abs. 1 Nr. 2 S. 1 EStG).[721]

---

717 Hinzufügung durch den Verfasser.

718 BT.-Drs. 15/3336, 7.

719 BT.-Drs. 15/3336, 7.

720 § 3 Nr. 40a EStG.

721 Vgl. hierzu *Weber-Grellet*, DStR 2018, 992 (995), der entsprechend in Bezug auf Kapitalgesellschaften als Carry-Holder argumentiert. Danach fände § 3 Nr. 40a EStG auf Kapitalgesellschaften selbst keine Anwendung. Die besondere Steuer-

ee) Ob ein derartiges Regelungsanliegen und damit ein entsprechendes Verständnis des historischen Gesetzgebers bejaht werden kann, ist Gegenstand einer Diskussion in der Literatur betreffend die „Beteiligten"-Fähigkeit von Kapitalgesellschaften: Denn obwohl der Gesetzgeber Kapitalgesellschaften ausdrücklich als Empfänger des Carried Interest einbeziehen wollte,[722] besteht bei Kapitalgesellschaften ein „natürliches" Spannungsverhältnis zwischen der Anwendung des besonderen Teileinkünfteverfahrens nach § 18 Abs. 1 Nr. 4 i.V.m. § 3 Nr. 40a EStG einerseits und § 8 Abs. 2 KStG andererseits.[723]

Denn der Bezug von Einkünften aus *selbstständiger* Arbeit (§ 18 Abs. 1 Nr. 4 EStG) als tatbestandliche Voraussetzung für das Teileinkünfteverfahren nach § 3 Nr. 40a EStG werde für (gewerbliche) Kapitalgesellschaften durch die gesetzliche Anordnung des § 8 Abs. 2 KStG systematisch verhindert.[724] Begriffe man § 18 Abs. 1 Nr. 4 EStG aber als lex specialis gegenüber § 8 Abs. 2 KStG,[725] so würden Kapitalgesellschaften trotz des für sie Anwendung findenden Teileinkünfteverfahrens (§ 3 Nr. 40a EStG) im Ergebnis schlechter gestellt, da bei ihnen der Carried Interest – soweit dieser sich aus Veräußerungsgewinnen und Dividenden speist – an sich dem Schachtelprivileg von § 8b KStG unterfiele.[726]

Eine solche Schlechterstellung von Kapitalgesellschaften ist aber weder mit dem Willen des historischen Gesetzgebers noch der – zuvor herausgearbeiteten – Systematik des § 18 Abs. 1 Nr. 4 EStG als rechtsfolgeändernde Norm zu vereinbaren. Beide weisen den Carried Interest für die Initiatoren vermögensverwaltender Fonds allein aus Fiskal- und Vereinfachungsgesichtspunkten den Einkünften aus selbstständiger Arbeit zu, gleichzeitig lassen sie aber die dem Carried Interest zugrunde liegende Gewinnverteilungsabrede (Rechtsgrund) unberührt.[727] Aus diesen Gründen muss es für

---

befreiung greife nur beim Initiator, nachdem die Carry-GmbH den Carried Interest an den Initiator ausschüttet.

722 BT.-Drs. 15/3336, 5, wonach § 3 Nr. 40a EStG eingeführt wurde, um auch Kapitalgesellschaften als Empfänger des Carried Interest miteinzubeziehen; so auch *Brandt* in: H/ H/ R, EStG, § 18 Rn. 281; a.A. *Weber-Grellet*, DStR 2018, 992 (995), wonach Carry-Holder-GmbHs immer gewerbliche Einkünfte bezögen (§ 8 Abs. 2 KStG); so auch *Geerling/ Ismer*, DStR 2005, 1596 (1599).

723 *Veith* in: P/ R/ W, § 11 Rn. 136.

724 Vgl. *Geerling/ Kost*, IStR 2005, 757 (760); *Güroff* in: L/ B/ P, EStG, § 18 Rn. 371; *Korn* in: Korn, EStG, § 18 Rn. 103.6.1; *Watrin/ Struffert*, BB 2004, 1888 (1889).

725 Vgl. *Veith* in: P/ R/ W, § 11 Rn. 135.

726 *Weber-Grellet*, DStR 2018, 992 (995).

727 Zweifelnd auch *Korn* in: Korn, EStG, § 18 Rn. 103.6.1; in der Praxis wurde dem Streit dadurch der Wind aus den Segeln genommen, dass die Finanzverwaltung

Kapitalgesellschaften bei der speziellen Rechtsfolgenanordnung des § 8b KStG für ihre originären Gewinnanteile bleiben,[728] sodass § 18 Abs. 1 Nr. 4 i.V.m. § 3 Nr. 40a EStG nur so ausgelegt werden kann, dass Personen- und Kapitalgesellschaften zwar nicht als „Beteiligte" i.S.d. § 18 Abs. 1 Nr. 4 EStG anzusehen sind, diese den Initiatoren aber trotz ihrer (fiktiven) Gewerblichkeit Einkünfte aus selbstständiger Arbeit vermitteln können.[729]

Es ist den Initiatoren also erlaubt, den Carried Interest sowohl über zwischengeschaltete fiktiv gewerbliche Personengesellschaften (Carry-KG) als auch über eine zwischengeschaltete Carry-GmbH zu beziehen.[730]

b) Ebene der Initiatoren

Für die Annahme einer Umqualifikation der Einkünfte in solche aus § 18 Abs. 1 Nr. 4 EStG auf Ebene der Initiatoren sprechen die überzeugenderen Argumente:

aa) Dem Gesetz ist nicht zu entnehmen, dass der Initiator *unmittelbar* an dem Fonds beteiligt sein muss, um Einkünfte nach § 18 Abs. 1 Nr. 4 EStG zu erzielen. Das Wort *„an"* („einer vermögensverwaltenden Gesellschaft") gibt keinen zwingenden Aufschluss darüber, ob es sich für die Initiatoren um eine unmittelbare Beteiligung an dem Fonds handeln muss oder ob eine nur mittelbare Beteiligung für die Anwendung des § 18 Abs. 1 Nr. 4 EStG ausreicht.[731]

Dem gesetzgeberischen Leitbild lag offensichtlich die Vorstellung zugrunde, dass sich der Initiator in der Praxis an dem Fonds über eine Carry-KG beteiligt.[732] Ließe der Gesetzgeber damit eine nur mittelbare

über R 8.1 Abs. 1 Nr. 1 KStR 2015 sowohl § 18 Abs. 1 Nr. 4 EStG als auch § 3 Nr. 40a EStG für Kapitalgesellschaften Anwendung finden lässt.

728 *Weber-Grellet*, DStR 2018, 992 (995).

729 Vgl. *Weber-Grellet*, DStR 2018, 992 (995); a.A. *Korn* in: Korn, EStG, § 18 Rn. 103.17.2 (ohne nähere Begründung).

730 Es bliebe damit dabei, dass die Carry-GmbH gewerbliche Einkünfte erzielte und von der Steuerfreistellung nach § 8b KStG profitierte, während der dann an den Initiator ausgeschüttete Carried Interest als Einkünfte aus selbstständiger Arbeit dem Teileinkünfteverfahren nach § 3 Nr. 40a EStG unterfiele, *Weber-Grellet*, DStR 2018, 992 (995).

731 So auch *Korn* in: Korn, EStG, § 18 Rn. 103.6; *Elser/ Dürrschmidt*, FR 2010, 1075 (1076); *Stuhrmann* in: K/ S/ M, EStG, § 18 Rn. B 256a; a.A. *Levedag* in: BeckOK EStG, K/ K/ R, § 18 Rn. 577, wonach mittelbar Beteiligte von dem Wortlaut der Norm („an") ausgeschlossen seien.

732 A.A. *Levedag* in: BeckOK EStG, K/ K/ R, § 18 Rn. 577.

Beteiligung des Initiators *nicht* ausreichen, so bezöge der Initiator – auf den die Norm zugeschnitten ist[733] – niemals originär Einkünfte nach § 18 Abs. 1 Nr. 4 EStG. Dem könnte nur Abhilfe geschaffen werden, indem der Initiator den Carried Interest über die Carry-KG als Mitunternehmer zugewiesen bekäme.[734]

bb) Für eine Umqualifikation des Carried Interest (erst) auf Ebene des Initiators sprechen – neben dem bereits angesprochenen Wortlaut und der systematischen Stellung des Carried Interest innerhalb des § 18 EStG – entscheidend auch die Entstehungsgeschichte und der Telos der Norm. Denn die Norm wurde als Antwort auf den PE-Erlass zum Streit über die Anwendbarkeit und Reichweite der Bruchteilsbetrachtung eingeführt.

Die Folgen über die verschiedenen Rechtsauffassungen zur Reichweite der Bruchteilsbetrachtung betrafen aber nur den Initiator als natürliche Person, wenn dieser mit seinem Kapitalanteil am Ende der Beteiligungskette zu – durchgerechnet – weniger als einem Prozent an dem Zielunternehmen beteiligt war, aber oberhalb der 1%-Schwelle (steuerfreie) Gewinnanteile bezog (§ 17 Abs. 1 EStG).[735]

Der Gesetzgeber wollte daher den Folgen dieser Rechtsauffassung (volle Steuerpflichtigkeit des Carried Interest) einen Riegel vorschieben, um die erstrebte Förderung von Wagniskapital zu sichern;[736] gleichzeitig entsprach es seinem gesetzgeberischen Willen, die aus der Anwendbarkeit und Reichweite der Bruchteilsbetrachtung resultierende Rechtsunsicherheit aus der Welt zu schaffen. Im Ergebnis sollte der Carried Interest daher auch nur für den Initiator und nicht die vorgeschaltete Carry-KG den Einkünften aus selbstständiger Arbeit gesetzlich zugeordnet werden. Die gilt unabhängig davon, ob sich die Carry-KG (für die hinter ihr stehenden Initiatoren) mit einer geringen Kapitaleinlage „selbst" an dem Fonds beteiligt, darüber hinaus aber einen, den Initiatoren zustehenden kapitaldisproportionalen Gewinnanteil zugewiesen bekommt.

---

733 Vgl. Drittes Kapitel unter C. I.

734 Vgl. § 18 Abs. 4 S. 2 i.V.m. § 15 Abs. 1 S. 1 Nr. 2 S. 1 EStG; so *Levedag* in: BeckOK EStG, K/ K/ R, § 18 Rn. 577.

735 BMF v. 16.12.2003, IV A 6-S 2240-153/03, BStBl. I 2004, 40, FR 2004, 177-180 (unter Tz. 24: „Die Ausführungen in Tz. 21-23 gelten nicht für den erhöhten Gewinnanteil (carried interest) der mittelbar oder unmittelbar beteiligten Initiatoren.")

736 BT.-Drs. 15/3336.

cc) Von einer Umqualifikation des Carried Interest erst auf Ebene des Initiators scheint auch das FG München auszugehen.[737] Das FG München stellt indes – leider ohne vertiefende Ausführungen – weniger auf die Entstehungsgeschichte und die Systematik des § 18 Abs. 1 Nr. 4 EStG als vielmehr auf dessen Wortlaut und allgemeine Wertungsgesichtspunkte ab. Danach stehe der kapitaldisproportionale Gewinnanteil den Initiatoren zu, den diese nach dem Gesetzeswortlaut als Vergütung für (persönliche) Leistungen zur Förderung des Gesellschaftszwecks erzielten.[738]

c) Zwischenergebnis

Somit bleibt festzuhalten, dass die Umqualifikation des Carried Interest durch die vom Gesetzgeber vorgenommene systematische Zuordnung zu den Einkünften aus selbstständiger Arbeit unmittelbar bei den Initiatoren und nicht auf der (bisweilen) vorgeschalteten Ebene der Carry-KG erfolgt.

II. Rechtsfolgen bei Nichtanwendbarkeit des § 18 Abs. 1 Nr. 4 EStG

Sind die Tatbestandsvoraussetzungen des § 18 Abs. 1 Nr. 4 EStG *nicht* erfüllt, bestimmt sich die Besteuerung des Carried Interest nach den allgemeinen – im zweiten Kapitel dargestellten – steuerlichen Grundsätzen:[739] Der Carried Interest unterfällt für die Initiatoren vermögensverwaltender

737 FG München, Urteil v. 17.11.2020, 12 K 2334/18 (Rev. eingelegt, Az.: BFH VIII R 3/21), DStRE 2021, 587.

738 FG München, Urteil v. 17.11.2020, 12 K 2334/18, DStRE 2021, 587 (590). „Dieser kapitaldisproportionale Gewinnanteil steht den Initiatoren zu (Anm.: Nicht der Carry-KG, im Urteilsfall „A-Partner"). (…) Vielmehr spricht der Wortlaut für eine Einordnung des Carried Interest als Gewinnanteil, da auf Einkünfte eines Beteiligten abgestellt wird, die dieser als Vergütung für Leistungen zur Förderung des Gesellschaftszwecks erzielt. Leistungen zur Förderung des Gesellschaftszwecks sind i.d.R. Gesellschafterbeiträge (§ 705, 706 Abs. 3 BGB)." Weiter führt der Senat aus: „Nach diesen Maßstäben ergeben sich (…) keine Änderungen auf Ebene der Klägerin (Anm.: Fonds-KG), da diese Regelung nur die Einkünfte auf Ebene der Gesellschafter umqualifiziert. (…) Da die Initiatoren über den A-Partner (Anm.: Carry-KG) ebenfalls an der Klägerin beteiligt sind, hält der Senat die Auffassung des Beklagten, dass die Initiatoren ihre Leistungen nur für die anderen Gesellschafter (Investoren) und nicht für die Klägerin selbst erbringen, für unzutreffend."

739 So auch *Levedag* in: BeckOK EStG, K/ K/ R, § 18 Rn. 637.

Fonds als Gewinnanteil der Abgeltungssteuer;[740] ist die Fonds-KG – fiktiv oder originär – gewerblich, so ist den Initiatoren als Mitunternehmern der Carried Interest als kapitaldisproportionaler gewerblicher Gewinnanteil zuzurechnen.[741]

Damit ist der Carried Interest nach dem Ergebnis des Zweiten Kapitels – und anders als nach der Rechtsauffassung des PE-Erlasses – nicht als verdecktes Entgelt nach § 18 Abs. 1 Nr. 3 EStG bzw. § 15 Abs. 1 S. 1 Nr. 2 S. 1 Hs. 2 EStG als freiberufliche oder gewerbliche Tätigkeitsvergütung voll zu versteuern.[742]

Für die Anwendung des Teileinkünfteverfahrens ist bei gewerblichen Fonds darauf abzustellen, wie sich der Carried Interest im Einzelnen zusammensetzt, d.h. ob aus Veräußerungsgewinnen, Dividenden oder Zinsen.[743] Zinsen bleiben von dem Teileinkünfteverfahren nach § 3 Nr. 40 S. 1 EStG ausgeschlossen. Wird das Wesen des Carried Interest als erfolgsabhängigem Gewinnanteil hingegen angetastet,[744] d.h. ist ein Carried Interest im Einzelfall nicht als erfolgsabhängiger kapitaldisproportionaler Gewinnanteil im Sinne des § 18 Abs. 1 Nr. 4 EStG gesellschaftsrechtlich ausgestaltet, so ist der Carried Interest voll steuerpflichtig, je nachdem, ob die Initiatoren den Einkünftetatbestand der §§ 15, 18 oder 19 EStG erfüllen.

---

740 § 20 i.V.m. § 32d Abs. 1 S. 1 EStG. Dies wäre z.B. der Fall, wenn die Tätigkeit nicht ausschließlich oder weit überwiegend auf den Erwerb, das Halten und die Veräußerung von Kapitalgesellschaftsanteilen gerichtet ist (*Brandt* in: H/ H/ R EStG, § 18 Rn. 282 a.E); *Levedag* in: BeckOK EStG, K/ K/ R, § 18 Rn. 638; a.A. *Wacker* in: Schmidt, EStG, § 18 Rn. 288, wonach die Veräußerungsgewinne nur *beteiligungskongruent* erzielt würden und der überproportionale Teil entsprechend voll steuerpflichtig sei. Diese Ansicht ist – wie dargelegt – abzulehnen, vgl. Zweites Kapitel unter B. V.

741 BFH, Urteil v. 11.12.2018, VIII R 11/16, BFHE 263, 418, DStR 2019, 1136; zudem fällt auf Fonds-Ebene GewSt an (*Levedag* in: BeckOK EStG, K/ K/ R, § 18 Rn. 638); nach a.A. unterfalle der Carried Interest bei den Initiatoren § 18 Abs. 1 Nr. 3 EStG (*Anzinger/ Jekerle*, IStR 2008, 821 (826). Dem kann mit Blick auf die – im Zweiten Kapitel herausgearbeitete – Rechtsnatur des Carried Interest bei gewerblichen Fonds nicht gefolgt werden (vgl. Zweites Kapitel unter C.)

742 BMF v. 16.12.2003, IV A 6-S 2240-153/03, BStBl. I 2004, 40, FR 2004, 177.

743 BFH, Urteil v. 11.12.2018, VIII R 11/16, BFHE 263, 418, DStR 2019, 1136.

744 Dies wäre z.B. der Fall, wenn der Carried Interest nicht gesellschaftsvertraglich, sondern schuldrechtlich vereinbart würde.

Viertes Kapitel: Folgen der inländischen Einkünftequalifikation des Carried Interest nach § 18 Abs. 1 Nr. 4 EStG für grenzüberschreitende Sachverhalte

Das Vierte Kapitel untersucht, inwieweit die Rechtsnatur des Carried Interest als eines kapitaldisproportionalen Gewinnanteils und seine konstitutive Zuordnung zu den Einkünften aus selbstständiger Arbeit (§ 18 EStG) auf die grenzüberschreitende Besteuerung der Initiatoren ausstrahlt.

Dabei ist zwischen Sachverhalten ohne und mit Schutz nach einem Doppelbesteuerungsabkommen (DBA) nach dem OECD-Musterabkommen (OECD-MA 2017) zu differenzieren; gleichzeitig ist innerhalb dieser beiden Szenarien zwischen sog. *In-* und *Outbound*-Gestaltungen zu unterscheiden.[745]

A. Besteuerungsfolgen bei fehlendem DBA-Schutz

I. Inbound-Szenario

1. Sachverhalt

Im sog. Inbound-Fall beteiligt sich ein ausländischer, d.h. ein nicht in Deutschland ansässiger Initiator als natürliche Person[746] und Kommanditist an einer inländischen Carry-KG, die ihrerseits als Kommanditistin an einer inländischen Fonds-KG beteiligt ist. Sowohl die inländische Carry-KG als auch die Fonds-KG sind nach deutschem Steuerrecht vermögensverwaltend, d.h. sie sind weder gewerblich geprägt noch gewerblich infiziert.[747] Die Zielunternehmen befinden sich in der Rechtsform einer Kapitalgesellschaft ebenfalls im Inland. Der Sachverhalt entspricht damit

745 Die Besteuerung von Fonds in der Rechtsform einer Kapitalgesellschaft ist nicht Gegenstand dieser Untersuchung.

746 D.h. es liegt annahmegemäß kein Fall einer unbeschränkten Steuerpflicht i.S.d. § 1 Abs. 1 S. 1 EStG vor. Der ausländische Initiator hat weder seinen Wohnsitz (§ 8 AO) noch seinen gewöhnlichen Aufenthalt (§ 9 AO) in Deutschland.

747 § 15 Abs. 3 Nr. 1 und 2 EStG.

– mit Ausnahme des im Ausland ansässigen Initiators – der im Ersten Kapitel dargestellten Grundstruktur; insbesondere beteiligt sich die Carry-KG auch mit einem geringen Kapitalanteil an der Fonds-KG. In Höhe dieses Kapitalanteils nehmen die Initiatoren wie die Investoren auch an dem Gewinn und Verlust des Fonds teil.[748] Darüber hinaus erhalten die Initiatoren – im Erfolgsfall – auf gesellschaftsvertraglicher Grundlage den Carried Interest als kapitaldisproportionalen Gewinnanteil.

2. Beschränkte Steuerpflicht nach § 49 EStG aufgrund der Rechtsfolgeänderung

Bei einer Bewertung des Carried Interest nach deutschem Steuerrecht erzielt der Initiator über die inländische, vermögensverwaltende Carry- und Fonds-KG dem Grunde nach Kapitaleinkünfte,[749] die lediglich in ihren spezialgesetzlichen Rechtsfolgen auf Ebene der Initiatoren konstitutiv in Einkünfte aus selbstständiger Arbeit umqualifiziert werden.[750]

Die dem § 18 Abs. 1 Nr. 4 EStG innewohnende, reine Rechtsfolgenänderung[751] wirft damit die Frage auf, ob für die im Ausland ansässigen Initiatoren dem Grunde nach *Kapitaleinkünfte*[752] oder *Einkünfte aus selbstständiger Arbeit*[753] gesetzlicher Anknüpfungspunkt einer eventuellen beschränkten Steuerpflicht hinsichtlich des von ihnen bezogenen Carried Interest sind. Abhängig hiervon ergäbe sich für die Initiatoren ein unterschiedlicher Prüfungsmaßstab aus § 49 EStG mit Blick auf den für eine beschränkte Steuerpflicht erforderlichen Inlandsbezug (sog. territorialer Konnex[754]). Dabei könnte sich der erforderliche Inlandsbezug aus einer (fiktiven) selbstständigen Tätigkeit des Initiators in Deutschland oder den

---

748 Die ausländischen Initiatoren sind mit den kapitalproportionalen Gewinnanteilen nur insoweit beschränkt steuerpflichtig, als die Initiatoren über den Fonds Dividenden aus dem Inland beziehen, sowie Zinsen, die über Grundvermögen, das im Inland belegen ist, besichert sind. D.h. es besteht keine beschränkte Steuerpflicht für die (privaten) Gewinne aus der Veräußerung von Kapitalgesellschaftsanteilen.

749 § 20 EStG.

750 § 18 Abs. 1 Nr. 4 EStG; FG München, Urteil v. 17.11.2020, 12 K 2334/18 (Rev. eingelegt, Az.: BFH VIII R 3/21), DStRE 2021, 587.

751 Vgl. Drittes Kapitel unter B. II. und III.

752 § 49 Abs. 1 Nr. 3 EStG.

753 § 49 Abs. 1 Nr. 2a), e) aa) und Nr. 5 a) und c) EStG.

754 Der territoriale Konnex begründet den Besteuerungsanspruch Deutschlands, siehe *Fetzer* in: BeckOK EStG, K/ K/ R, § 49 Rn. 3.

in Deutschland erzielten Kapitaleinkünften auf Ebene der vorgeschalteten Fonds- bzw. Carry-KG ergeben.

In beiden Fällen würde der Carried Interest beim ausländischen Initiator nach der inländischen Einkünftequalifikation den Einkünften aus selbstständiger Arbeit mit der Folge zugeordnet, dass der ihm zustehende Carried Interest grundsätzlich dem Teileinkünfteverfahren[755] unterfiele.[756] Entscheidend ist allein, ob ein ausreichender Bezugspunkt i.S.d. § 49 EStG besteht: Denn davon hängt ab, ob der Initiator mit dem Carried Interest in Deutschland überhaupt, d.h. dem Grunde nach beschränkt steuerpflichtig ist und wenn ja, wie weit diese beschränkte Steuerpflicht der Höhe nach reicht.

a) Keine Einkünfte aus selbstständiger Arbeit

Nach § 49 Abs. 1 Nr. 3 EStG ist der Initiator mit seinen inländischen Einkünften aus selbstständiger Arbeit (§ 18 EStG) beschränkt steuerpflichtig, die im Inland ausgeübt oder verwertet wird oder worden ist, oder für die im Inland eine feste Einrichtung oder eine Betriebsstätte unterhalten wird.[757]

Für die Anwendbarkeit des § 49 Abs. 1 Nr. 3 EStG spricht, dass der Gesetzgeber den Carried Interest trotz seiner Rechtsnatur als eines kapitaldisproportionalen Gewinnanteils den Einkünften aus selbstständiger Arbeit zugeordnet hat. Im Rahmen des § 49 Abs. 1 Nr. 3 EStG wäre in einem ersten Schritt zu prüfen, ob der betreffende (steuerliche) Ausländer überhaupt die Tatbestandsvoraussetzungen des § 18 EStG erfüllt.[758] In einem zweiten Schritt wäre ein inländischer Bezug festzustellen (inländische Einkünfte).[759]

§ 49 Abs. 1 Nr. 3 EStG setzt damit zum einen Einkünfte aus selbstständiger Arbeit voraus, die dem Wesen nach der eigenen persönlichen Arbeitskraft des Berufsträgers entsprechen.[760] Zum anderen erfordert die Norm

---

755 §§ 18 Abs. 1 Nr. 4 i.V.m. 3 Nr. 40a EStG.

756 Vgl. *Töben/ Schrepp*, DStR 2019, 573 (580).

757 So *Faigle*, S. 91; *Friederichs/ Köhler*, DB 2004, 1638 (1640); *Früchtl*, IStR 2009, 604 (605); *Geerling/ Kost*, IStR 2005, 757 (760f.); *Levedag* in: BeckOK EStG, K/ K/ R, § 18 Rn. 630; *Schnittker/ Steinbiß*, IStR 2015, 760 (766f.); *Veith* in: P/ R/ W, § 11 Rn. 155.

758 *Reimer* in: Blümich, EStG, § 49 Rn. 202.

759 *Fetzer* in: BeckOK EStG, K/ K/ R, § 49 Rn. 343.

760 *Reimer* in: Blümich, EStG, § 49 Rn. 202.

einen inländischen Bezug in der Form, dass genau jene selbstständige Arbeit auch im Inland ausgeübt oder verwertet wird bzw. dies über eine inländische feste Einrichtung oder Betriebsstätte erfolgt. Die Erfüllung beider Voraussetzungen ist aber trotz der gesetzgeberischen Verortung des Carried Interest innerhalb des § 18 EStG fragwürdig:

aa) Die Initiatoren erfüllen zwar (annahmegemäß) den Einkünftetatbestand des § 18 Abs. 1 Nr. 4 EStG, sodass in einem zweiten Schritt der erforderliche Inlandsbezug zu prüfen wäre. Die Analyse des § 18 Abs. 1 Nr. 4 EStG hat aber gezeigt, dass der Gesetzgeber den Carried Interest seiner Rechtsnatur nach als steuerlichen Gewinnanteil für einen immateriellen Gesellschafterbeitrag anerkennt. Dementsprechend setzt die Norm tatbestandsmäßig einen Gesellschafterbeitrag voraus und knüpft also gerade nicht an eine Dienstleistung im Sinne persönlicher Arbeitsleistung an. Die gesetzliche Umqualifikation des Carried Interest in Einkünfte aus selbstständiger Arbeit bezieht sich wie gesehen nur auf die Rechtsfolgenebene beim Initiator, sie wirkt hingegen nicht rechts*grund*ändernd.[761]

Vor diesem Hintergrund überzeugt es nicht, bei der Frage einer beschränkten Steuerpflicht – entgegen der Wertung des § 18 Abs. 1 Nr. 4 EStG – dem Rechtsgrund nach Einkünfte aus selbstständiger Arbeit anzunehmen.[762] Zwar verweist § 49 Abs. 1 Nr. 3 EStG auf den gesamten § 18 EStG. Aber Kapitaleinkünfte und Einkünfte aus selbstständiger Arbeit stehen sich als grundsätzlich unterschiedliche Einkunftsarten unvereinbar gegenüber, zumal der bei einer Einordnung als Einkünfte aus selbstständiger Arbeit für eine beschränkte Steuerpflicht erforderliche Inlandsbezug nach

761 Vgl. Drittes Kapitel unter B. II. und III. 2; zu einem anderen Ergebnis müssten daher konsequenterweise die Autorinnen und Autoren sowie der PE-Erlass gelangen, die in dem Carried Interest entweder eine „echte" Tätigkeitsvergütung sehen oder § 18 Abs. 1 Nr. 4 EStG als rechtsgrundändernd einordnen. Diese Auffassungen sind aber nach dem Ergebnis des Zweiten und Dritten Kapitels abzulehnen.

762 Gegen einen Rückgriff auf § 49 Abs. 1 Nr. 3 EStG: *Töben/Blank* in: Gosch/ Grotherr/ Bergmann, Rn. 68; wohl auch *Weber-Grellet*, DStR 2018, 992 (997), der den Carried Interest auch bei grenzüberschreitenden Sachverhalten außerhalb von DBA als Gewinnanteil sieht; für einen Rückgriff auf § 49 Abs. 1 Nr. 3 EStG: *Faigle*, S. 91; *Friederichs/ Köhler*, DB 2004, 1638 (1640); *Früchtl*, IStR 2009, 604 (605); *Geerling/ Kost*, IStR 2005, 757 (760f.); *Levedag* in: BeckOK EStG, K/ K/ R, § 18 Rn. 630; *Schnittker/ Steinbiß*, IStR 2015, 760 (766f.); *Veith* in: P/ R/ W, § 11 Rn. 155. Die Autoren gelangen allesamt (ohne nähere Erläuterung) allein aufgrund der inländischen Einkünftequalifikation des Carried Interest als Einkünfte aus selbstständiger Arbeit (§ 18 Abs. 1 Nr. 4 EStG) zur Anwendung des § 49 Abs. 1 Nr. 3 EStG.

§ 49 Abs. 1 Nr. 3 EStG voraussetzt, dass die *Arbeit* (Tätigkeit) im Inland ausgeübt oder verwertet wird oder im Inland eine feste Einrichtung oder Betriebsstätte unterhalten wird.[763]

bb) Selbst wenn man die Rechtsnatur des Carried Interest als Gewinnanteil außer Acht ließe[764] und ihn unter die Voraussetzungen des § 49 Abs. 1 Nr. 3 EStG subsumierte, so zeigt sich, dass dies zu unbefriedigenden – weil unpraktikablen und gekünstelten – Ergebnissen führte:

Für eine Ausübung der Tätigkeit im Inland wäre erforderlich, dass der Betreffende die Arbeit persönlich im Inland leistete, d.h. sich körperlich im Inland aufhielte.[765] Nach dem BFH ist z.B. für einen selbstständig tätigen Erfinder darauf abzustellen, von wo aus er seine Erfinderidee planmäßig verwirklicht.[766] Die ausländischen Initiatoren halten sich annahmegemäß nur im Ausland auf, sodass deren Wirken auch nur dort gesehen werden kann.[767]

Eine (subsidiäre) Verwertung, die das Gesetz nicht weiter definiert, läge vor, wenn die Tätigkeit selbst zwar nicht im Inland erfolgte, aber der aus der Tätigkeit resultierende Erfolg im Inland einträte.[768] Es bedürfte für die Annahme des territorialen Konnexes eines besonderen Vorgangs, der über die reine Arbeitsleistung hinausreichte. Ein solcher Vorgang könnte angenommen werden, wenn im Inland ein geistiges oder körperliches Arbeitsprodukt zugeführt würde.[769] Dies wird etwa bei Lizenzvergaben, Softwareüberlassungen oder der Herstellung von Kunstwerken, die anschließend im Inland verkauft oder vermietet werden, bejaht.[770]

Bei einem im Ausland agierenden Initiator kann aber nicht davon ausgegangen werden, dass dessen Tun im Ausland zu einer vergleichbaren eigenständigen, im Inland greifbaren Verwertung führt.[771] Die Initiatoren erbringen weit überwiegend immaterielle Beiträge, wenn sie dem Fonds ihr persönliches Netzwerk und Know-how nutzbar machen. Diese Leistungen erzeugen kein unmittelbar fassbares Produkt, das als solches einen konkreten Inlandsbezug begründen könnte.

---

763 So auch *Töben/Blank* in: Gosch/ Grotherr/ Bergmann, Rn. 69f.

764 Dazu nachstehend unter Viertes Kapitel A. I. 2. b).

765 *Loschelder* in: Schmidt, EStG, § 49 Rn. 73.

766 BFH, Urteil v. 20.11.1974, I R 1/73, BFHE 114, 530, BeckRS 1974, 22002925.

767 So i.E. auch *Früchtl*, IStR 2009, 604 (610); sowie *Veith* in: P/ R/ W, § 11 Rn. 157.

768 *Fetzer* in: BeckOK EStG, K/ K/ R, § 49 Rn. 354, 355.

769 *Reimer* in: Blümich, EStG, § 49 Rn. 205.

770 Vgl. vorstehende Fn.

771 So auch *Veith* in: P/ R/ W, § 11 Rn. 157; zust. *Levedag* in: BeckOK EStG, K/ K/ R, § 18 Rn. 630.

cc) Als Anknüpfungspunkt für eine beschränkte Steuerpflicht verbliebe die feste Einrichtung oder Betriebstätte, die im Inland für Einkünfte aus selbstständiger Arbeit unterhalten wird.[772]

Da annahmegemäß davon auszugehen ist, dass der im Ausland ansässige Initiator selbst über keinerlei feste Geschäftseinrichtung oder Anlage im Inland verfügt, die – zumindest sinngemäß – seiner selbstständigen Tätigkeit als Initiator dient,[773] käme für eine beschränkte Steuerpflicht des ausländischen Initiators in der Folge nur die Zurechnung einer Betriebstätte durch die inländischen Investitionsvehikel (Fonds-KG und Carry-KG) in Betracht. Da die Fonds-KG selbst aber Einkünfte aus Kapitalvermögen erzielt, scheidet für die Fonds-KG als vermögensverwaltende Personengesellschaft ohne Betriebsvermögen die Begründung einer Betriebstätte aus.[774] Insoweit fehlte es bereits an dem Vorliegen eines Unternehmens i.S.d. § 12 S. 1 AO.[775]

Anders könnte der Fall mit Blick auf eine inländische Carry-KG (sofern eine solche überhaupt zwischengeschaltet ist) gelagert sein. Erzielte die Carry-KG selbst Einkünfte aus selbstständiger Arbeit (§ 18 EStG), so käme grundsätzlich das Unterhalten einer inländischen Betriebstätte (oder festen Einrichtung) in Betracht.[776] Der Begriff des Unternehmens erfasst wie gesehen auch Einkünfte aus selbstständiger Tätigkeit.[777] Hiergegen sprechen aber gleich mehrere Erwägungen:

(1) Zum einen sprechen – wie oben bereits dargelegt[778] – die überzeugenderen Argumente dafür, dass die Carry-KG selbst keine Einkünfte nach

772 § 49 Abs. 1 Nr. 3 Hs. 2 EStG.

773 § 12 S. 1 AO.

774 *Töben/Blank* in: Gosch/ Grotherr/ Bergmann, Rn. 75f.; *Früchtl*, IStR 2009, 604 (610).

775 *Achsnich* in: BeckOK AO, P/ R/ W, § 12 Rn. 76, wonach § 12 AO nur für Einkünfte aus Gewerbebetrieb, aus selbstständiger Arbeit sowie für Einkünfte aus Land- und Fortwirtschaft anwendbar sei.

776 *Schnittker/ Steinbiß*, IStR 2015, 760 (765f.), die zu einer Zurechnung der inländischen Geschäftsleitungsbetriebstätte an den ausländischen Initiator gelangen; s. auch *Veith* in: P/ R/ W, § 11 Rn. 161, der danach differenziert, ob der einzelne Initiator oder die Carry-KG Leistender i.S.d. § 18 Abs. 1 Nr. 4 EStG ist. Zwar geht der Autor davon aus, dass der einzelne Initiator als Leistender anzusehen ist. Sei dies aber nicht der Fall, so müsse man davon ausgehen, dass die Carry-KG dem ausländischen Initiator ggf. eine inländische Geschäftsleitungsbetriebsstätte vermittele; zur Geschäftsleitung bei PE-Strukturen insgesamt vgl. *Töben/ Deitel*, IStR 2022, 145.

777 *Achsnich* in: BeckOK AO, P/ R/ W, § 12 Rn. 76.

778 Vgl. Drittes Kapitel unter D. I. 2.

§ 18 Abs. 1 Nr. 4 EStG, sondern einheitlich Kapitaleinkünfte erzielt:[779] Sowohl Wortlaut als auch Systematik und Telos der Norm des § 18 Abs. 1 Nr. 4 EStG deuten darauf hin, dass eine Umqualifikation des Carried Interest als Gewinnanteil in Einkünfte aus selbstständiger Arbeit erst auf Ebene des Initiators stattfindet.

(2) Zum anderen bliebe es – selbst wenn man auf Ebene der Carry-KG Einkünfte aus selbstständiger Tätigkeit unterstellte – bei der erörterten Ausgangsüberlegung, nach der die *rechtsfolge*ändernde Wirkung des § 18 Abs. 1 Nr. 4 EStG auch für Zwecke der beschränkten Steuerpflicht berücksichtigt werden muss. Damit fehlte es weiterhin dem Rechtsgrund nach an (originären) Einkünften aus selbstständiger Arbeit i.S.d. § 18 EStG, die ihrerseits Voraussetzung einer beschränkten Steuerpflicht nach § 49 Abs. 1 Nr. 3 EStG sind.

(3) Daher kann offenbleiben, ob eine inländische Carry-KG eine Geschäftsleitungsbetriebsstätte (§ 12 S. 2 Nr. 1 AO) begründet. Denn es käme zu keiner Zurechnung an den ausländischen Initiator.[780] Bestätigt wird die Bewertung durch den Wortlaut des § 49 Abs. 1 Nr. 3 EStG: Nur wenn im ersten Schritt Einkünfte aus selbstständiger Arbeit anzunehmen sind, *„für die"* (in einem zweiten Schritt) im Inland eine feste Einrichtung oder eine Betriebsstätte unterhalten wird, kann eine beschränkte Steuerpflicht entstehen. Ersteres ist wie gesehen nicht der Fall.

Der Gesetzgeber wollte mit der Regelung des § 49 Abs. 1 Nr. 3 EStG gewährleisten, dass ausländische Gesellschafter einer freiberuflichen Sozietät mit ihren Gewinnanteilen in Deutschland beschränkt steuerpflichtig sind.[781] Eine solche Konstellation ist mit der hiesigen nicht vergleichbar. Anders als freiberufliche Sozietäten, die sich als freiberuflich *tätige* (Berufs-)Gemeinschaften auszeichnen, handelt es sich bei einer (vermögensverwaltenden) Carry-KG um eine reine „Gesellschaftshülle".[782] Diese dient als Instrument einzig dazu, den Carried Interest unter den Initiatoren interessengerecht zu verteilen. Sie vermag daher keinen unmittelbaren Einfluss auf die beschränkte Steuerpflicht der ausländischen Initiatoren zu nehmen.

---

779 So auch *Veith* in: P/ R/ W, § 11 Rn. 161; a.A. *Schnittker/ Steinbiß*, IStR 2015, 760 (765f.) (ohne nähere Begründung).

780 § 49 Abs. 1 Nr. 3 EStG i.V.m. § 12 S. 2 Nr. 1 AO.

781 *Reimer* in: Blümich, EStG, § 49 Rn. 207.

782 *Töben/Blank* in: Gosch/ Grotherr/ Bergmann, Rn. 78.

b) Behandlung als Einkünfte aus Kapitalvermögen

aa) Erkennt man hingegen an, dass der Carried Interest seiner Rechtsnatur nach trotz der systematischen Einordnung bei den Einkünften aus selbstständiger Arbeit ein Gewinnanteil bleibt, so kommt es für den territorialen Konnex allein darauf an, woher (territorial) der Gewinnanteil stammt. Resultiert der Carried Interest aus Veräußerungsgewinnen von Kapitalgesellschaftsanteilen, Dividenden und Zinsen *inländischer* Zielunternehmen, so besteht der erforderliche inländische Bezug für die beschränkte Steuerpflicht.[783]

Die Einordnung der Rechtsnatur des Carried Interest als eines kapitaldisproportionalen Gewinnanteils ermöglicht somit einen von § 49 Abs. 1 Nr. 3 EStG abweichenden territorialen Inlandsbezug.

bb) Das von einigen Stimmen in der Literatur[784] befürwortete Abstellen auf die Tätigkeit als solche und deren Verwertung greift zu kurz, da dies mit der Rechtsnatur des Carried Interest nicht vereinbar ist und – wie dargelegt – kaum befriedigend praktikabel ist:

Zwar kann der Carried Interest zumindest auch gesellschaftsrechtlich vereinbarte Dienstleistungen der Initiatoren entlohnen.[785] Am Ende kann es für den erforderlichen Inlandsbezug aber nur auf die schwerpunktmäßige Leistung als solche ankommen. Diese besteht bei dem Carried Interest nicht in einer schuldrechtlichen Dienstleistung, sondern dem sich im Ergebnis niederschlagenden „unsichtbaren" sog. *added value*, der aus den immateriellen Beiträgen der Initiatoren resultiert.[786] Diese Wertung gilt es auch für Zwecke der beschränkten Steuerpflicht zu beachten, sodass ein Rückgriff auf § 49 Abs. 1 Nr. 3 EStG nicht sachgerecht ist.

cc) Es sprechen daher die besseren Gründe dafür, für die beschränkte Steuerpflicht der ausländischen Initiatoren auf § 49 Abs. 1 Nr. 2a), e) aa) und Nr. 5 a) und c) EStG zu rekurrieren, die dem Rechtsgrund nach an die dem Carried Interest zugrunde liegenden Kapitaleinkünfte anknüpfen.[787] Hierdurch wird einerseits der Rechtsnatur des Carried Interest als Gewinnanteil Rechnung getragen, die nicht nur auf Tatbestandsebene des § 18 Abs. 1 Nr. 4 EStG, sondern auch im Rahmen der allgemeinen Ge-

783 So auch *Töben/Blank* in: Gosch/ Grotherr/ Bergmann, Rn. 68.
784 Vgl. Fn. 768.
785 § 706 Abs. 3 BGB.
786 *Weitnauer*, BKR 2004, 89 (91).
787 So auch *Töben/Blank* in: Gosch/ Grotherr/ Bergmann, Rn. 71; *Töben/ Schrepp*, DStR 2019, 573 (580); s. zudem *Weber-Grellet*, DStR 2018, 992 (997).

winnverteilung anerkannt wird.[788] Andererseits berücksichtigt eine solche Betrachtungsweise das allgemeine Regelungsanliegen des § 49 EStG, den inländischen Einkünften einen ihrem jeweiligen Wesen entsprechenden territorialen Konnex zuzuweisen.

Für diesen Konnex ist beim Carried Interest nicht auf das sog. Tätigkeitsprinzip (Ort der Ausübung oder Verwertung der Tätigkeit)[789] zurückzugreifen; vielmehr ist bei Kapitaleinkünften, bei denen das eingesetzte Kapitalvermögen die inländische Einkunftsquelle bildet, auf den Sitz oder die Geschäftsleitung des Zielunternehmens[790] und das Belegenheitsprinzip[791] abzustellen.

Durch den Rückgriff auf § 49 Abs. 1 Nr. 2a), e) aa) und Nr. 5 a) und c) EStG wird auch der gebotenen Rechtsanwendungsgleichheit Rechnung getragen, indem der Carried Interest bei grenzüberschreitender steuerlicher Betrachtung ebenso wie die übrigen kapitalproportionalen Gewinnanteile behandelt wird.

3. Ergebnis

a) Im Falle einer beschränkten Steuerpflicht des im Ausland ansässigen Initiators bleibt es zunächst materiell-rechtlich aufgrund der rechts*folge*ändernden Wirkung des § 18 Abs. 1 Nr. 4 EStG bei der Anerkennung des Carried Interest als eines kapitaldisproportionalen Gewinnanteils und der damit verbundenen Anwendung des Teileinkünfteverfahrens auf den Carried Interest (§ 3 Nr. 40a EStG).[792]

---

788 Nach hier vertretener Auffassung lässt § 18 Abs. 1 Nr. 4 EStG – wie dargelegt – die Zulässigkeit einer kapitaldisproportionalen Gewinnverteilung unberührt, sodass es zunächst bei den allgemeinen steuerlichen Grundsätzen bleibt. Die (inländische) Fonds-KG erzielt einheitlich Einkünfte aus Kapitalvermögen nach § 20 EStG. Auf genau diese Fonds-Ebene gilt es nach der Einheitsbetrachtung mit Blick auf die jeweiligen Gesellschafterbeiträge, die auf die Förderung des Gesellschaftszwecks gerichtet sind, auch für grenzüberschreitende Sachverhalte abzustellen; FG München, Urteil v. 17.11.2020, 12 K 2334/18 (Rev. eingelegt, Az.: BFH VIII R 3/21), DStRE 2021, 587.

789 Dies liegt – wie dargelegt – § 49 Abs. 1 Nr. 3 EStG zugrunde, *Fetzer* in: BeckOK EStG, K/ K/ R, § 49 Rn. 6.

790 § 49 Abs. 1 Nr. 2e) aa) und Nr. 5a) EStG.

791 § 49 Abs. 1 Nr. 5c) EStG.

792 *Töben/Blank* in: Gosch/ Grotherr/ Bergmann, Rn. 71; zudem findet das Zuflussprinzip Anwendung, *Töben/ Schrepp*, DStR 2019, 573 (580).

Für die Frage einer beschränkten Steuerpflicht kommt es aber nun – anders als im rein nationalen Besteuerungskontext – im Vorfeld darauf an, aus welchen Einzelelementen sich der Carried Interest zusammensetzt (Veräußerungsgewinne, Dividenden, Zinsen).[793] Damit besteht zwar ein gewisser Wertungswiderspruch zum historischen Regelungsanliegen des Gesetzgebers, auf eine konkrete Zuordnung des Carried Interest zu dessen Quelle zugunsten einer praktischen Besteuerungshandhabe zu verzichten. Dieses (sekundäre) Regelungsanliegen muss jedoch (notgedrungen) zumindest im grenzüberschreitenden Besteuerungskontext in den Hintergrund treten:

Dies ergibt sich daraus, dass sich die Folgen einer konstitutiven Zuordnung des Carried Interest als eines kapitaldisproportionalen Gewinnanteils zu den Einkünften aus selbstständiger Arbeit bei rein inländischen und grenzüberschreitenden Sachverhalten grundlegend unterscheiden. Während § 18 Abs. 1 Nr. 4 EStG den Carried Interest als kapitaldisproportionalen Gewinnanteil tatbestandsmäßig zur Geltung kommen lässt,[794] wäre genau dies bei grenzüberschreitenden Sachverhalten nicht möglich, sofern man an der inländischen Einkünftequalifikation des Carried Interest strikt festhielte und daran anknüpfend § 49 Abs. 1 Nr. 3 EStG anwendete:

§ 49 Abs. 1 Nr. 3 EStG würde es insoweit zwar erlauben, den Carried Interest auch hinsichtlich einer beschränkten Steuerpflicht als „eigenständige Einnahme“[795] zu behandeln, sodass weiterhin eine vereinfachende Besteuerung des Carried Interest mit Blick auf dessen Herkunft ermöglicht würde. Doch käme es dadurch unweigerlich zu anderen Wertungswidersprüchen: (i) Der Carried Interest würde als kapitaldisproportionaler Gewinnanteil vollständig negiert, indem an eine „echte“ Tätigkeitvergütung anzuknüpfen wäre; (ii) vor allem aber ließen sich (bedeutendere) praktische Besteuerungskonflikte mit Blick auf den territorialen Konnex nicht vermeiden, da § 49 Abs. 1 Nr. 3 EStG für die (originären) Einkünfte aus selbstständiger Arbeit einen Inlandsbezug vorsähe, der für einen Carried Interest – wie gesehen[796] – nicht praktikabel wäre.

Daher muss es am Ende auch für die Frage nach einer beschränkten Steuerpflicht des Carried Interest bei der (übergeordneten) „Grundannahme“ bleiben,[797] nach der dem Carried Interest Kapitaleinkünfte zugrunde

793 Vgl. Drittes Kapitel unter D. I. 1.
794 Vgl. Drittes Kapitel unter B. III. 2.
795 *Levedag* in: BeckOK EStG, K/ K/ R, § 18 Rn. 507.
796 Vgl. vorstehend (Viertes Kapitel unter A. I. 2.)
797 *Weber-Grellet*, DStR 2018, 992 (993f.).

liegen, bei denen – wie gesehen – das eingesetzte Kapital (und gerade nicht eine Tätigkeit) die inländische Einkunftsquelle bildet.

b) Setzt sich der Carried Interest aus Veräußerungsgewinnen von (in- oder ausländischen) Kapitalgesellschaftsanteilen zusammen, so besteht für die Initiatoren in der Regel keine beschränkte Steuerpflicht in Deutschland.[798] Etwas anderes gilt nur für die – dem betrieblichen Bereich zugeordneten – *inländischen* Veräußerungsgewinne aus § 17 EStG: Hier setzt eine beschränkte Steuerpflicht der ausländischen Initiatoren (§ 49 Abs. 1 Nr. 2e) aa) EStG) aber voraus, dass diese in den letzten fünf Jahren durchgerechnet zu mindestens einem Prozent an dem Kapital des inländischen Zielunternehmens beteiligt waren.[799] Da dies in der Praxis kaum der Fall ist, unterliegen die ausländischen Initiatoren mit ihrem Carried Interest, soweit er sich aus Veräußerungsgewinnen an inländischen Zielunternehmen speist, in der Regel nicht einer beschränkten Steuerpflicht in Deutschland.

Im Ergebnis ist der im Ausland ansässige Initiator damit nur mit dem Carried Interest beschränkt steuerpflichtig, soweit dieser sich aus Dividenden oder Zinsen aus den Beteiligungen an den Zielunternehmen speist und das Zielunternehmen die Geschäftsleitung oder den Sitz im Inland hat[800] bzw. das Kapitalvermögen durch inländischen Grundbesitz gesichert ist.[801]

II. Outbound-Szenario

1. Sachverhalt

Der Outbound-Fall betrifft umgekehrt die Frage, inwieweit ein in Deutschland ansässiger Initiator mit dem Carried Interest steuerpflichtig ist, den er als Kommanditist über eine ausländische Carry-LP und Fonds-

---

798 So auch *Töben/Blank* in: Gosch/ Grotherr/ Bergmann, Rn. 68.

799 Der Initiator darf die Beteiligung – § 17 EStG entsprechend – nicht in seinem steuerlichen Betriebsvermögen halten. Dies ist der Fall, wenn die Anteile zum Betriebsvermögen einer inländischen Betriebsstätte des Veräußerers gehören. Unschädlich ist hingegen, wenn sie zum steuerlichen Betriebsvermögen einer ausländischen Betriebsstätte gehören, *Trossen* in: BeckOK EStG, K/ K/ R, § 17 Rn. 184.

800 § 49 Abs. 1 Nr. 5a) aa) EStG.

801 § 49 Abs. 1 Nr. 5c) aa) EStG.

LP bezieht,[802] die wiederum jeweils nach deutschem Recht als vermögensverwaltende Personengesellschaft anzusehen sind.[803] Die Zielunternehmen befinden sich wahlweise im In- oder Ausland.

2. Steuerliche Behandlung

Hier ergeben sich keine Besonderheiten. Der inländische Initiator, der in Deutschland seinen Wohnsitz (§ 8 AO) oder seinen gewöhnlichen Aufenthalt (§ 9 AO) hat, ist nach dem Welteinkommensprinzip unbeschränkt steuerpflichtig, unabhängig davon, ob sich das Zielunternehmen im In- oder Ausland befindet.[804] Der inländische Initiator hat den Carried Interest gemäß § 18 Abs. 1 Nr. 4 EStG im Rahmen seiner Einkünfte aus selbstständiger Arbeit zu versteuern.[805] Der Carried Interest unterfällt in Verbindung mit § 3 Nr. 40a EStG dem Teileinkünfteverfahren. Soweit der Initiator Gewinnanteile bezieht, die der Höhe nach der anteiligen Kapitaleinlage der Carry-KG an der Fonds-KG entsprechen, unterfallen diese als Kapitaleinkünfte der Abgeltungssteuer.[806]

B. Besteuerungsfolgen bei DBA-Schutz nach dem OECD-MA

Bei der Untersuchung der vorskizzierten In-[807] und Outbound-Fälle[808] unter Berücksichtigung des Abkommensrechts wird aus Vereinfachungsgründen ein DBA zugrunde gelegt, das dem OECD-MA entspricht.

---

802 Es bestehen insoweit keine Unterschiede den Sachverhalt betreffend. Die Carry-KG ist wiederum nur mit einem geringen Kapitalanteil an der Fonds-KG als Kommanditistin beteiligt.

803 Ob die ausländischen Investitionsvehikel für deutsche Besteuerungszwecke als transparent einzustufen sind, ergibt sich aus dem sog. Rechtstypenvergleich. Nach diesem ist i.R.e. Gesamtwürdigung danach zu fragen, ob die ausländische Gesellschaft nach den maßgeblichen ausländischen Bestimmungen über die Organisation und Struktur der Gesellschaft rechtlich und wirtschaftlich eher einer inländischen Personen- oder Kapitalgesellschaft ähnelt (*Buge* in: P/ R/ W, § 51 Rn. 5).

804 § 1 Abs. 1 S. 1 EStG; so auch *Levedag* in: BeckOK EStG, K/ K/ R, § 18 Rn. 631; *Schnittker/ Steinbiß*, IStR 2015, 760 (767).

805 So auch *Töben/Blank* in: Gosch/ Grotherr/ Bergmann, Rn. 111.

806 § 32d Abs. 1 S. 1 EStG.

807 Vgl. Viertel Kapitel unter A. I.

808 Vgl. Viertel Kapitel unter A. II.

DBA verfolgen allgemein die Zielsetzung, eine Doppelbesteuerung bei grenzüberschreitenden Sachverhalten zu vermeiden. Eine Doppelbesteuerung entsteht durch die Kollision des Welteinkommensprinzips mit dem Territorialitätsprinzip: Nach diesen allgemeinen Prinzipien beansprucht ein Staat, in dem der Steuerpflichtige ansässig ist (Ansässigkeitsstaat), grundsätzlich die Besteuerung von dessen weltweiten Einkommen (unbeschränkte Steuerpflicht); gleichzeitig erhebt der sog. Quellenstaat Anspruch auf die Einkünfte, die ein „Steuerausländer" in seinem Hoheitsgebiet erzielt (beschränkte Steuerpflicht).[809] DBA versuchen diesen systemimmanenten Besteuerungskonflikt zugunsten des Steuerpflichtigen aufzulösen.[810] Ein steuerlicher Sachverhalt ist daher nur dann mit Blick auf etwaigen Abkommensschutz zu prüfen, wenn dem betreffenden Vertragsstaat überhaupt ein Besteuerungsrecht nach nationalem Recht zusteht.[811] DBA begründen keine originären Besteuerungsrechte.[812]

I. Inbound-Szenario

Soweit sich der Carried Interest aus Veräußerungsgewinnen an in- und ausländischen Zielunternehmen in der Rechtsform von Kapitalgesellschaften speist, steht Deutschland wie dargelegt – jedenfalls außerhalb des § 17 EStG – kein anteiliges Besteuerungsrecht zu.[813]

Zu klären gilt aber, ob – ausgehend von dem Ergebnis des oben skizzierten Inbound-Falles ohne DBA-Schutz – das deutsche Besteuerungsrecht in Bezug auf einen in Deutschland erzielten, aber einem im Ausland steuerlich ansässigen Initiator zustehenden Carried Interest beschränkt ist. Dies wäre nicht der Fall, wenn Deutschland für den Carried Interest, soweit er sich aus inländischen Dividenden und Zinsen speist,[814] auch nach dem OECD-MA ein Besteuerungsrecht zustünde. Zur Kontrolle des gefundenen Ergebnisses wird analysiert, wie sich das OECD-MA auf den Inbound-Fall auswirkte, wenn man – entgegen der oben vertretenen Auffassung[815] –

---

809 *Früchtl*, IStR 2009, 604 (605); vgl. auch *Schönfeld/ Häck* in: Schönfeld/ Ditz, DBA, Systematik der DBA, Rn. 4.
810 *Früchtl*, IStR 2009, 604 (605).
811 *Schönfeld/ Häck* in: Schönfeld/ Ditz, DBA, Systematik der DBA, Rn. 26, 27.
812 Vgl. vorstehende Fn.
813 Vgl. Viertes Kapitel unter A. I. 3.
814 § 49 Abs. 1 Nr. 5a) aa) und Nr. 5c) aa) EStG.
815 Vgl. Viertes Kapitel unter A. I. 2.

zu einer beschränkten Steuerpflicht des ausländischen Initiators nach § 49 Abs. 1 Nr. 3 EStG gelangte.[816]

1. Besteuerungsrecht des Carried Interest nach OECD-MA

Der im Ausland ansässige Initiator als natürliche Person unterfällt zunächst dem persönlichen Abkommensschutz nach Art. 1 Abs. 1 i.V.m. Art. 4 Abs. 1 S. 1 OECD-MA. Auch der sachliche Anwendungsbereich ist für die Einkommensteuer eröffnet, vgl. Art. 2 OECD-MA.

Das OECD-MA enthält hingegen keinen Artikel, der den Carried Interest ausdrücklich einer bestimmten Verteilungsnorm zuweist.

a) Keine Anwendbarkeit von Art. 7 OECD-MA

Aufgrund der Rechtsnatur des Carried Interest als Gewinnanteil bietet sich auf den ersten Blick aber eine Subsumtion unter Art. 7 OECD-MA an. Dessen Absatz 1 weist das Besteuerungsrecht dem Ansässigkeitsstaat für Unternehmensgewinne zu, sofern das Unternehmen nicht in einem anderen Vertragsstaat (Deutschland) eine Betriebstätte unterhält und die Unternehmensgewinne dieser Betriebstätte zuzuordnen sind (Betriebstättenprinzip).[817] Im letzteren Fall erfolgt abweichend vom Grundsatz, nach dem das alleinige Besteuerungsrecht beim Ansässigkeitsstaat liegt, eine Aufteilung der Unternehmensgewinne gemäß Art. 7 Abs. 2 OECD-MA.[818] Die Betriebstätte rechtfertigt als *genuine link* für den Quellenstaat dessen (anteiliges) Besteuerungsrecht; die Betriebstätte stellt das notwendige Näheverhältnis zwischen der Unternehmenstätigkeit des Steuerpflichtigen und dem Quellenstaat her.[819]

aa) Erste Voraussetzung eines (anteiligen) Besteuerungsrechts Deutschlands als Quellenstaat nach Art. 7 OECD-MA ist das Vorliegen von Unternehmensgewinnen.[820]

---

816 In diesem Fall unterfiel der Carried Interest auch insoweit, als er sich aus Veräußerungsgewinnen von Kapitalgesellschaftsanteilen speiste, einer beschränkten Steuerpflicht nach § 49 Abs. 1 Nr. 3 EStG („Carried Interest als eigenständige Einnahme"); vgl. hierzu Drittes Kapitel unter D. I. 1.

817 *Hemmelrath* in: Vogel/ Lehner, DBA, OECD-MA 2017 Art. 7 Rn. 2a, 3.

818 *Haverkamp* in: Mössner u.a., Betriebstättengewinnabgrenzung, Rn. 5.60.

819 *Haverkamp* in: Mössner u.a., Betriebstättengewinnabgrenzung, Rn. 5.64.

820 Art. 7 Abs. 1 OECD-MA.

Das Abkommensrecht definiert das „Unternehmen“ in Art. 3 Abs. 1 lit. c) OECD-MA eigenständig als die „Ausübung einer Geschäftstätigkeit“. Eine „Geschäftstätigkeit“ schließt nach Art. 3 Abs. 1 lit. h) OECD-MA auch die „Ausübung einer freiberuflichen oder sonstigen selbstständigen Tätigkeit“ mit ein. Ob der Carried Interest als Gewinn aus einer „Geschäftstätigkeit“ i.S.d. OECD-MA anzusehen ist, muss daher im Wege der Auslegung ermittelt werden.

Grundsätzlich ist das Abkommensrecht zugunsten einer sog. Entscheidungsharmonie autonom auszulegen, d.h. ohne Rückgriff auf das jeweilige nationale Steuerrecht.[821] Das Abkommensrecht bildet einen eigenständigen Rechtskreis.[822] Eine sachgerechte Anwendung der Verteilungsnormen der DBA bedingt also eine autonome Auslegung aus sich selbst heraus.[823] Dies gilt jedoch nur so lange, wie eine (rein) abkommensautonome Rechtsauslegung möglich ist, d.h. eine hinreichend bestimmte Subsumtion des steuerlichen Sachverhalts ermöglicht.

Da dies am Ende auch eine Wertungsfrage ist, überrascht es nicht, dass bei der Auslegung des Terminus „Geschäftstätigkeit“ unterschiedliche Maßstäbe angelegt werden: Zum Teil wird der Begriff rein abkommensautonom ausgelegt;[824] zum Teil wird unter Berufung auf Art. 3 Abs. 2 OECD-MA[825] auf das innerstaatliche Steuerrecht zurückgegriffen: Das Abkommensrecht enthalte speziell für die Geschäftstätigkeit keine hinreichende Definition.[826] Die Geschäftstätigkeit müsse daher nach dem Recht des Anwenderstaates ausgelegt werden. Dies seien im Falle des deutschen Steuerrechts die Gewinneinkünfte aus Gewerbebetrieb, Land- und Forstwirtschaft sowie aus selbstständiger Arbeit.[827]

Dieser Meinungsstreit wäre indes nur dann erheblich, wenn sich eine unterschiedliche abkommensrechtliche Beurteilung des Carried Interest in Abhängigkeit davon ergäbe, ob Art. 7 Abs. 1 OECD-MA ohne oder unter Rückgriff auf das deutsche Steuerrecht auszulegen ist.

bb) Eine rein abkommensautonome Auslegung der Geschäftstätigkeit erfordert ein über das nationale Recht hinausreichendes Begriffsverständ-

821 *Früchtl*, IStR 2009, 604 (605).

822 *Lehner* in: Vogel/ Lehner, DBA, Grundlagen des Abkommensrechts, Rn. 113b.

823 Vgl. vorstehende Fn.

824 *Hemmelrath* in: Vogel/ Lehner, DBA, OECD-MA 2017 Art. 7 Rn. 32, 33; so auch *Früchtl*, IStR 2009, 604 (607); offen *Schnittker/ Steinbiß*, IStR 2015, 760 (766f.).

825 Siehe hierzu *Wassermeyer/ Drüen* in: Wassermeyer, DBA, OECD-MA 2017 Art. 3 Rn. 71.

826 *Wassermeyer* in: Wassermeyer, DBA, OECD MA 2000 Art. 7 Rn. 14.

827 *Wassermeyer* in: Wassermeyer, DBA, OECD MA 2000 Art. 7 Rn. 16.

nis. Dazu ist wenigstens ein Kernbereich der Begriffsbestimmung notwendig, über den transnational Einigkeit bestehen kann. Als solcher Kernbereich wird unter den Befürwortern einer abkommensautonomen Auslegung unter Rückgriff auf den englischen, französischen und deutschen Sprachgebrauch ein „Unternehmen" als eine Erwerbstätigkeit verstanden, die sich auf Handels-, Handwerks-, Industrie- oder Dienstleistungstätigkeiten bezieht.[828] In einem abkommensrechtlichen Kontext müsse auch die (sonstige) selbstständige Tätigkeit als besondere Form der „Geschäftstätigkeit" i.S.d. Art. 3 Abs. 1 lit. h) OECD-MA ausgelegt werden.[829] Die selbstständige Tätigkeit kennzeichne sich – über das Vorliegen eines „Geschäfts" hinaus – durch ein besonderes Maß an Unternehmerrisiko und Eigenständigkeit des Betreffenden.[830]

Für den Carried Interest kommt nach diesen Maßstäben eines rein abkommensrechtlichen Verständnisses eine Subsumtion weder unter Art. 7 Abs. 1 OECD-MA noch unter Art. 3 Abs. 1 lit. h OECD-MA in Betracht.[831] Dies folgt zunächst aus dem Wortlaut der Norm, der einerseits an eine *Tätigkeit*, andererseits an ein *Geschäft* anknüpft. Das Geschäft konkretisiert normspezifisch die Art der Tätigkeit.[832] Nach herkömmlichem Sprachgebrauch erfordert ein Geschäft einen entgeltlichen Leistungsaustausch am Markt.[833] Diese Merkmale eint auch die in der Literatur entwickelten Gruppen der verschiedenen Erwerbstätigkeiten mit Blick auf die Handels-, Handwerks-, Industrie- oder Dienstleistungstätigkeit.[834]

---

828 *Hemmelrath* in: Vogel/ Lehner, DBA, OECD-MA 2017 Art. 7 Rn. 30; so auch *Wassermeyer* in: Wassermeyer, DBA, OECD MA 2000 Art. 7 Rn. 15.

829 Dies folgt aus dem Wortlaut des Art. 3 Abs. 1 lit. h) OECD-MA, nach dem der Terminus „Geschäftstätigkeit" auch die Ausübung einer freiberuflichen oder sonstigen selbstständigen Tätigkeit einschließt.

830 *Früchtl*, IStR 2009, 604 (607).

831 So auch *Töben/Blank* in: Gosch/ Grotherr/ Bergmann, Rn. 85f.; *Faigle*, S. 189; *Früchtl*, IStR 2009, 604 (606ff.); *Schnittker/ Steinbiß*, IStR 2015, 760 (766ff.); *Töben/ Schrepp*, DStR 2019, 573 (581); a.A. *Friederichs/ Köhler*, DB 2004, 1638 (1640); *Levedag* in: BeckOK EStG, K/ K/ R, § 18 Rn. 634, 635, da sich eine abkommensrechtliche Regelung des Carried Interest aus den Regelungen des einschlägigen DBA zur Verteilung der Besteuerungsrechte entsprechend der Art. 10, Art. 13 Abs. 5 und Art. 21 des OECD-MA i.d.R. nicht ergebe.

832 Vgl. auch *Haverkamp* in: Mössner u.a., Betriebstättengewinnabgrenzung, Rn. 5.63, wonach das Abkommensrecht in Art. 7 Abs. 1 OECD-MA nicht auf die Person des Steuerpflichtigen, sondern auf die Art seiner Tätigkeit abstelle.

833 So auch *Schnittker/ Steinbiß*, IStR 2015, 760 (767), die das Merkmal eines entgeltlichen Leistungsaustausches am Markt aus einem (hilfsweisen) Vergleich zu § 15 Abs. 2 EStG bemühen.

834 Vgl. die beiden vorstehenden Fn.

Wie das Zweite Kapitel gezeigt hat[835] stellt der Carried Interest eine besondere Erfolgsbeteiligung der Initiatoren für ihre individuellen, immateriellen Gesellschafterbeiträge dar. Der Carried Interest wird dementsprechend nicht für eine schuldrechtliche Tätigkeit am Markt gezahlt,[836] sondern ist die erfolgsabhängige Honorierung in Form eines gesellschaftsrechtlichen Gewinnanteils für immaterielle Gesellschafterbeiträge (Einbringung von besonderem Know-how, Netzwerk, Strategieentscheidungen etc.).[837] Dem Carried Interest liegt damit kein Geschäft im engeren Sinne zugrunde, das Ausdruck eines gegenseitigen, entgeltlichen Geschäfts i.S.d. OECD-MA ist. Die Initiatoren werden für sich tätig, indem sie in Aussicht auf eine ihrer Gesellschafterstellung entspringenden Erfolgsbeteiligung immaterielle Gesellschafterbeiträge für die Fonds-KG erbringen.

Damit kann dahinstehen, ob die Initiatoren als Gesellschafter als „selbstständig" i.S.d. Abkommensrechts angesehen werden können. Hierfür spricht zwar, dass die Initiatoren eigenverantwortlich agieren und auch ein Unternehmerrisiko tragen. In jedem Fall aber fehlt es sowohl an einem (gegenseitigen) Geschäft als auch an einer Tätigkeit i.S. einer Dienstleistung.[838] Die Zuordnung des Carried Interest zu einer anderen Fallgruppe (Handel, Handwerk, Industrie) ist – jedenfalls unter Zugrundelegung der sich für eine vertragsautonome Auslegung aussprechenden Literaturauffassung – hier nicht angezeigt.

cc) Zu einem anderen Ergebnis könnte man gelangen, wenn man den Terminus „Unternehmen" als die „Ausübung einer Geschäftstätigkeit" i.S. des deutschen Steuerrechts auslegte (innerstaatliche Auslegung). Hierfür spricht augenscheinlich, dass der Carried Interest im deutschen Steuerrecht bei den Einkünften aus selbstständiger Arbeit (§ 18 EStG) angesiedelt ist. Denn Art. 3 Abs. 1 lit. h) OECD-MA fasst gerade eine selbstständige Tätigkeit begrifflich unter eine „Geschäftstätigkeit".

Dementsprechend subsumiert auch die Finanzverwaltung (innerstaatliche) Einkünfte aus selbstständiger Tätigkeit unter gewissen weiteren Voraussetzungen unter die (abkommensrechtlichen) „Unternehmensgewin-

835 Vgl. Zweites Kapitel unter B. IV.

836 Vgl. auch Zweites Kapitel unter B. VI.

837 So auch *Schnittker/ Steinbiß*, IStR 2015, 760 (767); vgl. auch *Früchtl*, IStR 2009, 604 (607), der ebenfalls auf den Carried Interest als Gewinnanteil abstellt. Im Übrigen fehle es für eine erforderliche Dienstleistung – unabhängig davon, ob man für Abkommenszwecke die nationale Vorschrift des § 18 Abs. 1 Nr. 4 EStG heranziehe – an einem Verhältnis zwischen Auftraggeber und Auftragnehmer.

838 *Töben/Blank* in: Gosch/ Grotherr/ Bergmann, Rn. 85.

ne".[839] Die Finanzverwaltung knüpft dabei an eine (gewerbliche) Tätigkeit an, die „ihrer Art nach" als „unternehmerische" Tätigkeit qualifiziere.[840] Im Zuge dessen konstatiert sie, dass Einkünfte aus einer gewerblichen Tätigkeit oder einer freiberuflichen Tätigkeit i.S.d. § 18 Abs. 1 Nr. 1 EStG „regelmäßig" als „Unternehmensgewinne" i.S.d. Art. 3 Abs. 1 lit. h) OECD-MA anzusehen seien. Das lässt den Umkehrschluss zu, dass die Finanzverwaltung nicht per se alle Einkünfte aus § 18 EStG als „Unternehmensgewinne" ansieht, d.h. keine Automatik zwischen einer innerstaatlichen Einkünftequalifikation (Einkünfte aus selbstständiger Tätigkeit) und einer abkommensrechtlichen Tatbestandsmäßigkeit als „Unternehmensgewinn" sieht. Dieses Verständnis der Auffassung der Finanzverwaltung wird dadurch bestätigt, dass die Finanzverwaltung ausdrücklich nicht auf § 18 EStG insgesamt, sondern lediglich auf dessen Nr. 1 verweist.[841]

Der BFH greift für die Auslegung der „gewerblichen Gewinne" in Art. 7 Abs. 1 S. 1 DBA-USA[842] ebenfalls auf das deutsche Steuerrecht zurück.[843] Dabei bedient sich der BFH zur Bestimmung der gewerblichen Gewinne zwar der Merkmale des § 15 Abs. 2 EStG. Ebenso wie die Finanzverwaltung hält der BFH dabei aber für Abkommenszwecke nicht ohne Weiteres an der innerstaatlichen Einkünftequalifikation fest, d.h. auch der BFH sieht insoweit keine Identitätsautomatik. Das bedeutet, dass der BFH zwar regelmäßig originär gewerbliche Einkünfte als „gewerbliche Gewinne" i.S.d. Art. 7 Abs. 1 DBA-USA betrachtet. Dafür reiche es aber nicht aus, dass es sich innerstaatlich lediglich um fiktiv gewerbliche Einkünfte handele.[844] Dem hat sich die Finanzverwaltung angeschlossen.[845]

Sowohl der BFH als auch die Finanzverwaltung stellen damit in enger Anlehnung an den Wortlaut des Art. 7 Abs. 1 OECD-MA bei der Frage, ob Einkünfte i.R.d. OECD-MA als „Unternehmensgewinne" zu betrachten sind, vordergründig auf eine unternehmerische (Geschäfts-)Tätigkeit ab.

---

839 BMF-Schreiben v. 26.9.2014, IVB5-S1300/09/10003, BStBl. I S. 1258, BeckVerw 289910 (unter 2.2.1.)

840 Vgl. vorstehende Fn.

841 Vgl. vorstehende Fn.

842 Hierbei handelt es sich um ein weitgehend an das OECD-MA angelehntes DBA.

843 BFH, Urteil v. 28.4.2010, I R 81/09, BFHE 229, 252, BStBl. II 2014, 754. Insoweit spricht das DBA-USA von „gewerblichen Gewinnen" und nicht von den Gewinnen eines Unternehmens.

844 Siehe auch *Schnittker/ Steinbiß*, IStR 2015, 760 (767), wonach die Berücksichtigung innerstaatlicher Fiktionen die Gefahr einer uneinheitlichen Abkommensauslegung erhöhe und damit der Entscheidungsharmonie zuwiderliefe.

845 BMF-Schreiben v. 26.9.2014, IVB5-S1300/09/10003, BStBl. I S. 1258, BeckVerw 289910 (unter 2.2.1.)

Zwar genüge für die Annahme von „Unternehmensgewinnen“ auch der (passive) Bezug von Gewinnanteilen durch einen Gesellschafter.[846] Dies gelte aber nur, solange es sich um Gewinnanteile eines Mitunternehmers handele; bei den Ergebnisanteilen einer im Privatvermögen gehaltenen Beteiligung eines Gesellschafters einer vermögensverwaltenden Personengesellschaft handele es sich dagegen nicht um „Unternehmensgewinne“.[847] Damit übernehmen BFH und Finanzverwaltung für die Auslegung des OECD-MA die das deutsche Steuerrecht kennzeichnende Differenzierung zwischen Einkünften aus Vermögensverwaltung und Gewerbebetrieb.

dd) Für die abkommensrechtliche Qualifikation des Carried Interest nach innerstaatlicher Auslegung folgt hieraus:

Zwar ist der Carried Interest nach deutschem Steuerrecht zur Schließung seinerzeit bestehender Besteuerungslücken systematisch den Einkünften aus selbstständiger Arbeit zugeordnet, doch kann es auf die formal-juristische Einordnung des Carried Interest bei den Einkünften aus selbstständiger Arbeit für Zwecke der Auslegung des OECD-MA nicht ankommen, da die genannten rein nationalen, fiskalischen Gründe (Schließen einer Besteuerungslücke) i.R.d. OECD-MA unbeachtlich sind.[848] Dies erkennen der BFH und die Finanzverwaltung indirekt an, wenn sie – wie es der Definition des OECD-MA („Unternehmen“ als „Ausübung einer Geschäftstätigkeit“) entspricht – auf eine der „Art nach“ „unternehmerische“ Tätigkeit des Steuerpflichtigen abstellen.[849]

Eine im abkommensrechtlichen Sinne gewerblich „geprägte“ unternehmerische Geschäftstätigkeit kann indes in der Leistung, die den Initiator zum Bezug des Carried Interest berechtigt, nicht gesehen werden. Der Carried Interest wird den Initiatoren für einen immateriellen Gesellschafterbeitrag im Zusammenhang mit einer *vermögensverwaltenden* Aktivität gewährt. Die Vermögensverwaltung begründet gerade keinen „geschäftsmäßigen“ Leistungsaustausch.

Entscheidend ist demnach, dass der Carried Interest als kapitaldisproportionaler Gewinnanteil – den auch § 18 Abs. 1 Nr. 4 EStG dem Rechtsgrund nach als Gewinnanteil anerkennt (= rein rechts*folge*ändernder Rege-

---

846 So auch *Hemmelrath* in: Vogel/ Lehner, DBA, OECD-MA 2017 Art. 7 Rn. 36.

847 BMF-Schreiben v. 26.9.2014, IVB5-S1300/09/10003, BStBl. I S. 1258, BeckVerw 289910 (unter 2.2.1 sowie 2.3); BFH, Urteil v. 28.4.2010, I R 81/09, BFHE 229, 252, BStBl. II 2014, 754.

848 So auch *Töben/Blank* in: Gosch/ Grotherr/ Bergmann, Rn. 87.

849 BFH, Urteil v. 28.4.2010, I R 81/09, BFHE 229, 252, BStBl. II 2014, 754; BMF-Schreiben v. 26.9.2014, IVB5-S1300/09/10003, BStBl. I S. 1258.

lungsgehalt)[850] – über vermögensverwaltende Investitionsvehikel bezogen wird, sodass der Fonds schon nach Auffassung des BFH und der Finanzverwaltung gerade keine gewerblichen, d.h. „unternehmerischen" Gewinne erzielt bzw. vermittelt.

Ob es sich im Übrigen bei § 18 Abs. 1 Nr. 4 EStG um eine dem § 15 Abs. 3 EStG vergleichbare, rein innerstaatliche Fiktion handelt, kann dahinstehen, da BFH und Finanzverwaltung innerstaatliche Fiktionen als für das Abkommensrecht irrelevant betrachten.[851] Jedenfalls lässt die Norm die Rechtsnatur des Carried Interest als eines (privaten) Gewinnanteils für einen immateriellen Gesellschafterbeitrag unberührt. Im Ergebnis fehlt es daher bei den Initiatoren an einer „unternehmerischen Tätigkeit" und damit an einem „Unternehmensgewinn" i.S.d. Art. 7 Abs. 1 OECD-MA.

ee) Der Carried Interest ist damit kein Unternehmensgewinn i.S.d. Art. 7 Abs. 1 OECD-MA. Dies gilt unabhängig davon, ob man die „Geschäftstätigkeit" abkommensautonom oder (hilfsweise) nach deutschem Steuerrecht auslegt.[852] Deutschland steht daher kein (anteiliges) Besteuerungsrecht in Bezug auf den Carried Interest nach Art. 7 Abs. 1 OECD zu.[853] Es fehlt bereits an einem „Unternehmen" i.S.d. OECD-MA, so dass dahinstehen kann, ob dessen Unternehmensgewinne in einem zweiten Schritt einer inländischen Betriebstätte zuzuordnen wären.

b) Subsidiaritätsgrundsatz und Spezialität der Verteilungsnormen

Der Carried Interest unterfiele abkommensrechtlich auch dann nicht dem Anwendungsbereich des Art. 7 Abs. 1 OECD-MA, sofern man – entgegen der hier vertretenen Auffassung – das Vorliegen von „Unternehmensgewinnen" bejahte.[854] Dies folgt aus Art. 7 Abs. 4 OECD-MA, der einen allge-

---

850 Vgl. Drittes Kapitel unter B. II.

851 Siehe Fn. 855, 857; für eine abkommensrechtlich unbeachtliche Fiktion des § 18 Abs. 1 Nr. 4 EStG auch *Schnittker/ Steinbiß*, IStR 2015, 760 (767); *Töben/ Schrepp*, DStR 2019, 573 (580).

852 So i.E. auch *Früchtl*, IStR 2009, 604 (607f.); *Töben/ Schrepp*, DStR 2019, 573 (580).

853 Dies gilt unabhängig davon, ob man in einem ersten Schritt eine beschränkte Steuerpflicht des ausländischen Initiators nur für inländische Dividenden und Zinsen (§ 49 Abs. 1 Nr. 5a) und c) EStG) oder eine beschränkte Steuerpflicht nach § 49 Abs. 1 Nr. 3 EStG annimmt, wobei letztere auch Veräußerungsgewinne des Carried Interest aus Kapitalgesellschaftsanteilen umfassen würde.

854 *Früchtl*, IStR 2009, 604 (608).

meinen Subsidiaritätsgrundsatz für „Unternehmensgewinne" normiert.[855] Danach sind die „Unternehmensgewinne" vorrangig den spezielleren Verteilungsnormen des OECD-MA zuzuweisen, wenn die in Frage stehenden Einkünfte unter derartige (vorrangige) Zuordnungsnormen subsumiert werden können.[856] Für dieses Verständnis des OECD-MA spricht auch, dass der Carried Interest einen kapitaldisproportionalen Gewinnanteil einer vermögensverwaltenden Personengesellschaft darstellt.[857] Die Personengesellschaft ist auch für abkommensrechtliche Zwecke als transparentes Rechtsgebilde anzusehen.[858] In der Folge nimmt die Personengesellschaft keinen unmittelbaren Einfluss auf die (abkommensrechtliche) Einkünftequalifikation, vielmehr werden die dem Carried Interest zugrunde liegenden Einkünfte an die Gesellschafter unverändert weitergeleitet.[859]

Damit ist der Carried Interest für Zwecke des Abkommensrechts in seine Einzelbestandteile zu zerlegen. Es ist zu ermitteln, in welchem Umfang sich der Carried Interest aus Veräußerungsgewinnen von Kapitalgesellschaftsanteilen, Dividenden oder Zinsen zusammensetzt:[860]

(1) Daher erhält Deutschland als Quellenstaat im Grundsatz[861] (nur) ein beschränktes Besteuerungsrecht für die Dividenden, sofern diese aus *inländischen* Zielunternehmen stammen (Art. 10 Abs. 2 OECD-MA). Dasselbe gilt für das deutsche Besteuerungsrecht als Quellenstaat in Bezug auf Zinsen (Art. 11 Abs. 2 OECD-MA).[862]

(2) Soweit sich der Carried Interest hingegen aus (den am stärksten ins Gewicht fallenden) Veräußerungsgewinnen von inländischen Kapitalgesellschaftsanteilen speist,[863] findet – unabhängig davon, ob man

---

855 *Töben/Blank* in: Gosch/ Grotherr/ Bergmann, Rn. 90.

856 Vgl. *Hemmelrath* in: Vogel/ Lehner, DBA, OECD-MA 2017 Art. 7 Rn. 117; *Kaeser* in: Wassermeyer, DBA, OECD-MA 2010 Art. 7 Rn. 797.

857 So auch *Faigle*, S. 190ff.

858 *Früchtl*, IStR 2009, 604 (607).

859 *Früchtl*, IStR 2009, 604 (608).

860 *Töben/Blank* in: Gosch/ Grotherr/ Bergmann, Rn. 90; *Früchtl*, IStR 2009, 604 (608); *Schnittker/ Steinbiß*, IStR 2015, 760 (767); *Töben/ Schrepp*, DStR 2019, 573 (580); a.A. *Levedag* in: BeckOK EStG, K/ K/ R, § 18 Rn. 635.

861 Zum Betriebstättenvorbehalt vgl. nachstehend.

862 So sieht es auch die Finanzverwaltung in Österreich in Bezug auf den Carried Interest, den ein in Österreich ansässiger Initiator mittelbar über eine deutsche vermögensverwaltende Carry-KG über eine deutsche vermögensverwaltende Fonds-KG bezieht, s. Österreichisches BMF v. 6.2.2006, BMF-010221/0053-IV/4/2006, EAS 2698, öBGBl. III Nr. 182/2002.

863 Voraussetzung ist, dass man entgegen der hier vertretenen Auffassung über § 49 Abs. 1 Nr. 3 EStG überhaupt zu einer beschränkten Steuerpflicht gelangt. Ande-

(entgegen der hier vertretenen Auffassung) überhaupt in einem ersten Schritt zu einer beschränkten Steuerpflicht in Deutschland gelangt (vgl. § 49 Abs. 1 Nr. 3 EStG)[864] – Art. 13 Abs. 5 OECD-MA Anwendung. Dies hat zur Folge, dass dem *Ansässigkeitsstaat*, d.h. *nicht* Deutschland als Quellenstaat, das alleinige Besteuerungsrecht hinsichtlich dieses Anteils am Carried Interest des steuerlich im Ausland ansässigen Initiatoren zukommt.

(3) Soweit sich der Carried Interest aus Veräußerungsgewinnen von *ausländischen* Kapitalgesellschaftsanteilen speist, findet Art. 21 Abs. 1 OECD-MA Anwendung. In dem Fall stünde (unabhängig von einer anzunehmenden beschränkten Steuerpflicht in Deutschland) ebenfalls dem Ansässigkeitsstaat das alleinige Besteuerungsrecht zu.

c) Betriebstättenvorbehalt

Trotz der vorstehend dargestellten Spezialität der Verteilungsnormen gegenüber den allgemeineren Unternehmensgewinnen aus Art. 7 OECD-MA enthalten die spezielleren Verteilungsnormen in Art. 10 Abs. 4, 11 Abs. 4 sowie 21 Abs. 2 OECD-MA jeweils Rückverweisungen.

Nach den jeweiligen Rückverweisungen käme wiederum Art. 7 OECD-MA Vorrang zu. Dies hätte zur Folge, dass das Besteuerungsrecht, das nach den speziellen Verteilungsnormen beim Ansässigkeitsstaat liegt, auf den Quellenstaat überginge. Betroffen wäre damit zum einen der Carried Interest, soweit er sich aus Dividenden und Zinsen speist, die ausländischen Zielunternehmen entspringen. Zum anderen könnte der Betriebstättenvorbehalt auch Auswirkung auf das Besteuerungsrecht der Vertragsstaaten mit Blick auf den Veräußerungsgewinne in- und ausländischer Kapitalgesellschaften enthaltenden Carried Interest haben. Letzteres gälte allerdings nur, soweit man über Art. 13 Abs. 5 bzw. Art. 21 Abs. 1 OECD-MA zu einem Besteuerungsrecht des Ansässigkeitsstaates gelangte. Abweichend von der hier vertretenen Auffassung[865] müsste damit also überhaupt eine

renfalls ist eine eventuelle Beschränkung des Besteuerungsrechts Deutschlands nicht zu prüfen.

864 Denn nach dem Ergebnis der Besteuerung des Carried Interest im Inbound-Fall ohne DBA-Schutz steht Deutschland bereits kein Besteuerungsrecht in Bezug auf den sich aus Veräußerungsgewinnen speisenden Carried Interest außerhalb des § 17 EStG zu, sodass dieses auch nicht nach dem OECD-MA beschränkt sein kann.

865 Vgl. Viertes Kapitel unter A. I. 2.

dahingehende beschränkte Steuerpflicht nach deutschem Steuerrecht anzunehmen sein (§ 49 Abs. 1 Nr. 3 EStG).

aa) Für eine Anwendung des Betriebstättenvorbehalts ist Voraussetzung, dass die abkommensberechtigte Person (Initiator) in einem anderen Vertragsstaat eine Betriebstätte unterhält (Deutschland) und die Unternehmensgewinne tatsächlich zu dieser Betriebstätte gehören.[866] D.h. der Carried Interest müsste als „Unternehmensgewinn" qualifizieren und seine Elemente wenigstens teilweise kumulativ unter die spezielleren Verteilungsnormen fallen (Bsp. Dividenden, Zinsen).[867] Nur in diesen Fällen läge das Besteuerungsrecht, das nach den spezielleren Verteilungsnormen an sich dem Ansässigkeitsstaat zusteht, aufgrund eines sog. Betriebstättenvorbehalts beim Quellenstaat.

bb) Für den Carried Interest kommt es, unabhängig davon, aus welchen Elementen er sich zusammensetzt, nicht zu einer Rückverweisung aufgrund eines Betriebstättenvorbehalts dergestalt, dass das Besteuerungsrecht des Ansässigkeitsstaates auf Deutschland als Quellenstaat zurückfällt:[868] Dies ergibt sich daraus, dass es – wie dargestellt – bereits an „Unternehmensgewinnen" i.S.d. Art. 7 Abs. 1 OECD-MA fehlt.[869]

Aber selbst wenn man in dem Carried Interest „Unternehmensgewinne" sähe, so scheiterte eine Rückverweisung (spätestens) an dem Fehlen einer diesbezüglichen Betriebstätte in Deutschland. Gemäß Art. 5 OECD-MA bedürfte es hierfür einer „festen Geschäftseinrichtung", durch die die „Geschäftstätigkeit" eines „Unternehmens" ganz oder teilweise ausgeübt würde. An einer solchen festen Geschäftseinrichtung fehlt es in der Regel bei dem ausländischen Initiator. Die Zurechnung einer inländischen Betriebstätte über die Fonds-KG bzw. die Carry-KG kommt aber aus den bereits genannten Gründen nicht in Betracht.[870] Fonds-KG und Carry-KG erzielen als vermögensverwaltende Personengesellschaften Einkünfte aus Kapitalvermögen und können daher auch für Abkommenszwecke keine Betriebstätte begründen.[871]

---

866 Vgl. *Frotscher,* Internationales Steuerrecht, § 6 Rn. 452.

867 *Wassermeyer/ Kaeser* in: Wassermeyer, DBA, OECD-MA 2017 Art. 10 Rn. 155.

868 *Töben/Blank* in: Gosch/ Grotherr/ Bergmann, Rn. 91.

869 Vgl. Viertes Kapitel unter B. I. 1. a).

870 Vgl. Viertes Kapitel unter A. I. 2. a) cc).

871 Etwas anderes ergäbe sich folglich nur im Falle einer gewerblichen Fonds-KG bzw. gewerblichen Carry-KG, vgl. BMF-Schreiben v. 26.9.2014, IVB5-S1300/09/10003, BStBl. I S. 1258, BeckVerw 289910 (unter 2.2.3).

2. Ergebnis

Soweit der Carried Interest sich im Inbound-Fall für den ausländischen Initiator aus Veräußerungsgewinnen von Kapitalgesellschaftsanteilen speist, besteht für Deutschland als Quellenstaat kein Besteuerungsrecht nach dem Abkommensrecht. Soweit der Carried Interest aber auf inländische Dividenden und Zinsen entfällt, hat Deutschland als Quellenstaat ein Besteuerungsrecht.

Damit fehlt bei grenzüberschreitenden Sachverhalten eine § 18 Abs. 1 Nr. 4 EStG vergleichbare Regelung, die bei der Besteuerung des Carried Interest eine Aufsplitterung und unterschiedliche steuerliche Behandlung der Elemente „Veräußerungsgewinne“, „Zinsen“ und „Dividenden“ entbehrlich macht.

II. Outbound-Fall

Für den umgekehrten Outbound-Fall, in dem der Initiator in Deutschland ansässig ist und den Carried Interest mittelbar über eine ausländische vermögensverwaltende Fonds-KG bezieht, ergeben sich keine Unterschiede:[872]

Auch hier bestimmt sich das Besteuerungsrecht Deutschlands nach den speziellen Verteilungsnormen, insbesondere Art. 10, 11, 13 und 21 OECD-MA, sodass Deutschland als Ansässigkeitsstaat jeweils das alleinige bzw. vorrangige Besteuerungsrecht für ausländische Dividenden und Zinsen (Art. 10 Abs. 1 und 11 Abs. 1 OECD-MA) und insbesondere die Veräußerungsgewinne aus Kapitalgesellschaftsanteilen (Art. 13 Abs. 5 OECD-MA) und Drittstaateneinkünften (Art. 21 Abs. 1 OECD-MA) zusteht.

---

872 *Töben/Blank* in: Gosch/ Grotherr/ Bergmann, Rn. 113.

Fünftes Kapitel: Ergebnis, Ausblick und Reformbedürfnis

A. *Ergebnis*

Basierend auf der im Ersten Kapitel dargestellten typischen Struktur eines VC Fonds hat das Zweite Kapitel gezeigt, dass der Carried Interest seiner Rechtsnatur nach ein kapitaldisproportionaler Gewinnanteil ist, den die Initiatoren nach Maßgabe der gesellschaftsrechtlichen Gewinnabrede als solchen zugewiesen bekommen – sei es über vermögensverwaltende Fonds nach § 18 Abs. 1 Nr. 4 EStG oder über gewerbliche Fonds nach § 15 Abs. 1 S. 1 Nr. 2 S. 1 Hs. 1 EStG.

Das Dritte Kapitel hat gezeigt, dass § 18 Abs. 1 Nr. 4 EStG die Rechtsnatur des Carried Interest als eines kapitaldisproportionalen Gewinnanteils dem Grunde nach unberührt lässt: D.h. die Norm knüpft tatbestandsmäßig an einen immateriellen Gesellschafterbeitrag an (keine Rechtsgrundänderung) und qualifiziert den Carried Interest als eigenständige Einnahme („Vergütung") allein spezialgesetzlich auf (letzter) Ebene des Initiators in Einkünfte aus selbstständiger Arbeit um (reine Rechtsfolgenänderung).

Nach dem Ergebnis des Vierten Kapitels ist auch bei grenzüberschreitenden Sachverhalten die Rechtsnatur des Carried Interest als eines kapitaldisproportionalen Gewinnanteils zwingend zu beachten. Dies führt einerseits dazu, dass für die Frage einer beschränkten Steuerpflicht – entgegen einer weit verbreiteten Ansicht in der Literatur – nicht an § 49 Abs. 1 Nr. 3 EStG, sondern an die einzelnen Tatbestände der Kapitaleinkünfte anzuknüpfen ist. Andererseits ist bei grenzüberschreitenden Sachverhalten mit DBA-Schutz nach dem OECD-MA nicht auf Art. 7 OECD-MA abzustellen, sondern auf die spezielleren Verteilungsnormen, die insoweit zwischen Veräußerungsgewinnen, Dividenden und Zinsen – je nachdem, woraus sich der Carried Interest im Einzelfall speist – unterscheiden.

B. Ausblick

1. Trotz der jüngsten Urteile des BFH[873] und des FG München[874], die den Carried Interest als einen kapitaldisproportionalen Gewinnanteil anerkennen, ist beinahe zwanzig Jahre nach Einführung des § 18 Abs. 1 Nr. 4 EStG keine Ruhe bei der Frage nach der Besteuerung des Carried Interest sowohl bei vermögensverwaltenden als auch gewerblichen Fonds-Gesellschaften eingekehrt. In der Betriebsprüfungspraxis hält die Finanzverwaltung streng an einer Qualifikation des Carried Interest als (verdeckte) Tätigkeitsvergütung fest und wendet den PE-Erlass unverändert an. Dies gilt sowohl im Rahmen vermögensverwaltender als auch gewerblicher Fondsstrukturen, was sich bei vermögensverwaltenden Fonds in der Nichtanerkennung der inkongruenten Gewinnverteilung auf Ebene des Fonds äußert. Dies zeigt sich auch an der Nichtveröffentlichung des genannten BFH-Urteils im Bundessteuerblatt II.

In der Beratungspraxis besteht daher nach wie vor erhebliche Rechtsunsicherheit, zumal die Finanzverwaltung seit geraumer Zeit auch in vielen Fällen die Erteilung einer verbindlichen Auskunft mit dem Hinweis auf die noch ausstehende Revisionsentscheidung zu dem Urteil des FG München vom 17.11.2020 gänzlich verweigert. Besondere Brisanz entfaltet die Diskussion um die Qualifikation des Carried Interest auch bei ausländischen, oft „gewerblich geprägten" VC Fonds, wenn es um die Reichweite des tatbestandlichen Anwendungsbereichs des § 18 Abs. 1 Nr. 4 EStG geht und der Carried Interest außerhalb der Norm von der Finanzverwaltung als voll steuerpflichtig behandelt wird. Mit Spannung wird daher die Revisionsentscheidung zu dem Urteil des FG München erwartet. Dabei besteht die Hoffnung der Branche darin, dass sich der BFH auch in vermögensverwaltenden Strukturen für den Carried Interest als Ergebnisanteil aussprechen und die lediglich konstitutive Zuordnung des Carried Interest zu den Einkünften aus selbstständiger Arbeit feststellen wird. Die Abgrenzung zwischen Vermögensverwaltung und Gewerbebetrieb verlöre insofern an Bedeutung.[875]

2. Die Systematik des § 18 Abs. 1 Nr. 4 EStG wird indes auch in der Literatur heute noch kontrovers diskutiert und ist damit Grund für die un-

873 BFH, Urteil v. 11.12.2018, VIII R 11/16, BFHE 263, 418, DStR 2019, 1136.

874 FG München, Urteil v. 17.11.2020, 12 K 2334/18 (Rev. eingelegt, Az. BFH: VIII R 3/21), DStRE 2021, 587).

875 *Eilers/Paschke* in: Eilers/Koffka/Mackensen, Kap. IV Rn. 90.

terschiedliche Anwendung und Reichweite des tatbestandlichen Anwendungsbereichs der Norm:

Zwar nehmen die Stimmen in der Literatur ab, die sich – ebenso wie die Finanzverwaltung – für den rein deklaratorischen Regelungsgehalt der Norm aussprechen.[876] Es bestehen aber auch weiterhin grundsätzliche Meinungsunterschiede innerhalb der Literaturauffassungen, die sich – wie nun der BFH und das FG München – für einen konstitutiv umqualifizierenden Regelungsgehalt der Norm aussprechen.[877]

Kern der Debatte ist die Frage, wie weit die von Gesetzes wegen angeordnete Umqualifizierung des Carried Interest als eines kapitaldisproportionalen Gewinnanteils in Einkünfte aus selbstständiger Arbeit reicht. Diese Frage scheint untrennbar sowohl mit der systemwidrigen Stellung des Carried Interest innerhalb des § 18 EStG als auch mit dessen Taufe durch den historischen Gesetzgeber als „erfolgsabhängige Tätigkeitsvergütung“[878] verbunden zu sein. Konsequenz dessen ist, dass über die praktische Handhabung des § 18 Abs. 1 Nr. 4 EStG weiterhin erhebliche Rechtsunsicherheiten bestehen.

Dabei finden sich die Literaturauffassungen, die für einen sehr weiten Anwendungsspielraum der Norm plädieren – insbesondere unter Verweis auf den Lenkungscharakter der Norm (= Förderung von VC) jede „Beteiligten“-Stellung der Initiatoren anerkennen[879] und den Carried Interest auch auf schuldrechtlicher Basis dem Teileinkünfteverfahren unterwerfen.[880] Ihnen gegenüber stehen die Literaturauffassungen, die § 18 Abs. 1 Nr. 4 EStG in seiner Anwendung möglichst eng an die Rechtsnatur des Carried Interest als Gewinnanteil anlehnen.[881] Dieser Konflikt reicht im Ergebnis von der Anerkennung der kapitaldisproportionalen Gewinnver-

---

876 *Anzinger/ Jekerle*, IStR 2008, 821 (826); *Desens/ Kathstede*, FR 2005, 863 (868); *Geerling/ Ismer*, DStR 2005, 1596 (1597); wohl auch *Hutter* in: Blümich, EStG, § 18 Rn. 198, 199; vgl. aber zuletzt *Buge*, Ubg, 2019, 432 (438), der zweifelt, ob § 18 Abs. 1 Nr. 4 EStG tatsächlich eine Umqualifizierung beinhalte; vgl. hierzu auch *Mihm*, RdF 2020, 113 (117).

877 *Behrens*, FR 2004, 1211 (1211); *Baumgartner*, DStR 2021, 1858, 1862f.); *Brandt* in: H/ H/ R, § 18 Rn. 277; *Figna/ Goldacker/ Mayta*, DB 2005, 966 (970); *Korn* in: Korn, EStG, § 18 Rn. 103.2; *Levedag* in: BeckOK EStG, K/ K/ R, § 18 Rn. 511; *Mihm*, RdF 2020, 113 (117); *Töben/ Schrepp*, DStR 526 (530); *Watrin/ Struffert*, BB 2004, 1888 (188f.); *Weber-Grellet*, DStR 2018, 992 (993).

878 BT.-Drs. 15/3336, 6.

879 *Behrens*, FR 2004, 1211 (1212f.); *Veith* in: P/ R/ W, § 11 Rn. 131.

880 *Behrens*, FR 2004, 1211 (1217); *Elser/ Dürrschmidt*, FR 2010, 1075 (1080).

881 *Töben/ Schrepp*, DStR 2019, 526 und *Töben/ Schrepp*, DStR 2019, 573; *Weber-Grellet*, DStR 2018, 992.

teilung auf Fonds-Ebene (mit den entsprechenden Steuerfolgen für die Investoren)[882] bis hin zur Besteuerung des Carried Interest bei grenzüberschreitenden Sachverhalten.

3. Für das allgemeine Verständnis des § 18 Abs. 1 Nr. 4 EStG kommt erschwerend hinzu, dass bei einem Teil der Literatur keine einheitliche Argumentationslinie zu bestehen scheint.[883] Mit Blick auf § 18 Abs. 1 Nr. 4 EStG als „Fremdkörper"[884] innerhalb der Einkünftetatbestände mag dieser Umstand zwar nicht verwundern. Gleichzeitig hat die Untersuchung aber gezeigt, dass eine einheitliche Auslegung und Anwendung des § 18 Abs. 1 Nr. 4 EStG i.V.m. § 3 Nr. 40a EStG in einer Weise möglich sind, die der Gesetzeshistorie und dem Telos der Norm vollumfänglich Rechnung tragen. Dazu muss man – wie dargelegt – in systematischer Hinsicht zwischen dem rechts*grund*- und dem rechts*folge*ändernden Regelungsgehalt der Norm unterscheiden:

Die Untersuchung des § 18 Abs. 1 Nr. 4 EStG hat gezeigt, dass § 18 Abs. 1 Nr. 4 EStG den Carried Interest in seinem Wesen als eines kapitaldisproportionalen Gewinnanteils unberührt lässt (keine Rechtsgrundänderung) und diesen nur in seinen spezialgesetzlichen Rechtsfolgen für den Initiator dem Einkünftetatbestand des § 18 Abs. 1 Nr. 4 EStG zuordnet (reine Rechtsfolgeänderung).[885] Dieses Rechtsverständnis von der Systematik der Norm ist in ihrem Gesetzeswortlaut angelegt[886] und ermöglicht deren systemkonforme Anwendung. Dies gilt:

(i) zum einen für die auf Fonds-Ebene anzuerkennende kapitaldisproportionale Gewinnverteilungsabrede, die bereits anderenorts (außerhalb von PE und VC) durch Rechtsprechung[887] und Finanzverwaltung[888] allgemein anerkannt wird,

---

882 FG München, Urteil v. 17.11.2020, 12 K 2334/18 (Rev. eingelegt, Az. BFH: VIII R 3/21), DStRE 2021, 587.

883 Vgl. z.B. *Elser/ Dürrschmidt*, FR 2010, 1075 (1076, 1079), die einerseits für den „Beteiligten" eine Gesellschafterstellung fordern, gleichzeitig aber den Carried Interest auf schuldrechtlicher Grundlage als tatbestandsmäßig erachten; so auch *Stuhrmann* in: K/ S/ M, EStG, § 18 Rn. B 256a und B 258; vgl. zur Meinungsvielfalt aller Tatbestandsmerkmale auch *Töben/ Schrepp*, DStR 2019, 526 (530ff.).

884 *Korn* in: Korn, EStG, § 18 Rn. 103.2.

885 Vgl. Drittes Kapitel B. II. und III. 2.

886 Vgl. vorstehende Fn.

887 BFH, Urteil v. 25.9.2018, IX R 35/17, BFHE 262, 418, BStBl. II 2019, 167, DStR 2019, 94; Urteil v. 7.4.1987, IX R 103/85, BFHE 150, 124, BStBl. II 1987, 707; Urteil v. 18.11.1980, VIII R 194/78, BFHE 132, 522, BStBl. II 1981, 510; vgl. auch zur Anerkennung inkongruenter Gewinnverteilungsabreden bei Kapi-

(ii) zum anderen für die Auslegung der einzelnen Tatbestandsmerkmale des § 18 Abs. 1 Nr. 4 EStG. Diese sind in Zusammenschau mit § 3 Nr. 40a EStG nicht Ausdruck einer „echten Steuervergünstigung",[889] sondern tragen vielmehr allein dazu bei, den Carried Interest entsprechend seiner Rechtsnatur als eines kapitaldisproportionalen Gewinnanteils dem Teileinkünfteverfahren zu unterwerfen.

4. Nach der Unternehmenssteuerreform 2008[890] (und der damit einhergehenden Schließung der Besteuerungslücke) ist zwar zurecht die Frage nach dem heutigen Geltungsgrund von § 18 Abs. 1 Nr. 4 EStG aufgekommen.[891] Doch eine eingehende Untersuchung der Gesetzeshistorie zeigt, dass es dem Gesetzgeber nicht allein darum ging, die seinerzeitige Besteuerungslücke für vermögensverwaltende Fonds zu schließen. Auch wenn die Schließung der Besteuerungslücke dessen primäres Regelungsanliegen gewesen sein dürfte, ist doch deutlich geworden, dass der Gesetzgeber ein über den reinen Fiskalzweck hinausgehendes, sekundäres Regelungsanliegen verfolgt hat:[892] Es ging (auch) darum, für den Carried Interest eine sachgerechte Besteuerung zu gewährleisten, die dem in der Praxis zugrunde liegenden wirtschaftlichen Sachverhalt entspricht.

Dieses Regelungsanliegen hat der Gesetzgeber durch die Normierung des § 18 Abs. 1 Nr. 4 EStG praktisch handhabbar umgesetzt: Die Norm ermöglicht unter Berücksichtigung der besonderen *Waterfall-Distribution-Method* eine punktgenaue Besteuerung des Carried Interest im Zuflusszeitpunkt beim Initiator,[893] ohne dass für den Initiator die Notwendigkeit einer – in der Praxis ansonsten kaum erfüllbaren – Zuordnung des Carried Interest zu dessen einzelnen Einkunftsquellen (Veräußerungsgewinne, Dividenden, Zinsen) besteht.[894] Damit trägt der Gesetzgeber nicht zuletzt dem Umstand Rechnung, dass sich der Carried Interest in der Praxis fast ausschließlich aus – ohnehin dem Teileinkünfteverfahren unterfallenden

---

talgesellschaften BFH, Urteil v. 19.8.1999, I R 77/96, BFHE 189, 342, BStBl. II 2001, 43, DStR 1999, 1849.

888 H.21.6 „Abweichende Zurechnung" EStR 2012, wonach (nur) bei Gewinnabreden unter Angehörigen ein Fremdvergleich und ggf. eine steuerliche Korrektur vorzunehmen sei.

889 *Anzinger/Jekerle*, IStR 2008, 821 (826).

890 Vgl. Zweites Kapitel unter A. IV.

891 *Levedag*, HFR 2019, 759 (766 a.E.).

892 Vgl. Drittes Kapitel unter B. II.; i.Ü. auch *Töben/ Schrepp*, DStR 2019, 526 und 573; vgl. auch *Levedag* in: BeckOK EStG, K/ K/ R, § 18 Rn. 520.

893 Vgl. Drittes Kapitel unter B. III. 1.

894 Vgl. Drittes Kapitel unter B. II.

– Veräußerungsgewinnen aus Kapitalgesellschaftsanteilen und Dividenden speist. Daher führt die Anwendung des § 18 Abs. 1 Nr. 4 EStG i.V.m. § 3 Nr. 40a EStG für die Initiatoren zu einem belastungsgerechten Ergebnis, wenn man der Norm nicht nur einen rechtsfolgeändernden Regelungsgehalt beimisst, sondern darüber hinaus die Umqualifizierung des Carried Interest in der Beteiligungskette erst auf der (letzten) Ebene des Initiators vornimmt:[895]

a) Ein derartiges Rechtsverständnis von § 18 Abs. 1 Nr. 4 EStG ist mit dessen Entstehungsgeschichte vor dem Hintergrund des Streits über die Anwendung der Bruchteilsbetrachtung vereinbar.[896] Zudem erlaubt nur dieses Verständnis es, auch Kapitalgesellschaften als Empfänger des Carried Interest in systemkonformer Weise in den Anwendungsbereich der Norm miteinzubeziehen, ohne den Kapitalgesellschaften als Carry-Holdern die Anwendung des für sie grundsätzlich vorgesehenen Steuerprivilegs nach § 8b KStG zu versagen.[897]

b) Das dargelegte Rechtsverständnis über den reinen rechtsfolgeändernden Regelungsgehalt der Norm erleichtert zudem auch die Frage nach der Besteuerung des Carried Interest bei grenzüberschreitenden Sachverhalten ohne und mit DBA-Schutz nach dem OECD-MA, ohne dass etwaige Qualifikationskonflikte in Bezug auf den Carried Interest entstehen. Durch die gesetzlich angeordnete innerstaatliche Rechtsfolgeänderung des Carried Interest bleibt es bei der gebotenen Rechtsanwendungsgleichheit von kapitalproportionalen und kapitaldisproportionalen Gewinnanteilen.[898] Darüber hinaus wird dem Carried Interest ein ihm als originärer Gewinnanteil zustehender systemkonformer und praktikabel umsetzbarer territorialer Konnex zur Vereinfachung der kollidierenden Besteuerungsansprüche zwischen Ansässigkeits- und Quellenstaat zugewiesen.[899]

C. Reformbedürfnis

Offen bleibt damit die Frage, warum der Gesetzgeber mit Blick auf sein sekundäres Regelungsanliegens, für den Carried Interest eine sachgerechte Besteuerung zu ermöglichen, davon abgesehen hat, gewerbliche Fondsper-

895 Vgl. Drittes Kapitel unter D. I. 2.
896 Vgl. Zweites Kapitel unter B. V.
897 Vgl. Drittes Kapitel unter D. I. 2.
898 Vgl. Viertes Kapitel unter A. I. 2. b).
899 Vgl. vorstehende Fn.

sonengesellschaften und Kapitalgesellschaften mit in den Anwendungsbereich des § 18 Abs. 1 Nr. 4 i.V.m. § 3 Nr. 40a EStG aufzunehmen.[900]

Zwar lässt sich die einseitige Regelung für rein vermögensverwaltende Fonds-Gesellschaften – wie dargelegt – ohne Weiteres mit der Gesetzeshistorie erklären, wonach nur bei vermögensverwaltenden Fonds außerhalb der §§ 17, 20 und 23 EStG die seinerzeitige Besteuerungslücke bestand.[901] Für den Gesetzgeber wäre es aber ein Leichtes gewesen, auch gewerbliche Fonds-Gesellschaften dem spezialgesetzlichen Besteuerungsregime des Carried Interest zu unterwerfen, zumal diese Handhabe dem allseitigen Wunsch nach Rechtssicherheit besser gedient hätte.[902]

Denn auch wenn der Carried Interest für die Initiatoren sowohl vermögensverwaltender als auch gewerblicher Fonds dem Teileinkünfteverfahren unterfällt,[903] so hat die Untersuchung doch ergeben, dass für die Initiatoren gewerblicher Fonds bei der derzeitigen Rechtslage sachlich nicht gerechtfertigte Besteuerungsnachteile entstehen können: Dies folgt daraus, dass der Carried Interest, soweit er sich aus Zinsen speist, bei gewerblichen Fonds nicht als „eigenständige Einnahme" dem Teileinkünfteverfahren unterfällt. Darüber hinaus wird der Carried Interest bei gewerblichen Fonds nicht vom Ergebnis eines handelsrechtlichen Gewinns abgekoppelt, sodass es zu rückwirkenden Steuerkorrekturen kommen kann, wenn der Carried Interest in Jahren anfällt, in denen dem Carried Interest kein handels- und steuerrechtlicher Gewinn gegenübersteht. Zudem findet bei den Initiatoren gewerblicher Fonds mit Blick auf das für sie geltende Realisationsprinzip ein verfrühter staatlicher Steuerzugriff auf den Carried Interest statt, wenn Beteiligungen durch den Fonds veräußert, Gewinne also realisiert werden, dem Initiator der Carried Interest aber nach dem allein maßgeblichen Gesamtergebnis des Fonds noch nicht endgültig zusteht. Es wäre daher wünschenswert, wenn der Gesetzgeber den sekundären Telos des § 18 Abs. 1 Nr. 4 EStG (Zuflussprinzip, einheitliche Besteuerung unabhängig von der Quelle des Carried Interest) auch für gewerbliche Fonds dadurch eröffnete, dass er sie § 18 Abs. 1 Nr. 4 EstG unterwürfe.

900 So auch *Levedag* in: BeckOK EStG, K/ K/ R, § 18 Rn. 523.

901 Vgl. Zweites Kapitel A. I. 1. a).

902 Für eine Ausweitung des tatbestandlichen Anwendungsbereichs *Behrens*, FR 2004, 1211 (1214ff.); *Töben/ Schrepp*, DStR 2019, 573 (574ff.); *Veith* in: P/ R/ W, § 11 Rn. 120; *Mihm*, RdF 2020, 113 (117).

903 BFH, Urteil v. 11.12.2018, VIII R 11/16, BFHE 263, 418, DStR 2019, 1136.

Literaturverzeichnis

Altfelder, Stefan, Beitrag oder Leistung? – Orientierungshilfe für Personengesellschafter im Dickicht aktueller Vorschriften zu Umsatzsteuer, Private Equity-Fonds und Halbeinkünfteverfahren, FR 2005, 6-20.

Anzinger, Heribert/ Jekerle, Katharina, Entwicklungen in der Besteuerung des Carried Interest in Deutschland, Großbritannien und den USA – Denkanstöße aus der neuen Welt? IStR 2008, 821-832.

Anzinger, Heribert/ Voelskow, Michael, Die Abgrenzung der gewerblichen Betätigung von der privaten Vermögensverwaltung bei Private Equity Fonds – eine verdeckte Beihilfe? FR 2009, 1089-1098.

Bärenz, Uwe/ Veith, Amos, Das BMF-Schreiben zur Abgrenzung zwischen privater Vermögensverwaltung und gewerblicher Tätigkeit bei Private Equity Fonds, BB 2004, 251-256.

Bauer, Andreas F./ Gemmeke, Thomas, Verabschiedung des Gesetzes zur Förderung von Wagniskapital Einführung des Halbeinkünfteverfahrens für den Carried Interest der Initiatoren, DStR 2004, 1470-1472.

Bauer, Andreas F./ Gemmeke, Thomas, Zur einkommensteuerlichen Behandlung von Venture Capital und Private Equity Fonds nach dem BMF-Schreiben vom 16.12.2003, DStR 2004, 579-585.

Baumgartner, Raphael, Der Carried Interest als steuerlich anzuerkennende Gewinnverteilungsabrede bei vermögensverwaltenden Private Equity-Fonds (zugleich Anmerkung zum Urteil des FG München – 12 K 2334/18), DStR 2021, 1858-1863.

Behrens, Stefan, Besteuerung des Carried Interest nach dem Halbeinkünfteverfahren – Anmerkungen zum Gesetz zur Förderung von Wagniskapital, FR 2004, 1211-1219.

Behrens, Stefan, Besteuerung des Carried Interest nach dem Halbeinkünfteverfahren, AG 2004, R351-R352.

Bender, Bodo/ Bracksiek, Tim, Satzungsdurchbrechende Beschlüsse als Grundlage der steuerlichen Anerkennung inkongruenter Gewinnausschüttungen, DStR 2014, 121-126.

Binz, Mark K./ Sorg, Martin H., Die GmbH & Co. KG, Handbuch für Familienunternehmen, 12. Auflage 2018, München (zitiert: *Binz/ Sorg*).

Birk, Dieter, Liebhaberei im Ertragssteuerrecht (Vortrag, gehalten beim 6. Deutschen Finanzgerichtstag am 26.1.2009 in Köln), BB 2009, 860-867.

Birnbaum, Mathias/ Escher, Jens, Inkongruente Gewinnverteilung bei Kapital- und Personengesellschaften, DStR 2014, 1413-1418.

Bodden, Guido, Einkünftequalifikation bei Mitunternehmern – 4 Thesen zur Neuorientierung bei der Besteuerung von Personengesellschaften, FR 2002, 559-568.

Brandis, Peter (Hrsg.)/ Heuermann, Bernd (Hrsg.), Ertragssteuerrecht, Loseblattwerk, 161. Ergänzungslieferung (Stand 03.2022), München (zitiert: *Bearbeiter* in: Blümich, EStG).

Buge, Ronald, Besteuerung des Carried Interest bei gewerblichen Private Equity Fonds (zugleich Anmerkung zum Urteil des BFH v. 11.12.2018 – VIII R 11/16, DB 2019, 1305), Ubg 2019, 432-439.

Bünning, Martin, Steuerliche Aspekte der Beteiligung von Inländern an ausländischen Venture Capital und Private Equity-Fonds, FR 2002, 982-993.

Carlé, Thomas, „Carried Interest" als Einkünfte nach § 18 EStG – Steuerliche Behandlung der überproportionalen Gewinnbeteiligung bei Fonds-Initiatoren, ErbStB 2005, 246-248.

Desens, Marc/ Kathstede, Gerd, Zur Abziehbarkeit der Aufwendungen eines Carry-Holders – eine steuersystematische Analyse, FR 2005, 863-871.

Dunkmann, Carsten/ Schönhaar, Tobias, Steuerliche Anerkennung inkongruenter Gewinnverteilungsabreden bei der GmbH, GWR 2014, 361-363.

Ebenroth, Carsten Thomas (Begr.)/ Boujong, Karlheinz (Begr.)/ Joost, Detlev (Hrsg.)/ Strohn, Lutz (Hrsg.), Kommentar zum Handelsgesetzbuch, 4. Auflage 2020, München (zitiert: *Bearbeiter* in: Ebenroth/ Boujong/ Joost/ Strohn, HGB).

Egner, Thomas/ Kohl, Michael C., Finanzunternehmen i.S.d. § 1 Abs. 3 KWG und (gewerbliche) PE/ VC-Fonds (§ 1 Abs. 3 KWG), Ubg 2012, 516-529.

Eilers, Stephan (Hrsg.)/ Koffka, Matthias/ Mackensen, Marcus/ Paul, Markus/ Josenhans, Michael, Private Equity, 4. Auflage 2022, München (zitiert *Bearbeiter* in Eilers/Koffka/Mackensen)

Elser, Thomas/ Dürrschmidt, Daniel, Private Equity Fonds für Unternehmen in Sondersituationen und Qualifizierung ihrer Tätigkeiten für steuerrechtliche Zwecke, FR 2010, 817-824.

Elser, Thomas/ Dürrschmidt, Daniel, Besteuerung des Carried Interest und verbindliche Auskunft bei Private Equity Fonds, FR 2010, 1075-1081.

Engel, Michaela, Vermögensverwaltende Personengesellschaften im Ertragssteuerrecht, zugleich Dissertation 2002 an der Otto-Friedrichs-Universität Bamberg, 2. Auflage 2014, Herne (zitiert *Engel*, S.).

Erhart, Gabriele/ Riedel, Hannspeter, Disquotale Gewinnausschüttungen bei Kapitalgesellschaften – Gesellschafts- und steuerrechtliche Gestaltungsmöglichkeiten, BB 2008, 2266-2274.

Faigle, Nicolaj Karl-Eduard, Die Besteuerung des Carried Interests von Private Equity Fonds – national und international –, zugleich Dissertation 2012 an der Westfälischen Wilhelms-Universität Münster, 2012, Aachen (zitiert *Faigle*, S.).

Figna, Winfried/ von Goldacker, Marcus/ Mayta, Frank, Parallel strukturierte Private Equity Fonds, DB 2005, 966-971.

Forst, Paul/ Schaaf, Axel/ Hannweber, Paul, Behandlung der inkongruenten Gewinnausschüttung nach Maßgabe des neuen BMF-Schreibens, GmbH-StB 2014, 268-273.

Friederichs, Karl/ Köhler, Stefan, Gesetz zur Förderung von Wagniskapital beschlossen, DB 2004, 1638-1640.

Frotscher, Gerrit, Internationales Steuerrecht, 5. Auflage 2020, München (zitiert: *Frotscher*).

Früchtl, Bernd, Der sog. Carried Interest im internationalen Steuerrecht – die deutsche Perspektive, IStR 2009, 604-610.

Fuhrmann, Claas, Inkongruente Gewinnverwendungsabreden bei Kapital- und Personengesellschaften, KÖSDI 2017, 20563.

Funke-Lachotzki, Regine, Gewinnverteilung bei Personengesellschaften, Nutzen Sie Gestaltungsspielräume! EStB 2002, 289-290.

Geerling, Tobias/ Ismer, Roland, Die Aufweichung der Abfärbewirkung und die Auswirkung auf die Besteuerung des Carried Interest, DStR 2005, 1596-1599.

Geerling, Tobias/ Kost, Sebastian, Deutsche Investments in ausländische Private Equity Fonds bzw. inländische Parallelfonds und die Folgen für die Besteuerung des „Carried Interest“, IStR 2005, 757-762.

Gocksch, Sebastian, Besteuerung inländischer Private Equity-Fonds, zugleich Dissertation 2003 an der Universität zu Köln, 2004, Köln (zitiert *Gocksch*, S.).

Gosch, Dietmar (Hrsg.)/ Grotherr, Siegfried (Hrsg.)/ Bergmann, Malte (Hrsg.), Steuerplanung und Compliance, Loseblattwerk, 2. Ergänzungslieferung (Stand 08.2021), Herne (zitiert *Bearbeiter* in Gosch/ Grotherr/ Bergmann).

Grever, Sebastian, Disquotale Ausgestaltung von Gesellschafterrechten – zivilrechtliche Gestaltungsmöglichkeiten und steuerrechtliche Folgen, RNotZ 2019, 1-18.

Groh, Manfred, Die nichtgewerblich tätige Personengesellschaft, JbFStR 1979/80, 209-241.

Haas, Franz Josef, Ist die Bilanzbündeltheorie tatsächlich überholt? DStR 1997, 1706-1712.

Haase, Florian/ Dorn, Katrin, Vermögensverwaltende Personengesellschaften, 4. Auflage 2020, München (zitiert: *Bearbeiter* in: Haase/ Dorn).

Hau, Wolfgang (Hrsg.)/ Poseck, Roman (Hrsg.), Beck-Online-Kommentar zum Bürgerlichen Gesetzbuch, 62. Edition (Stand 05.2022), München (zitiert: *Bearbeiter* in: BeckOK BGB, Hau/ Poseck).

Henssler, Martin (Hrsg.)/ Strohn, Lutz (Hrsg.), Kommentar zum Gesellschaftsrecht (u.a. HGB, BGB, AktG), 5. Auflage 2021, München (zitiert: *Bearbeiter* in: Henssler/ Strohn, HGB).

Hermes, Ludger-H., Das mitgliedschaftliche Nießbrauchrecht als steuerrechtliche Einkunftsquelle und als Instrument der Einkünfteerzielung, FR 2018, 825-834.

Herrmann, Carl (ehemaliger Hrsg.)/ Heuer, Gerhard (ehemaliger Hrsg.)/ Raupach, Arndt (ehemaliger Hrsg.)/ Mrozek, Alfons (Begr.)/ Kennerknecht, Albert (Begr.)/ Hey, Johanna (Hrsg.)/ Klein, Martin (Hrsg.)/ Wendt, Michael (Hrsg.), Kommentar zum Einkommen- und Körperschaftsteuergesetz, Loseblattwerk, 310. Ergänzungslieferung (Stand 04.2022), Köln (zitiert: *Bearbeiter* in: H/ H/ R, EStG/ KStG).

Herrmann, Christoph, Die ertragsteuerliche Behandlung des Carried Interest der Initiatoren von Private Equity Fonds – Eine rechtsvergleichende Untersuchung der Ausgestaltung in den USA und in Deutschland sowie der möglichen Übernahme U.S-amerikanischer Reformvorschläge in das deutsche Steuerrecht, zugleich Dissertation 2014 an der Technischen Universität Darmstadt, 2015, Berlin (zitiert *Herrmann,* S.).

Herzig, Norbert/ Gocksch, Sebastian, Die steuerliche Behandlung von Übergewinnanteilen für Sponsoren inländischer Private Equity-Fonds, DB 2002, 600-607.

Hohaus, Benedikt/ Inhester, Michael, Besteuerung von Wagniskapitalgesellschaften – Quo Vadis? DB 2003, 1080-1081.

Jesch, Thomas A. (Hrsg.)/ Striegel, Andreas (Hrsg.)/ Boxberger, Lutz (Hrsg.), Rechtshandbuch Private Equity, 2. Auflage 2020, München (zitiert: *Jesch/ Striegel/ Boxberger*).

Kahle, Holger/ Rombach, Julia, Ertragsteuerliche Aspekte der vermögensverwaltenden Personengesellschaft, Ubg 2019, 181-193.

Kanzler, Hans-Joachim (Hrsg.)/ Kraft, Gerhard (Hrsg.)/ Bäuml, Swen Oliver (Hrsg.)/ Marx, Franz Jürgen (Hrsg.)/ Hechtner, Frank (Hrsg.)/ Geserich, Stephan (Hrsg.), Kommentar zum Einkommensteuergesetz, 7. Auflage 2022, Herne (zitiert: *Bearbeiter* in: K/K/B).

Kirchhof, Gregor (Hrsg.)/ Kulosa, Egmont (Hrsg.)/, Ratschow, Eckart (Hrsg.), Beck-Online-Kommentar zum Einkommensteuergesetz, 12. Edition (Stand 03.2022), München (zitiert: *Bearbeiter* in: BeckOK EStG, K/ K/ R).

Kirchhof, Paul (Begr.)/ Seer, Roman (Hrsg.), Kommentar zum Einkommensteuergesetz, 20. Auflage 2021, Köln (zitiert: *Bearbeiter* in: Kirchhof/ Seer, EStG).

Kirchhof, Paul (Hrsg.)/ Söhn, Hartmut (Begr.)/ Mellinghoff, Rudolf (Hrsg.)/ Kube, Hanno (Hrsg.), Kommentar zum Einkommensteuergesetz, Loseblattwerk, 324. Ergänzungslieferung (Stand 05.2022), Heidelberg (zitiert: *Bearbeiter* in: K/S/M, EStG).

König, Ulrich (Hrsg.), Kommentar zur Abgabenordnung, 4. Auflage 2021, München (zitiert: *Bearbeiter* in: König, AO).

Korn, Klaus (Hrsg.), Kommentar zum Einkommensteuergesetz, Loseblattwerk, 135. Ergänzungslieferung (Stand 03.2022), Bonn (zitiert: *Bearbeiter* in: Korn, EStG).

Krüger, Christiane, Umfang der Steuerrechtssubjektivität von Personengesellschaften im Spannungsfeld zwischen Gesamthandslehre und steuerrechtlichem Transparenzprinzip, Auseinandersetzung mit der Stellung der Personengesellschaft als Rechtsträgerin von Wirtschaftsgütern, FR 2016, 1031-1039.

Kuhn, Thorsten, Die steuerrechtliche Behandlung vermögensverwaltender Gesamthandsgemeinschaften, zugleich Dissertation 2005 an der Universität Bayreuth, 2006, Baden-Baden (zitiert *Kuhn,* S.).

Lademann, Fritz (Begr.), Kommentar zum Einkommensteuergesetz, Loseblattwerk, 267. Ergänzungslieferung (Stand 03.2022), Stuttgart (zitiert: *Bearbeiter* in: Lademann, EStG).

Lang, Joachim/ Seer, Roman, Die persönliche Zurechnung von Einkünften bei Treuhandverhältnissen, FR 1992, 637-646.

Levedag, Christian, Umqualifizierung eines Gewinnanteils aus einer gewerblich geprägten Fondsgesellschaft in eine Tätigkeitvergütung, Urteilsanmerkung zum Urteil des BFH v. 11.12.2018 – VIII R 11/16, HFR 2019, 765-766.

Littmann, Eberhard (Begr.)/ Bitz, Horst (Hrsg.)/ Pust, Hartmut (Hrsg.), Kommentar zum Einkommensteuergesetz, Loseblattwerk, 158. Ergänzungslieferung (Stand 06.2022), Stuttgart (zitiert: *Bearbeiter* in: L/B/P, EStG).

Lorenz, Christoph, Auswirkungen der Unternehmenssteuerreform 2001 auf die Gestaltung von Venture Capital-Fonds, DStR 2001, 821-825.

Lothmann, Werner, Geschlossene Immobilienfonds: Die einkommensteuerliche Behandlung der Komplementärvergütung, BB 1986, 2100-2102.

Mihm, Asmus, Disproportionale Gewinnverteilung bei Private-Equity-Investitionen – Zur Besteuerung von Carried Interest und Managementbeteiligungen, RdF 2020, 113-120.

Milatz, Jürgen E./ Sax, Miriam, Transparenz der vermögensverwaltenden Personengesellschaft, DStR 2017, 141.

Mössner, Jörg-Manfred/ Baumhoff, Hubertus/ Dyckmans, Jan, u.a., Steuerrecht international tätiger Unternehmen, 5. Auflage 2018, Köln (zitiert: *Bearbeiter* in: Mössner u.a.).

Pfirrmann, Volker (Hrsg.)/ Rosenke, Torsten (Hrsg.)/ Wagner, Klaus J. (Hrsg.), Beck-Online-Kommentar zur Abgabenordnung, 20. Edition (Stand 04.2022), München (zitiert: *Bearbeiter* in: BeckOK AO, P/ R/ W).

Pöllath, Reinhard (Hrsg.)/ Rodin, Andreas (Hrsg.)/ Wewel, Uwe (Hrsg.), Private Equity und Venture Capital Fonds, 1. Auflage 2018, München (zitiert: *Bearbeiter* in: P/ R/ W).

Pöllath + Partner (Hrsg.)/ Stiftung Deutsches Venture Capital Institute (Hrsg.), Private Equity Fonds, 1. Auflage 2006, Baden-Baden (zitiert: *Pöllath + Partner*, Private Equity Fonds).

Prinz, Ulrich, Internationale Personengesellschaften bei Private Equity-Gestaltungen, Ein Rechtsprechungs-Update, FR 2010, 433-438.

Prinz, Ulrich/ Ommerborn, Frank, Aktuelle Rechtsfragen und Gestaltungsüberlegungen zu §§ 17, 23 EStG bei privater Vermögensverwaltung, FR 2001, 977-992.

Rodin, Andreas/ Veith, Amos, Zur Abgrenzung zwischen privater Vermögensverwaltung und gewerblicher Tätigkeit bei Private Equity-Pools, DB 2001, 883-887.

Rodin, Andreas/ Veith, Amos/ Bärenz, Uwe, Einkommensteuerliche Behandlung von Venture Capital und Private Equity Fonds – Abgrenzung der privaten Vermögensverwaltung vom Gewerbebetrieb, DB 2004, 103-111.

Röhricht, Volker (Hrsg.)/ Graf v. Westphalen, Friedrich (Hrsg.)/ Haas, Ulrich (Hrsg.), Kommentar zum Handelsgesetzbuch, 5. Auflage 2019, Köln (zitiert: *Bearbeiter* in: Röhricht/ Graf von Westphalen/ Haas, HGB).

Rose, Gerd, Zur steuerlichen Beurteilung einvernehmlicher inkongruenter Gewinnverteilungen in Personen- und Kapitalgesellschaften, FR 2002, 1-10.

Ritter, Die Abgrenzung der privaten Vermögensverwaltung von der Gewerblichkeit bei PE Fonds, zugleich Dissertation 2019 an der Humboldt-Universität zu Berlin, 2019, Wiesbaden (zitiert *Ritter*, Die Abgrenzung der privaten Vermögensverwaltung von der Gewerblichkeit bei PE Fonds, Wiesbaden 2019).

Robertz, Michael, Die persönliche Zurechnung von Vermögenseinkünften – Auswirkungen zivilrechtlicher Sachverhaltsgestaltungen, zugleich Dissertation 2003 an der Universität zu Köln, 2004, Münster (zitiert *Robertz*, S.).

Ruppe, Hans Georg, Möglichkeiten und Grenzen der Übertragung von Einkunftsquellen, DStJG 1 (1979), 7 (18).

Säcker, Jürgen (Hrsg.)/ Rixecker, Roland (Hrsg.)/ Oetker, Hartmut (Hrsg.)/ Limperg, Bettina (Hrsg.), Münchener Kommentar zum Bürgerlichen Gesetzbuch, 8. Auflage 2020, München (zitiert: *Bearbeiter* in: MüKo, BGB).

Schefczyk, Michael/ Peterson, Christa, Venture Capital-Fonds: Vermögensverwaltung oder Gewerbebetrieb? BB 2002, 805-811.

Schönfeld, Jens (Hrsg.)/ Ditz, Xaver (Hrsg.), Kommentar zu Doppelbesteuerungsabkommen, 2. Auflage 2019, Köln (zitiert: *Bearbeiter* in: Schönfeld/ Ditz, DBA).

Schmidt, Ludwig (Begr.)/ Weber-Grellet, Heinrich (Hrsg.), Kommentar zum Einkommensteuergesetz, 40. Auflage 2021, München (zitiert: *Bearbeiter* in: Schmidt, EStG).

Schnittker, Helder/ Steinbiß, Timo, Gewerblichkeit oder Vermögensverwaltung bei PE-VC-Fonds – Folgerungen aus dem Urteil des BFH v. 24.8.2011, FR 2012, 39 –, FR 2016, 1069-1079.

Schnittker, Helder/ Steinbiß, Timo, Steuerliche Qualifikation des Carried Interest und deren Folgen für die grenzüberschreitende Besteuerung von Initiatoren von Private Equity Fonds, IStR 2015, 760-767.

Schwandtner, Christian, Disquotale Ausschüttungen in Personen- und Kapitalgesellschaften – Gesellschaftsrechtliche Grundlagen und Gestaltungsmöglichkeiten, zugleich Dissertation 2006 an der Rheinischen Friedrich-Wilhelms-Universität, 2006, Köln (zitiert *Schwandtner*, S.).

Stoschek, Uwe/ Protzen, Peer Daniel G., Gewinne aus Private Equity Fonds als nicht steuerbare Vermögensmehrungen – insbesondere zur Besteuerung von Beteiligungsveräußerungen, FR 2001, 816-829.

Süß, Stefan/ Mayer, Stefan, Was bleibt vom Private-Equity-Erlass? Anmerkung zum Urteil des BFH v. 24.8.2011, I R 46/10, DStR 2011, 2276-2279.

Tipke, Klaus (Begr.)/ Kruse, Heinrich Wilhelm (Begr.)/ Seer, Roman/ Brandis, Peter/ Loose, Matthias/ Drüen, Klaus-Dieter/ Krumm, Marcel, Kommentar zur Abgabenordnung/ Finanzgerichtsordnung, Loseblattwerk, 169. Ergänzungslieferung (Stand 03.2022), Köln (zitiert: *Bearbeiter* in: Tipke/ Kruse AO/FGO).

Tipke, Klaus (Begr.)/ Lang, Joachim (ehemaliger Hrsg.)/ Seer, Roman/ Hey, Johanna/ Englisch, Joachim/ Hennrichs, Joachim, Steuerrecht, Handbuch, 24. Auflage 2021, Köln (zitiert: *Bearbeiter* in: Tipke/ Lang).

Töben, Thomas/ Deitel, Florian, Private Equity und Ort der Geschäftsleitung, IStR 2022, 145

Töben, Thomas/ Schrepp, Caroline, Besteuerung des Carried Interest (Teil I), DStR 2019, 526-533.

Töben, Thomas/ Schrepp, Caroline, Besteuerung des Carried Interest (Teil II), DStR 2019, 573-581.

Tulloch, Anthony/ Wellisch, Dietmar, Die Ergebnisverteilungsabreden für die Gesellschafter von vermögensverwaltenden Personengesellschaften, Anmerkung zum BFH-Urteil v. 13.10.1998, VIII R 4/98, DStR 1999, 1093-1097.

Vogel, Klaus (Begr.)/ Lehner, Moris (ehemaliger Hrsg.)/ Ismer, Roland (Hrsg.), Kommentar zu Doppelbesteuerungsabkommen auf der Grundlage der Musterabkommen, 7. Auflage 2021, München (zitiert: *Bearbeiter* in: Vogel/ Lehner, DBA).

Wassermeyer, Franz (Hrsg.)/ Kaeser, Christian (Hrsg.)/ Schwenke, Michael (Hrsg.)/ Drüen, Klaus-Dieter (Hrsg.), Kommentar zur Doppelbesteuerung (DBA), Loseblattwerk, 156. Ergänzungslieferung (Stand 01.2022), München (zitiert: *Bearbeiter* in: Wassermeyer, DBA).

Watrin, Christoph, Disquotale Gewinnverteilung bei Private Equity-Fonds, Anmerkungen zum Entwurf eines BMF-Schreibens, BB 2002, 811-814.

Watrin, Christoph/ Gocksch, Sebastian, Problembereiche der Besteuerung inländischer Private Equity-Fonds, DB 2002, 341-345.

Watrin, Christoph/ Struffert, Ralf, Steuerbegünstigung für das Carried Interest, BB 2004, 1888-1889.

Watrin, Christoph/ Wittkowski, Ansas/ Pott, Christiane, Förderung von Wagniskapital im Visier des Gesetzgebers – Was erwartet Private Equity und Venture Capital Gesellschaften? DB 2007, 1939-1944.

Weber-Grellet, Heinrich, Besteuerung des Carried Interest (§ 18 Abs. 1 Nr. 4 EStG), Gelöste und ungelöste Fragen, DStR 2018, 992-998.

Weber-Rey, Daniela/ Behrens, Stefan, Private Equity: Standort Deutschland, AG 2004, R336.

Weitnauer, Wolfgang, Das BMF-Schreiben v. 16.12.2003 zur steuerlichen Behandlung von Venture Capital- und Private Equity Fonds, BKR 2004, 89-91.

Weitnauer, Wolfgang, Handbuch Venture Capital, 6. Auflage 2019, München (zitiert: *Bearbeiter* in: Weitnauer).

Weitnauer, Wolfgang (Hrsg.)/ Boxberger, Lutz (Hrsg.)/ Anders, Dietmar (Hrsg.), Kommentar zum Kapitalanlagegesetzbuch, 3. Auflage 2021, München (zitiert: *Bearbeiter* in: Weitnauer/ Boxberger/ Anders, KAGB).

Wendt, Michael (Hrsg.)/ Suchanek, Markus (Hrsg.)/ Möllmann, Peter (Hrsg.)/ Heinemann, Peter (Hrsg.), Kommentar zum Gewerbesteuergesetz, 2. Auflage 2022, Köln (zitiert: *Bearbeiter* in: Wendt/ Suchanek/ Möllmann/ Heinemann, GewStG).

Wengenroth, Thomas/ Maier, Peter, Venture-Capital-Fonds und Private-Equity-Fonds, Einkommensteuerliche Behandlung auf Fonds-/ und Investorenseite, EStB, 252-256.

Wichmann, Gerd, Das Ergebnisvorab bei vermögensverwaltenden Personengesellschaften – zugleich Würdigung des Urteils des FG Berlin-Brandenburg v. 15.1.2013, 6 K 6188/08, Stbg 2014, 1-6.

Wiese, Götz T., Gewerblicher Handel mit Beteiligungen an Kapitalgesellschaften, Stellungnahme zur Abgrenzung von Vermögensverwaltung und gewerblichem Handel in der jüngeren Rechtsprechung und Verwaltungspraxis, GmbHR 2002, 293-298.

Wiese, Götz T./ Klass, Tobias, Einkommensteuerliche Behandlung von Private Equity und Venture Capital Fonds (Anmerkungen zum BMF-Schreiben v. 16.12.2003, FR 2004, 177), FR 2004, 324-334.

FSC
www.fsc.org
MIX
Papier | Fördert gute Waldnutzung
FSC® C083411

Kolibri 360 GmbH
Ferdinand-Jühlke-Straße 7
99095 Erfurt, Deutschland
produktsicherheit@kolibri360.de